Über dieses Buch

»Falsch programmiert« – mit diesem Bild aus der Computertechnik umreißt der Autor die von ihm angeprangerte Rückständigkeit in Staat und Gesellschaft. Dabei schneidet die Bundesrepublik Deutschland im Vergleich zum Ausland nicht gerade gut ab. Der Autor wendet sich gegen das falsche Denken einer »Hinterwelt« – gegen die Männer am Hebel der Macht, deren Weltbild immer noch allzu einseitig durch philosophische Vorstellungen des 19. Jahrhunderts geprägt ist. In neun Kapiteln versucht der Verfasser nachzuweisen, warum es zu dieser, von geistiger Stagnation gekennzeichneten Entwicklung gekommen ist und was getan werden muß, um in Zukunft soziologisch, wissenschaftlich, technologisch, kurz: intellektuell und praktisch bestehen zu können. Ein außerordentliches und im bedeutendsten Sinn des Wortes »aktuelles« Buch!

Karl Steinbuch:
Falsch programmiert

Über das Versagen unserer Gesellschaft in
der Gegenwart und vor der Zukunft und
was eigentlich geschehen müßte

Deutscher
Taschenbuch
Verlag

Ungekürzte Ausgabe
1. Auflage August 1969
7. Auflage Juni 1974: 151. bis 160. Tausend
Deutscher Taschenbuch Verlag GmbH & Co. KG,
München
© 1968 Deutsche Verlags-Anstalt GmbH., Stuttgart
Umschlaggestaltung: Celestino Piatti
Fotos: Ullstein und Keystone
Gesamtherstellung: C. H. Beck'sche Buchdruckerei,
Nördlingen
Printed in Germany · ISBN 3-423-00598-X

Inhalt

Von den Folgen falschen Denkens 7
Anklage gegen die Hinterwelt 20
Über Wissenschaft, Glauben und Zukunft 39
Die zwei Kulturen 60
Die Innovationen und der Zorn der Buchhalter 75
Die informierte Gesellschaft 100
Über das Londoner Symposium und R. Kaufmanns
 Polemik 119
Über die Zukunft 128
Worauf es ankommt 146

Von den Folgen falschen Denkens

Ob unsere Gesellschaft in Zukunft international noch konkurrenzfähig ist, oder ob unsere Kinder und Enkel in einer wissenschaftlich, technisch und sozial unterentwickelten Gesellschaft geringen Wohlstandes leben werden, ja möglicherweise sogar den Gürtel enger schnallen müssen – diese Frage beunruhigte lange Zeit nur wenige »Schwarzseher«. Neuerdings ändert sich die Einstellung der Öffentlichkeit: Immer mehr Menschen reden oder schreiben darüber, daß wir auf vielen, ja beinahe den meisten wissenschaftlichen Gebieten zurückfallen, und daß wir in den »Zukunftstechniken«, vor allem der Computertechnik, Atomtechnik, Raumfahrttechnik und Luftfahrttechnik nicht konkurrenzfähig sind und für die Zukunft wenig Wohlstand zu erwarten ist. Der Optimismus der Verantwortlichen stößt immer mehr auf die Skepsis der Öffentlichkeit.

Die Frage, *ob* wir in Zukunft noch konkurrenzfähig sein werden, sei durch die folgende Bestandsaufnahme beantwortet. Wir werden hierbei kaum die Einsicht vermeiden können: Wenn wir so weitermachen wie bisher, sind wir nicht mehr konkurrenzfähig.

Die Frage, *warum* wir in Zukunft nicht mehr konkurrenzfähig sein werden, läßt sich weniger schnell beantworten. Mancher, der diese Frage bei uns stellt, sieht das Problem als ein organisatorisches oder finanzielles Problem an, und glaubt es durch Subventionen oder eine ihm genehme Organisationsform lösen zu können.

Ich bin nicht der Überzeugung, daß in unserem Lande für Wissenschaft und Technik genügend getan wird, ich bin auch nicht der Ansicht, daß die Organisationsformen zweckmäßig sind, nein, ich halte sie vielfach für sehr schlecht. Und trotzdem scheint mir sowohl die Klage über die unzureichende Finanzierung als auch die Klage über die schlechte Organisation gar nicht den Kern des Problems zu treffen. Die unzureichende Finanzierung und die schlechte Organisation sind *nicht* die ersten Ursachen, sondern nur die Symptome einer Krankheit, an der unsere Gesellschaft schwer leidet und deren Diagnose ich versuchen möchte.

Wenn wir diese Krankheit nicht erkennen, geraten wir in einen hektischen Taumel von Umorganisationen, ohne daß gehofft werden kann, danach wäre die Krankheit ausgestanden. Oder wir geben immer mehr Milliarden unserer knappen Steuergelder aus, ohne zu merken, daß die Milliarden gar nicht recht wirken.

Obwohl in den letzten Jahren erstaunliche wirtschaftliche Erfolge erzielt wurden, sind unsere Chancen für die Zukunft schlecht. Wenn beispielsweise die amerikanische Industrie von der Kriegsproduktion auf friedliche Produktion umschalten wird, dann dürfte schnell eine für uns höchst kritische Situation entstehen. Auch die langsam, aber übermächtig herannahende weltweite Nahrungsmittelknappheit wird Folgen haben, die wir nicht leicht überwinden werden.

Beginnen wir mit der Bestandsaufnahme: Unsere Gesellschaft hatte einst – verglichen mit anderen Völkern – ein sehr hohes Bildungsniveau, unsere Schulen und Universitäten waren international anerkannt und wurden oft kopiert. Dieses hohe Bildungsniveau trug reiche Früchte: wissenschaftliche Überlegenheit, technische Konkurrenzfähigkeit, hoher Lebensstandard – solange die Früchte unserer hochwertigen Arbeit nicht bei kriegerischen Abenteuern verlorengingen.

Heute sind unsere Schulen und Universitäten quantitativ und qualitativ unzureichend, um der großen Zahl der Bewerber ein hohes Ausbildungsniveau zu vermitteln. Unsere wissenschaftlichen und technischen Institutionen sind nur noch auf wenigen Gebieten international konkurrenzfähig. Einige hoffnungsvolle Verbesserungsvorschläge, die vor allem der Initiative des Wissenschaftsrates zu danken sind, gehen in der Finanzmisere unter. Im Augenblick zielen die publizierten Pläne darauf hin, möglichst viele Bewerber – auch unter Hinnahme beträchtlicher Qualitätseinbußen – abzufertigen und damit wenigstens die Statistiken gefällig zu machen, wenn schon das Bildungswesen nicht in Ordnung zu bringen ist.

Aber nicht nur solche langfristigen Quellen unseres Wohlstandes erschöpfen sich, auch die kurzfristigen Guthaben gehen zu Ende: So wird beispielsweise mit stichhaltigen Argumenten die Ansicht vertreten, die Grundlagen unseres Wirtschaftswunders seien eigentlich durch die Kriegswirtschaft gelegt worden.

Rufen wir uns einige weitere Tatbestände in Erinnerung: Einst waren die Deutschen die erfolgreichste Nation im Erwerb von Nobelpreisen, heute rangieren wir hinten.

Wir haben (relativ) weniger Abiturienten als Länder ähnlicher Struktur, gleichzeitig zeigen sich aber schwere Mängel in ihrer Ausbildung. Viele Unterrichtsstunden in Mathematik und Naturwissenschaft werden gar nicht mehr gehalten, weil die Lehrer fehlen, andere werden von Lehrern gehalten, welche für diese Fächer nicht ausgebildet sind. Bei einer Prüfung der Studienanfänger zeigt sich, daß nur etwa 20 Prozent in der Lage sind, den einführenden Vorlesungen ohne besondere Schwierigkeiten zu folgen. Ein internationaler Schulvergleich ergab, daß die besten Mathematiker in Japan und Schweden zu finden sind, die schlechtesten in Deutschland und Schottland.

Unsere Bestandsaufnahme sei durch einige sachverständige Zitate unterbaut:

In seinem neuen Buche ›Der deutsche Standort‹ (Stuttgart 1967) behandelt Klaus Mehnert diese Probleme. Er schreibt u. a.:

»Vielmehr hat sich – spätestens in der Debatte um die Kernforschung zu Beginn des Jahres 1967 ist das für jeden sichtbar geworden – hinter den hochentwickelten Weltmächten eine Gruppe ›mittelentwickelter‹ Staaten herausgebildet, und auch in ihr liegt Deutschland hinter England, mit dessen großen Leistungen in Elektronik, Flugzeugbau, Atomforschung, wohl auch hinter Frankreich, bald sogar hinter Japan. Aus der Spitzengruppe sind wir also ausgeschieden, und auch in der mittleren befinden wir uns, relativ gesehen, auf dem Abstieg – man denke an die Massenabwanderung deutscher Wissenschaftler nach Amerika und die beschämende Lage unserer einst führenden Flugzeugindustrie. Auf dem engen und kargen Raum zwischen den Machtblöcken lebend, können wir uns aber dieses Abgleiten am wenigsten leisten. Aufhalten oder zum Besseren wenden können wir es nur, wenn wir alle unsere geistigen Potenzen zur Entfaltung bringen, wenn wir alle Restbestände der statischen Standesgesellschaft beseitigen und sie durch die offene Leistungsgesellschaft ersetzen.« (S. 27 f.)

»So haben zum Beispiel die folgenden Staaten für ihr gesamtes Schul- und Hochschulwesen in Prozent des Nationaleinkommens aufgewendet:

Israel (1962)	8,4 %
Japan (1962)	7,2 %
USA (1961)	6,8 %
Niederlande (1961)	6,3 %
UdSSR (1962)	6,1 %
DDR (1962)	6,0 %
Schweden (1961)	5,7 %

Peru (1963)   4,9%
Taiwan (1962)   4,1%
Bundesrepublik (1962) 3,7%.« (S. 161)

»Sprechen wir es denn mit aller Deutlichkeit aus: Unser schwerstes Versagen seit der Gründung der Bundesrepublik liegt auf dem Gebiet der Schule. Nur mit Hilfe einer unverzüglichen, das ganze Volk ergreifenden Anstrengung läßt sich für die Zukunft noch etwas retten. Selbst das nur, wenn wir die entsprechenden gesetzlichen Voraussetzungen schaffen. Denn es fehlt an der Planung. Das bisherige Instrumentarium der Lenkung hat sich als völlig unzureichend erwiesen.« (S. 163)

In dem Buche ›Das Bildungswesen in den Ländern der EWG‹ von R. Poignant (Braunschweig 1966) finden sich zahlreiche detaillierte Vergleiche, insbesondere mit den Vereinigten Staaten von Nordamerika, Großbritannien und der Sowjetunion.

Hieraus seien einige besonders interessante Feststellungen zitiert:

»Daß in der UdSSR trotz der Begrenzung der gesamten Sekundarschulzeit auf 7 Jahre ... die Gesamtstundenzahl für Mathematik und Naturwissenschaft gleich hoch ist oder sogar höher als in den naturwissenschaftlich orientierten Schulzweigen der anderen Länder ... haben somit sämtliche sowjetische Schüler im Durchschnitt eine längere Ausbildung in Mathematik und Naturwissenschaft als selbst die Schüler der naturwissenschaftlich orientierten westeuropäischen Sekundarschulen (40 Prozent gegenüber 30 Prozent). Gleichzeitig verwenden die sowjetischen Sekundarschulen seit der Reform von 1958 eine bedeutende Zahl von Stunden (mehr als 1800) auf die theoretische und praktische Berufsausbildung.« (S. 50)

»Der altsprachliche Unterricht ... nimmt in den Stundentafeln der altsprachlichen Schultypen der westeuropäischen Länder einen wichtigen Platz ein, besonders in der Bundesrepublik Deutschland (27 Prozent der Pflichtstundenzahl) ... In den sowjetischen Stundentafeln kommen diese Fächer überhaupt nicht vor. Unter den Wahlfächern in den amerikanischen ›High Schools‹ nehmen sie nur einen sehr beschränkten Platz ein.« (S. 51)

Aber nicht nur die Ausbildung ist unzureichend, ebenso unzureichend ist die Organisation von Forschung und Lehre. Viele der besten Wissenschaftler wandern aus, die Klagen des Nobelpreisträgers Prof. Mößbauer sind nur die bekanntesten, viele andere könnten ähnliche Klagen vorbringen. Seit dem Jahre 1949 haben etwa 4000 Techniker und etwa 1600 Naturwissenschaftler unser Land verlassen. In diesen Zahlen sind nicht die Fachleute enthalten, die unmittelbar nach dem militärischen Zusammenbruch mehr oder weniger freiwillig »exportiert« wurden, sondern nur diejenigen, die im Frieden freiwillig unser Land verließen. Die Höhe dieses Verlustes kann nicht daran gemessen werden, wieviel unsere Gesellschaft die Ausbildung dieser Experten gekostet hat (wenngleich auch dies in die hundert Millionen DM gehen dürfte), sie muß vorwiegend daran gemessen werden, daß unsere Gesellschaft hier einen starken Verlust an Intelligenz und Initiative erleidet: Es wandern ja meist nicht die Mäßigbegabten und Genügsamen aus, sondern vielmehr die Spitzenkräfte und Ehrgeizigen.

Fragt man nach den Ursachen dieser Abwanderung, so findet man einerseits ganz natürliche materielle Interessen: Der Wissenschaftler und der Ingenieur möchten ebenso wie alle anderen Menschen unserer Gesellschaft am Wohlstand teilhaben, sie möchten auch alle diese Attribute des Ansehens haben, als da sind: schönes Haus, teurer Wagen, Urlaube an exklusiven Orten usw. Doch zeigt sich immer wieder ganz deutlich, daß diese materiellen Ansprüche nicht allein die Abwanderungstendenzen begründen. Neben ihnen, oder sogar noch vor ihnen kommt die Unzufriedenheit mit Organisation und Geist unseres Wissenschaftsbetriebes. Wer die Äußerungen junger Wissenschaftler sorgfältig registriert, der findet beispielsweise Klagen über Zeitvergeudung mit untergeordneten Arbeiten, die auch ohne wissenschaftliche Ausbildung geleistet werden könnten, und Zeitvergeudung mit Aufgaben, die wegen mangelhafter Planung unsinnig oder nutzlos sind. Zusammenfassende Untersuchungen (Infratest-Institut) kamen neuerdings zu niederschmetternden Aussagen: der Zustand jüngerer wissenschaftlicher Mitarbeiter an Forschungsinstituten könne kaum noch mit Unzufriedenheit charakterisiert werden, eher mit Hoffnungslosigkeit, ja Demoralisierung, und ihre psychische Verfassung ähnle dem Bild der Arbeitslosen der zwanziger und dreißiger Jahre.

An unseren Universitäten begründet die vielkritisierte Ordinariatsherrschaft für die Mehrzahl jüngerer Wissenschaftler eine lange Wartezeit bei geringer Entlohnung und deprimierender Abhängigkeit. Verglichen mit einem »Assistant Professor« an einer amerikanischen Universität, der viel Verantwortung und

Ansehen besitzt, ist sein gleichaltriger Kollege hier in unserem Lande eher im Range eines wissenschaftlichen Hilfsarbeiters, dessen Ansichten im Kollegium kaum zur Kenntnis genommen werden. Die freie wissenschaftliche Zusammenarbeit im Team wird durch unsere akademische Tradition erschwert.

In zahlreichen Publikationen wurde dargelegt, daß die Aufwendungen für Erziehung, Forschung und Entwicklung – gerechnet pro Kopf der Bevölkerung – bei uns viel niedriger sind als in den USA, und daß der internationale Patentaustausch für uns stark negativ geworden ist.

Im Jahre 1966 wurden in den USA etwa 92 Milliarden Mark für die Forschung ausgegeben, in der Bundesrepublik nur etwa 8 Milliarden Mark. Bezogen auf das Sozialprodukt werden in den USA etwa 3,2 Prozent, bei uns aber nur etwa 1,7 Prozent aufgewandt. Dieser Prozentsatz liegt deutlich unter dem von Frankreich, England, der Schweiz und der Niederlande.

Von einer langfristigen, sorgfältig überlegten Forschungs- und Strukturpolitik ist bei uns wenig zu entdecken. Die politische Aktivität erschöpft sich meist in improvisierten Versuchen, aktuelle Schwierigkeiten zu verkleistern. Es fehlt die intellektuelle Infrastruktur.

Wenngleich wir in einzelnen Forschungsbereichen durchaus anerkennenswerte Leistungen vorzuweisen haben, fehlt die Breitenleistung, die zusammenhängende Forschung und vor allem die Aktivität auf den modernen Gebieten und auf Grenzgebieten der Wissenschaft und Technik. Daß wir bei der friedlichen Nutzung der Atomenergie den Anschluß beinahe wieder gefunden haben, darf uns nicht dafür blind machen, daß wir auf den meisten modernen Gebieten, z. B. der Computertechnik oder der Luftfahrt, eine katastrophale Bilanz ziehen müssen. Aufs Ganze gesehen sind weder die deutsche Computerindustrie noch die deutsche Luftfahrtindustrie international konkurrenzfähig. Auch die größten deutschen Firmen der Elektrotechnik konnten sich auf dem Computermarkt nur in Teilbereichen bemerkbar machen. Dies ist im Hinblick auf die voraussehbare technische Entwicklung geradezu katastrophal. In wenigen Jahren wird es kaum mehr Industrieprodukte geben, in welche die Computer nicht hineingewoben sind, so wie das Nervensystem in den Organismus hineingewoben ist. Erinnert sei an die Werkzeugmaschinen, die Verkehrstechnik, die Verwaltungstechnik, die Lehrmaschinen usw. In wenigen Jahrzehnten wird es kaum mehr einen Bereich industrieller Produktion geben, dessen Konkurrenzfähigkeit nicht von der originellen und virtuosen Beherrschung der Computertechnik abhängt. Trotz hervorragender Bemühungen einiger deutscher Firmen nimmt der Rückstand gegenüber den USA ständig zu. Die Gründe liegen vor allem in der starken Befruchtung der Computertechnik durch die Weltraumforschung in anderen Ländern und deren unzureichende Förderung in der Bundesrepublik. Gegenüber einer durch Weltraum-Milliarden abgestützten Industrie sind die Bemühungen der deutschen Konkurrenz zwangsläufig zum Scheitern verurteilt. In England und Frankreich wurden durch staatliche Maßnahmen die Voraussetzungen geschaffen, daß der Rückstand der dortigen Industrie nicht bis zur vollständigen Konkurrenzunfähigkeit und damit zur wirtschaftlichen Abhängigkeit ausartet. Demgegenüber erscheinen die in der Bundesrepublik ergriffenen Maßnahmen unzureichend: meist zu spät und meist zu wenig.

Die Situation der deutschen Luftfahrtindustrie wird von H. Michaels (in der ›Zeit‹ vom 19. 5. 1967) so beurteilt:

»Die Nachkriegszeit der deutschen Luftfahrtindustrie ist eine Geschichte der verpaßten Gelegenheiten.«

». . . Die Bundesregierung hatte kein Konzept für den Aufbau und die Beschäftigung einer Luftfahrtindustrie. Die einzige Überlegung war, der deutschen Luftwaffe auch eine deutsche Luftfahrtindustrie zur Seite zu stellen.

Die Bundesregierung hat ebenso wie die Industrie in den Anfangsjahren die künftige Expansion des Luftverkehrs als lohnenden Markt der Zukunft nicht erkannt.

Die Bundesregierung hat – im Gegensatz zur Industrie – die Bedeutung des technischen KNOW-HOW der Luftfahrtindustrie und dessen Auswirkung auf andere Gebiete der Wirtschaft nicht gesehen . . . Sie ignorierten, daß in diesem Betrieb Milliarden-Investitionen notwendig sind, um Spitzenleistungen zu erreichen, und daß diese Investitionen auf rein privatwirtschaftlicher Basis kaum noch zu realisieren sind . . .«

W. Seuß schrieb in der ›Frankfurter Allgemeinen Zeitung‹ vom 19. 10. 1966:

»Auch darf nicht übersehen werden, daß die für 1967 höher dotierten wissenschaftlichen Forschungsanstalten ohne Industrie im eigenen Land, die sich für ihre Arbeit interessiert, verkümmern oder die Ergebnisse ihres Forschens an andere Länder abgeben. Es lassen sich sicher Beispiele dafür finden, daß die eine Hand nicht recht weiß, was die andere tut. So wird beispielsweise vom Wissenschaftsminister die Forschung und Entwicklung auf dem Gebiet der Kernenergie gefördert; aber gleichzeitig erhalten Kohlekraftwerke Subventionen, so daß – wegen dieser Subventionen – die Kernenergie vorläufig nicht konkurrenzfähig sein wird.

Es ist nun einmal so, daß der allgemeine technische Fortschritt in den Industrienationen zu einem Teil über die Wehretats finanziert wird. Der Massenabsatz an Düsengiganten und Rechenautomaten durch amerikanische Firmen ist ein Beispiel für die weitreichenden Folgen wehrtechnischer Anforderungen. Es nutzt wenig, dies zu bedauern. Die Dynamik der Weltmärkte für Industrieprodukte, auf denen nicht Tonnen Stahl, sondern letztlich wissenschaftliche und technische Leistungen gegeneinander getauscht werden, wird darauf wenig Rücksicht nehmen.

Ein Land, das die Chancen wirtschaftlich nicht nutzt, die ihm seine wissenschaftliche und technische Intelligenz bietet, wird auf die Dauer mit dem Wohlstandsniveau gegenüber anderen Ländern immer mehr zurückbleiben. Es wird es bald spüren, wenn es zwar alte Strukturen reichlich subventioniert, aber in die Zukunft zu wenig investiert. Mit Schwierigkeiten eines Haushalts, dessen Wachstum mehr vom Massenkonsum als von der politischen, wirtschaftlichen und technischen Sicherung späterer Generationen bestimmt wird, können wir ein Versagen vor der Zukunft nicht rechtfertigen.«

Selbst der ›Bundesbericht Forschung II‹ des Bundesministers für wissenschaftliche Forschung von 1967 kommt auf Seite 30 zu folgenden Feststellungen:

»... Die Bundesrepublik Deutschland ist weniger als manche vergleichbaren Industrieländer darauf vorbereitet, Zukunftsaufgaben in Forschung und Entwicklung in Angriff zu nehmen ...

Dafür hat sich jedoch auf anderen Gebieten, wie denen der Datenverarbeitung, Luftfahrttechnik oder angewandten Sozialwissenschaften, der Abstand vorerst weiter vergrößert. Neue Lücken zeichnen sich bei einigen Zukunftsaufgaben ab.«

An den »Zukunftsindustrien« sind wir kaum beteiligt – und gleichzeitig verlieren wir in vielen traditionellen Bereichen unsere einstige Überlegenheit.

Die geistigen und sozialen Folgen dieser Unterlegenheiten im Bereiche der Naturwissenschaft und Technik zeigen sich schon deutlich an verschiedenen Symptomen: Beispielsweise daran, daß zur Kommunikation zwischen den Wissenschaftlern und Technikern in aller Welt die deutsche Sprache kaum mehr benutzt wird. Verhandlungssprachen bei internationalen Kongressen sind meist Englisch und Russisch, gelegentlich noch Französisch und Spanisch und nur in seltenen Ausnahmefällen Deutsch.

War es in den meisten Bereichen der Naturwissenschaft und Technik noch vor einer einzigen Generation selbstverständlich, die deutsche Sprache zu beherrschen und die deutsche Literatur zu kennen, so kann man sich heutzutage in deutscher Sprache und Schrift kaum mehr verständlich machen und deutsche Publikationen werden international nur noch wenig beachtet. Wer als Deutscher Wert auf internationale Beachtung legt, publiziert auf Englisch in amerikanischen Zeitschriften.

Grotesk erscheint die Bewertung deutscher wissenschaftlicher Leistungen in unserem eigenen Lande: Man schielt zuerst nach den USA, wie es dort geglaubt oder gemeint wird, und erst danach urteilt man über unsere deutschen Leistungen. Wer in unserem Lande eine originelle Meinung wirkungsvoll anbringen will, darf diese keinesfalls hier publizieren, sondern muß erreichen, daß über sie von Amerikanern günstig berichtet wird.

Diese Tatbestände sind der Ausdruck einer bereits weitgehend vollzogenen geistigen Unterordnung unserer Gesellschaft unter das Urteil anderer Gesellschaften. Wir haben es vielfach bereits aufgegeben, unsere eigenen Gedanken zu vertreten und zu verteidigen, wir haben geistig im Rennen um die Zukunft schon resigniert.

Wenn wir so weitermachen wie bisher, sind wir im Jahre 2000 keine international führende Industrienation mehr, sondern nähern uns dem Zustand eines unterentwickelten Landes. Etwa dem Zustand, in dem sich heute Spanien befindet: wissenschaftlich, technisch und sozial zurückgeblieben. Unsere Kinder und Enkel werden möglicherweise den Gürtel enger schnallen müssen.

Die Japaner brauchten etwa 80 Jahre, bis sie wissenschaftlich und technisch Weltniveau erreichten, die Russen brauchten hierfür etwa 40 Jahre, die Chinesen konnten es in 20 Jahren trotz ungeheurer Anstrengungen nicht schaffen. Von dem Zustand aus, in den wir im Jahre 2000 etwa gelangen, wenn nicht rasch Entscheidendes geschieht, werden unsere Kinder und Enkel mehr als eine Generation brauchen, um das heute Versäumte wieder aufzuholen. Die Verantwortlichen, denen nachgesagt wird, sie hätten sich »um das Vaterland verdient gemacht«, sind dann nicht mehr erreichbar.

Doch genug der Symptome. Es ist nicht der Zweck dieses Buches, den vielen existierenden Publikationen über diese traurige Situation eine weitere hinzuzufügen. Sein Zweck ist vielmehr, deren wirkliche Ursache zu erkennen.

Noch einmal: Ich halte es für einen Irrtum anzunehmen, die Unzulänglichkeiten unserer Schulen und Hochschulen, unserer Institutionen und Bemühungen um Wissenschaft und Technik seien vorwiegend ein organisatorisches oder finanzielles Problem. Ich bin davon überzeugt, daß das Versagen unserer Gesellschaft vor den Problemen der Wissenschaft und der Technik, vor der Gegenwart und der Zukunft primär kein finanzielles oder organisatorisches, sondern ein geistiges Problem ist.

Um einem naheliegenden Einwand zu begegnen: Es gibt sicher nirgendwo in der Welt – weder in den USA noch in der Sowjetunion, noch in England, Frankreich oder in Japan – eine Organisationsform, die über jede Kritik erhaben ist, und es gibt nirgendwo eine Finanzierung, bei der man nicht nachweisen könnte, daß mit noch mehr Geld auch noch mehr geleistet würde. Während andernorts mangelhafte Organisation und unzureichende Finanzierung Gegenstand rationaler Prüfung sein können, stößt man in unserem Lande bei genauer Analyse auf irrationale Vorurteile, welche Folgen einer Ideologie sind, die den wissenschaftlichen und technischen Fortschritt eigentlich gar nicht wünscht. Diese irrationale, antitechnische und antiwissenschaftliche Ideologie ist vorwiegend der Gegenstand dieses Buches, nicht aber menschliche Unzulänglichkeiten, Mängel der Organisation oder Mängel unseres Staatssäckels.

Unsere Gesellschaft ist in einem Denken gefangen, das sie unfähig macht, die zu lösenden Probleme überhaupt als solche zu erkennen. Was hilft die Finanzierung, was helfen Organisationen, wenn sie nicht Mittel zur Realisierung eines starken Lebens- und Leistungswillens sind? Sie führen dazu, daß »der Hund zum Jagen getragen werden muß«, daß die Mittel nicht dazu dienen, den vorhandenen geistigen Ansatz wirksam zu machen, sondern daß das Vorhandensein von Mitteln und Organisation eher ein stummer Vorwurf ist: »Eigentlich wollen wir ja gar nicht!« Die Hoffnungslosigkeit, von der junge Wissenschaftler sprechen, ist nicht nur die Hoffnungslosigkeit, die durch kärgliche Arbeitsbedingungen begründet wird, sie ist eher die Hoffnungslosigkeit, die durch das Unverständnis der

Gesellschaft und der politisch Verantwortlichen begründet ist. Hier steht ein Vermögen an gutem Willen, für die Gesellschaft zu arbeiten und auch Opfer zu bringen, dem Unverständnis gegenüber, dieses Vermögen sinnvoll zu nutzen. Hier zeigt sich ein gesellschaftlicher und psychischer Tatbestand, der durch die Mängel der Organisation und Finanzierung nur verdeckt ist.

Die Aufdeckung setzt voraus, daß wir unsere Situation gewissermaßen »von außen« betrachten. Wir müssen die in verschiedenen Gesellschaften benutzten Denkweisen vorurteilslos vergleichen, z. B. die pragmatische Denkweise des Amerikaners mit der marxistisch-leninistischen Denkweise, und dürfen nicht der naiven Ansicht sein, irgendeine derartige Denkweise sei »über alles in der Welt«. Solange wir linientreu davon ausgehen, daß die bei uns tradierte und deklamierte Denkweise die einzig mögliche ist, werden wir deren Mängel höchstens daran erkennen, daß unsere Gesellschaft mit dieser Denkweise wenig erfolgreich ist und möglicherweise an ihr zugrunde geht. (Muß man dieses nach der Geschichte unseres Volkes nicht vermuten?)

Kurzum, ich möchte den befremdlichen Versuch machen, unsere geistige Tradition zu kritisieren. Meine Kritik richtet sich dagegen, daß Denkmodelle, Moral und Wertsystem, kurz, die ganze Ideologie, sich von der Wirklichkeit entfernt haben, daß zwischen Realität und Ideologie keine fruchtbare Spannung mehr, sondern Beziehungslosigkeit besteht. Dieses Auseinanderlaufen hat in ganz verschiedenen Bereichen schädliche Folgen, beispielsweise in der Außenpolitik (wo sie offensichtlich sind), in der Orientierung unserer Gesellschaft an der Vergangenheit (statt, wie selbstverständlich erscheint, an der Gegenwart und an der Zukunft), in dem Gefühl der Ungeborgenheit der Menschen unserer Gesellschaft in dieser Gesellschaft bis hin zu psychischen Störungen, und schließlich in der mangelnden Aufmerksamkeit für Wissenschaft und Technik. Gewiß – es gibt auch anderswo ungeschickte Außenpolitik, reaktionäre Denkweise, Unzufriedenheit mit gesellschaftlichen Zuständen und Gleichgültigkeit gegenüber Wissenschaft und Technik, die Besonderheit unserer Situation liegt aber darin, daß diese Fehlleistungen bei uns ein gutes Gewissen haben. Wenn diese Fehlleistungen durch mangelnde Intelligenz begründet wären – dann wäre unser Problem viel einfacher. Sie werden aber in unserer Gesellschaft mit sehr viel Intelligenz konserviert. Das deutsche Problem ist die falsch programmierte Intelligenz.

Da wir die Realität kaum nach unserem Wunschbild umformen können, ist dieses Auseinanderlaufen nur dadurch zu beheben, daß wir unsere Wunschbilder der Realität angleichen. Tun wir dieses nicht, dann bleibt diese Divergenz mit all ihren schädlichen Folgen bestehen, und unser Denken verharrt in einer Wunsch- und Traumwelt, die mit der Realität, mit dieser vor uns liegenden Welt und Zukunft nichts zu tun hat, dann verharren wir in jener »Hinterwelt«, vor der schon Nietzsche warnte. Nehmen wir dieses prägnante Wort, um das Auseinanderlaufen von Realität und Ideologie mit seinen schädlichen Folgen zu kennzeichnen, für eine Denkweise, die »an der Erde verzweifelte«, die »mit einem Todessprunge zum Letzten will« und im dauernden Gegensatz steht zur Haltung »des Erdenkopfes, der der Erde Sinn schafft!«

Dr. Hermann Kahn, der vielzitierte amerikanische Futurologe, trug vor kurzem der »World Future Society« folgende Prognose vor:

»Einer der offensichtlichsten Tatbestände der Welt ist, daß nicht nur Europa wieder aufsteigen wird, ... sondern, zweifellos auch, daß Westdeutschland aufsteigen wird. Westdeutschland ist gegenwärtig die zweitgrößte Handelsnation der Welt, hat das drittgrößte Bruttosozialprodukt, die dritt- oder viertgrößte industrielle Produktion (je nach Berechnungsart), steht aber etwa an zwanzigster Stelle, was politischen Einfluß betrifft. Diese Diskrepanz wird geringer werden ...«

Ich habe starke Zweifel an der Glaubwürdigkeit dieser Prognose: Man hätte sie so etwa auch vor zehn Jahren stellen können, schon damals bestand dieses krasse Mißverhältnis zwischen industrieller Potenz und politischer Macht.

Es gibt aber keine Anzeichen dafür, daß dieses Mißverhältnis in den letzten Jahren geringer wurde, und es gibt auch keinen Grund zu der Vermutung, dieses Mißverhältnis würde in den nächsten Jahren geringer. Die obige Prognose Kahns ist also gar nicht als eigentliche Prognose anzusehen, sondern vielmehr als Zeichen dafür, daß ein Außenstehender es nicht begreifen kann, daß ein so intelligentes und fleißiges Volk in dieser Welt so erfolglos sein kann. Wer nur die industrielle Produktion betrachtet, kann sich unser Land nur als Großmacht vorstellen. Wer aber die geistige Landschaft hier kennt, weiß, daß hier Kraft, Intelligenz und Hoffnung andernorts vertan werden, kurzum, daß die Hinterwelt die unglaubliche Diskrepanz zwischen Leistung und Bedeutung unserer Gesellschaft verschuldet. Nicht auf dem Mangel an Fleiß, Mut und Intelligenz unserer Menschen beruht die Trostlosigkeit unserer gesellschaftlichen und politischen Situation, sondern auf der Miserabilität unserer Philosophie. Oder doch auf jenem Mangel, weil wir zu träge, feige oder dumm sind, diese Miserabilität zu erkennen und zu korrigieren.

Diese Hinterwelt soll etwas genauer untersucht werden. Hierbei können wir es uns nicht leicht machen, sie steht immerhin im Verdacht, unsere Gesellschaft fortwährend zu falschem Verhalten zu verführen und sie möglicherweise zugrunde zu richten.

Ich bin in schwerer Sorge, daß wir unsern Kindern und Enkeln ein schlimmes Erbe hinterlassen werden, und daß wir für sie nicht das tun, was man billigerweise von uns erwarten kann. Unser Haus ist nicht gut bestellt.

Nach der Bestandsaufnahme soll im *zweiten* Abschnitt diese Hinterwelt möglichst scharf und aggressiv ausgemacht werden;
im *dritten* Abschnitt wird versucht, die Grenzen zu Wissenschaft und Glauben abzustecken, wozu sich eine mehr konservative Darstellung empfiehlt, die Aggression des zweiten Abschnittes soll ja nicht zur Bilderstürmerei ausarten;
im *vierten* Abschnitt soll die öffentliche Diskussion über die »zwei Kulturen« in England und den USA betrachtet und die Unterschiede der dortigen zur Situation in unserem Lande untersucht werden;
im *fünften* soll an einigen (historischen und zeitgenössischen) Beispielen gezeigt werden, wie gleichbleibend die Vorurteile und Reaktionen der Gesellschaft gegenüber neuen Einsichten sind, sei es nun im sechzehnten oder im zwanzigsten Jahrhundert;
im *sechsten* sollen technische Tatbestände betrachtet werden, die der Information der Gesellschaft dienen und Waffen gegen die Irrationalität politischer Entscheidungen sein können;
im *siebten* Abschnitt sei an einem konkreten Beispiel gezeigt, wie andernorts das Denken um die Bewältigung der Zukunft kreist und wie hier versucht wird, uns dieses auszureden;
im *achten* soll untersucht werden, ob und wie man zu Informationen über die Zukunft kommen kann, und schließlich soll
im *neunten* Abschnitt überlegt werden, was eigentlich geschehen müßte, und worauf es ankommt.

Anklage gegen die Hinterwelt

Ich klage diese Hinterwelt an, unserer Gesellschaft fortwährend schweren Schaden zugefügt zu haben, indem sie
1. unsere Menschen dazu verführt, ihre Kraft, Intelligenz und Hoffnung jenseits dieser Wirklichkeit zu vertun, anstatt diese zu nutzen, um hier in der Vorderwelt erfolgreich, friedlich und human zu leben,
2. unsere Gesellschaft daran hindert, über ihr zukünftiges Schicksal ernsthaft nachzudenken und sie dadurch weiterhin zum willenlosen Objekt zufälliger, möglicherweise schädlicher oder krimineller Entwicklungen macht,
3. in unserer Gesellschaft durch Beherrschung der Erziehung, Publizistik und Personalpolitik die Entstehung konkurrierender Denkweisen verhindert, dadurch ihre dominierende Rolle zu verewigen sucht und unsere Gesellschaft zu einer intellektuell gleichgeschalteten Gesellschaft macht.

Zugegeben, die Angeklagte hat – mindestens vorläufig noch hier in unserem Lande – ein strahlendes Image, und viele sind schon aus diesem Grunde gar nicht geneigt, über ihre möglichen Schandtaten nachzudenken. Und auch ihr Auftreten in unserer Gesellschaft läßt nicht auf Einsicht und Reue schließen: um so schlimmer! Lassen wir uns aber durch dieses selbst erzeugte strahlende Image und das selbstsichere Auftreten nicht täuschen: Solange wir nicht bei ihr die Schuld suchen, kommt unsere Gesellschaft mit der Forderung des Tages und der Zukunft nicht zurecht.

Ein kurzer Steckbrief dieser Hinterwelt:
Entstanden aus der Romantik und der politischen Reaktion. Lange Zeit Dienerin von Thron und Altar. Erfreute sich im vorigen Jahrhundert weltweiten Ansehens, kann sich jedoch gegenwärtig außerhalb unserer Grenzen kaum mehr irgendwo sehen lassen, besonders seitdem ihre Komplizenschaft mit den Nazis offensichtlich wurde.

Die Geschichte der Hinterwelt in unserem Lande hat Hans Heigert mit seinem Buche ›Deutschlands falsche Träume – oder: Die verführte Nation‹ (Hamburg 1967) schon geschrieben:

»... das akademisch gebildete Bürgertum hat es in Deutschland 150 Jahre lang versäumt, seinem Beruf nachzugehen. Sein

Beruf wäre gewesen: die Vernunft zu gebrauchen, mit strenger Logik umzugehen, menschliches Maß walten zu lassen und schließlich den kritischen Verstand in die Zukunft zu wenden. Die deutschen Studenten und Akademiker haben genau das Gegenteil gedacht und gelehrt: Gegenvernunft, Unlogik, Maßlosigkeit, schließlich Kritikverzicht. Das haben vor allem die Geisteswissenschaftler so getrieben, die Germanisten, Historiker und auch die Juristen – weniger die Mediziner, kaum die Naturwissenschaftler. Aber diese Letzteren überließen dafür das Feld der Volkserziehung ohne jede Intervention den akademischen Barden deutschen Geistes und deutscher Seele.« (S. 7f.)

Man kann die Hinterwelt kaum mit bestimmten Personen oder Personengruppen identifizieren, sie ist eher eine geistige Fehlhaltung, die sich mal hier, mal dort zeigt.

E. Berne hat so vortrefflich die »Spiele der Erwachsenen« vom Standpunkte des Psychotherapeuten aus beschrieben. Seine Erfahrungen stammen aus dem amerikanischen Lebensraum. Bei uns hätte er möglicherweise auch das Spiel Hinterwelt beschrieben: eine Kehrtwendung des Geistes, welcher sagt: Ach, alle diese sichtbaren und praktischen Dinge des menschlichen Lebens sind viel zu nebensächlich, um mein anspruchsvolles Gemüt befriedigen zu können, ich sehe Weiten, Tiefen, Höhen und Fernen, mit denen verglichen jene vordergründigen Dinge schal und leer sind. Und ich will euch teilhaben lassen an meinen grandiosen Erlebnissen, wenn ihr ergriffen zuhört und mit mir erschaudert. Und dieses sagt unser Hinterweltspieler in pathetischem Tone, mit tremolierender Stimme, pathetischem Tremolo, tremolierendem Pathos, auf jeden Fall unnatürlich und aufgeplustert.

Unverständnis der Praxis, von Naturwissenschaft und Technik, gilt bei uns nicht als ein geistiger Mangel, sondern »man« gaukelt sich vor, dieser Unverstand sei eigentlich ein Kavaliersdelikt, das die geistige Elite eher auszeichnet als disqualifiziert. Die Ignoranz verschafft sich so ein gutes Gewissen.

Die menschliche Kultur wurde von den Hinterweltlern in zwei Abteilungen aufgespalten: Einerseits solche menschliche Aktivitäten, deren praktischer Nutzen offensichtlich ist und denen man die anrüchige Bezeichnung »Zivilisation« gibt, und andererseits solche Aktivitäten, deren praktischer Nutzen vergessen wird, und die den Namen »Kultur« wie einen von den Hinterweltlern verliehenen Orden tragen dürfen.

Es wird in unserem Lande mit Recht immer wieder danach gefragt, welche Folgen sich für die Gesellschaft aus der Tätigkeit der Physiker, Chemiker, Biologen, Ingenieure usw. ergeben. Mit der Bombe, mit den perfekten Automaten, mit künstlichen Organen zu leben, das erzwingt gesellschaftliche und politische Veränderungen, die rechtzeitig bedacht sein wollen. Und vor allem: Wenn die Arbeit dieser auf das Praktische ausgerichteten Professionen der Gesellschaft Nachteile bringt oder zu bringen droht, dann muß diese Arbeit rechtzeitig kontrolliert werden.

Es ist in unserem Lande aber kaum üblich, danach zu fragen, welche Folgen sich für die Gesellschaft aus der Tätigkeit der Philosophen ergeben. Aber auch Philosophie ist nicht Selbstzweck.

Weil diese Frage in unserem Lande selten gestellt wird, gibt man sich kaum Rechenschaft darüber, wie sehr das politische Versagen unserer Gesellschaft in der Vergangenheit durch eine von der Praxis abgewandte Philosophie begründet ist. Ob die spezifisch deutsche Art des Philosophierens unsere Gesellschaft klüger, moralischer oder glücklicher als andere Gesellschaften gemacht hat, ist höchst zweifelhaft. Die Vermutung, Psychisches und Physisches gehörten zwei verschiedenen Welten an, zerreißt den Zusammenhang zwischen Denken und Handeln, zwischen Moral und Verhalten, sie zerstört schließlich die menschliche Identität und Verantwortung. Wie anders könnten wir uns so leicht von der schrecklichen Geschichte unseres Volkes distanzieren!

Wohl am schlimmsten wirkte die Hinterwelt zur Nazizeit: Harmlose Familienväter unterschrieben Deportationsbefehle ebenso korrekt und unbeteiligt, wie sie vorher Lieferscheine für Kindermilch oder Kirchenfenster ausgefertigt hatten. Weshalb sollten ausgerechnet sie als Schreibtischmörder angeklagt werden, haben sie nicht korrekt die Befehle einer Obrigkeit ausgeführt, deren Rechtmäßigkeit von der Mehrzahl damals nicht bezweifelt wurde? Müssen wir nicht die Frage stellen, weshalb diese harmlosen Familienväter ohne Gewissensbisse bei solch kriminellen Aktionen mitmachten und wir alle die Rechtmäßigkeit dieser Obrigkeit nicht bestritten? Diese Frage führt uns zur Haltung der deutschen Intelligenz in der vorfaschistischen Zeit, zur »braunen Universität«, zu den Programmierern der Nazis, zu den Kathedermördern. Ich meine damit die Vertreter jener spezifisch deutschen Art zu philosophieren, die vielfach keine

Resistenz gegenüber den Nazis entwickelten und Denkformen vertraten, die fugenlos zum krönenden Abschluß im Nationalsozialismus führten. Gewiß: Wir sollten keinem einen Vorwurf machen, weil er vor dreißig Jahren das Braunhemd trug, wir sollten aber unerbittlich sein, wenn sich sein heutiges Denken nicht *grundsätzlich* von seinem damaligen unterscheidet.

Hat die Hinterwelt unsere Gesellschaft daran gehindert, sich während der Nazizeit ihrer Untaten zu schämen, so hindert sie uns heute daran, unsere einstige Schamlosigkeit zu erkennen. Über Coventry, Auschwitz und Lidice denken viele bei uns heute kaum anders als Schulbuben über einen Streich, bei dem sie ertappt wurden. »Die Gruppe derer, die eine aktive Auseinandersetzung mit unserer Vergangenheit leisten, ist klein, ihrerseits ziemlich isoliert und einflußlos auf den Gang der Dinge«, sagt Alexander Mitscherlich und hat wohl recht damit.

Und so wie wir nicht trauern können, so können wir auch nicht aus der Geschichte lernen, und so nehmen wir es unkritisch hin, daß dieselben Geister, dieselben Kathedermörder, dieselben Hinterwelten weiterhin in unserem Lande ihr Unwesen treiben. Und wir dulden weiterhin ihr Zerstörungswerk an unserer Gesellschaft, loyal, diszipliniert und stumpfsinnig. Die Hinterwelt ist ein Trick, sich der Erfahrung zu entledigen und nicht lernen zu müssen. Was muß diesem Volk noch geschehen, bis es zu denken anfängt?

Es wird behauptet: Wem Gott ein Amt gibt, dem gibt er auch Verstand. Man merkt aber gar nicht, daß oft das Gegenteil gilt und der Besitz des Amtes mit dem Verlust des Verstandes einhergeht. Unsere Hinterwelt hat es zu allen Zeiten verhindert, daß politisch Verantwortliche wirksam kritisiert wurden. In unserer nationalen Geschichte ist eine Leerstelle dort, wo bei anderen Nationen die Guillotine steht. Und bis zum heutigen Tag vermag keine noch so große Faulheit oder Dummheit den Dank des Vaterlandes samt Dotationen von einem Politiker abzuwenden.

Das Denken unserer Gesellschaft beruht auf der Vermutung, daß Geistiges und Praxis zwei verschiedenen Welten angehören und nur in höchst mystischer Weise aufeinander einwirkten. Praktischer Sachverstand ist deshalb bei uns keine Voraussetzung für politische Verantwortung, oder nur insofern, als die Praxis der geheimen Verführung Voraussetzung für günstige Wahlergebnisse ist.

Es wird in unserer Gesellschaft allgemein geglaubt, juristische Perfektion reiche aus, um im zwanzigsten Jahrhundert einen Industriestaat zu regieren, und man könne in unserer Zeit noch erfolgreiche Politik betreiben, ohne die Grundtatbestände von Naturwissenschaft, Technik, Soziologie und Wirtschaftswissenschaft zu kennen und sich mindestens mit deren Experten sachverständig auseinandersetzen zu können. Die Mißerfolge sind offensichtlich.

Man möchte diese praxisferne Politik vergleichen mit dem Versuch, durch das Großstadtgewühl mit dem Blick auf den Polarstern zu chauffieren: eine Karambolage nach der anderen. Die Konkurrenz fährt mit wachem Auge und ohne Karambolage am Sternengucker vorbei. Welch süße Phrase:

». . . lieber will ich, weit
das Ziel verfehlend, edel sein, als mir
den Sieg erwerben durch unedle Tat!«

Solch betörende Verführungen erzeugen Euphorien wie Haschisch und Opium, aber auch Impotenz wie jene. Man kann durch Analyse der menschlichen Praxis durchaus entscheiden, wann ein Verhalten kurzsichtiger Opportunismus und wann es bewußte Anpassung zum Erhalten des Wertvollen ist, man braucht hierzu nicht solche betäubenden Verdrängungen der Realitäten und Tarnungen für geistige Faulheit und Hochmut. Wenn ich solche Phrasen höre, denke ich an Stalingrad und Langemarck, an Millionen von Gefallenen, Krüppeln, Waisen und Witwen, deren Unglück »edle Taten« verursachten. Ist es nicht die entscheidende Frage unserer Gesellschaft, diese irrationalistische Unzucht des Denkens als geistige Verwahrlosung zu erkennen? Eine geistige Verwahrlosung, welche die Grundlage unseres Erziehungssystems ausmacht.

Die Hinterwelt ist durch und durch rückwärtsgewandt, sie eröffnet keine Ausblicke in die Zukunft, sondern konserviert die Irrtümer der Vergangenheit, sie ist nicht Perspektiv, sondern Kaleidoskop. Die Hinterwelt ist erfüllt von historischen Denkmodellen und übersieht, daß diese vor allem die Träger eingefrorener Irrtümer sind. Manches war möglicherweise einst Wahrheit und ist heute Verführung. Die Hinterwelt hat für alles eine Sprachregelung, weiß aber auf keine Frage eine Antwort; sie weiß von allem, wie es wurde, aber von nichts, wie es wird. ». . . es gibt einen Grad von Schlaflosigkeit, von Wiederkäuen, von historischem Sinne, bei dem das Lebendige zu Schaden kommt und zuletzt zugrunde geht, sei es nun ein

Mensch oder ein Volk oder eine Kultur« (Nietzsche, ›Unzeitgemäße Betrachtungen‹).

Typisch für unsere Hinterwelt ist die Geschäftigkeit im »Elfenbeinturm«, im engen Kreis der Gleichgestimmten, im erfreulichen Chorus der sich gegenseitig Bestätigenden, abgeschlossen vom Gezänk des Alltages, von der Praxis der menschlichen Mühe und Arbeit, nur jenen Hinterwelten geweiht. Deprimierend der Stil, in dem lebenswichtige Probleme unserer Gesellschaft behandelt werden: Da steht unsere Leuchte der Wissenschaft und doziert: keine Spur persönlichen Engagements, eine Gebetsmühle historischer Zitate, keine realisierbaren Vorschläge, alles offen lassend, keine persönlichen Entscheidungen. Ihn jammert nicht dieses Volkes. Aber man hält ihn für groß, auch wenn er nur auf Konserven steht – begrenzter Haltbarkeit!

Mitverantwortlich für diese Fehlentwicklung Hinterwelt sind wohl auch Naturwissenschaftler und Techniker. Sie wären soziologisch eigentlich die Gruppe, die – im gemeinsamen Interesse – allzu praxisferne Ideen wieder »auf die Erde zurück« führen müßte. Leider wird dieses soziologische Korrektiv aber bei uns kaum wahrgenommen, und mancher Naturwissenschaftler oder Techniker verharrt in einem Zustande, den man am ehesten als intellektuelle Domestikation bezeichnen möchte. Nun, zugegeben, wessen Beruf es ist, wissenschaftliche Entdeckungen zu machen oder neue technische Möglichkeiten zu finden, der kann solchen Problemen nur wenig Zeit zuwenden. Ob es allerdings notwendig ist, daß sich in vielen ihrer Köpfe eine längst überholte philosophische Position erhält, und diese manchmal fanatisch verteidigt wird, dies erscheint doch unnötig und unverständlich.

Diese Situation wird vortrefflich dargestellt von H. P. Bahrdt (›Sind wir noch das Volk der Dichter und Denker?‹, Reinbek bei Hamburg 1964):

». . . wenn man als Soziologe mit Angehörigen der technischen Intelligenz über allgemeine Themen diskutiert. Hier hat man es immerhin mit Menschen zu tun, die über den Zaun ihres engen Fachgebietes hinausschauen und die auch aktuellen Gebrauch von ihrer Allgemeinbildung machen wollen. Aber sie haben ungeheure Mühe, diese Verbindung herzustellen. Meist muß man ihnen erst mühevoll die Vorurteile geisteswissenschaftlicher Herkunft, die 50 bis 60 Jahre alt sind, ausreden, damit sie aus ihren höchstaktuellen und konkreten Alltagserlebnissen eine allgemeinere gesellschaftliche oder kulturelle Erfahrung machen. Man muß sie auf ganz handfeste Erlebnisse in ihrem betrieblichen Alltag hinweisen, damit sie merken, daß sie manches eigentlich viel besser wissen als Ortega y Gasset oder Spengler, auf die sie sich gerne berufen.« (S. 57)

Viele Angehörige der wissenschaftlich-technischen Intelligenz lassen sich von der Vorstellung leiten, die *Anpassung* an bestehende Denkformen und Verhaltensweisen sei optimal. Diese Denkweise entsteht aus der etwas unreflektierten Übertragung technischer Tatbestände in den sozialen Bereich. Gewiß, bei technischen Systemen ergibt sich optimale Wechselwirkung zwischen angepaßten Quellen und Empfängern: Im sozialen Bereiche aber führt diese Überlegung zu der menschlich recht unwürdigen Vorstellung, optimal wäre das Verhalten des gut geschmierten Rädchens im Uhrwerk. Aus der Geschichte sollte man lernen, daß des denkenden Menschen erste Pflicht nicht die Anpassung ist, sondern die Kontrolle. Die Anpassungs-Psychose – oder historisch gesprochen, das Mitläufertum – ist die Ursache schwersten Versagens unserer Gesellschaft, der denkende Mensch soll nicht Rädchen sein, sondern Unruhe, und die wissenschaftlich-technische Intelligenz darf nicht der stupid-loyale Erfüllungsgehilfe jeder politischen Macht sein.

Bei manchen Naturwissenschaftlern hohen Ranges in unserer Gesellschaft findet sich oftmals eine Denkhaltung, die der Psychologe möglicherweise als schlechtes Gewissen deuten würde. Und zwar schlechtes Gewissen darüber, daß sie durch ihre wissenschaftliche Arbeit bestimmte Probleme der Einsicht des klaren Geistes überliefert und damit die Herrschaft des Geheimnisvollen verringert haben. Dieses schlechte Gewissen wird dann überkompensiert durch hinterweltlerische Äußerungen. Und so ergibt sich, daß viele der häufig zitierten Gewährsmänner der Hinterwelt in unserem Lande ausgerechnet Naturwissenschaftler hohen Ranges sind. Eine geradezu groteske Situation, die in anderen Ländern kaum zu beobachten ist!

Nicht gerade bescheiden nimmt die Hinterwelt für sich in Anspruch, die Hüterin und Bewahrerin des Wertvollen zu sein, des Wahren, Schönen und Guten, während die Ungläubigen all dieses Wertvollen entraten müßten.

Diese Unbescheidenheit zeigt sich beispielsweise bei K. Strunz (in seinem Büchlein ›Integrale Anthropologie und Kybernetik‹, Heidelberg 1965):

»Alle Informationen, die jene Apparate aufnehmen, werden bekanntlich nach mathematischen, genauer wahrscheinlichkeitstheoretischen Gesichtspunkten gemessen, und dies ganz unabhängig von ihrem Sinngehalt. Informationen im Rahmen aller geistigen Kontakte, die der Mensch herstellt, also auch die Informationen, die bei Begegnungen zustande kommen, sind aber durchgängig sinnhaltig und werthaltig . . .« (S. 133)

»Das Seelisch-Geistige, für das ein Teil der physiologischen Wirklichkeit den materiellen Unterbau darstellt, verlangt dagegen von vorneherein eine Bearbeitung mit den dieser Welt gemäßen Kategorien. Das bloße naturwissenschaftliche Denken ist hier nicht zuständig, einfach deswegen nicht, weil es, solange es die sich selbst gesetzten Grenzen nicht überschreitet, die Sinn- und Wertprobleme ausklammert. Das Geistige und Sittliche liegt außerhalb ihrer Kompetenz.« (S. 147)

Das hört sich alles ganz schön vertraut an, man hat es so schon öfters gehört – nur eben, es stimmt nicht. Es gibt kaum eine andere Disziplin, welche für die *grundsätzliche* Beurteilung der Wertsysteme zuständiger ist als die Kybernetik, und zwar ihr spezieller Zweig, der sich mit der Organisation und dem Verhalten adaptiver Systeme beschäftigt. Man kann adaptive Systeme überhaupt nicht konstruieren, ohne sich über die Wirkung der Wertsysteme Klarheit zu verschaffen! Und es stimmt auch keinesfalls, daß die Informationstheorie sich notwendigerweise auf die Betrachtung des Codierungsaufwandes beschränken müsse, es ist jedoch so, daß die neuere Informationstheorie die Frage untersucht, welchen Wert eine Information für ein Empfangssystem hat. Bevor solche Vorurteile über die prinzipielle Begrenzung der Informationstheorie apodiktisch publiziert werden, sollte zuerst einmal die gründliche Kenntnis wissenschaftlicher Entwicklungen erarbeitet werden. Aber das ist das Große an der Hinterwelt: Man traut ihr zu, aus nicht oder falsch verstandenen Tatsachen die richtigen Schlüsse zu ziehen. Eine gespenstische Größe!

Daneben sollte auch noch bedacht werden, daß die wissenschaftliche Einsicht in die Notwendigkeit der Wertsysteme deren subjektive Wirkung nicht aufhebt – allerdings eine gewisse Skepsis gegen allzu oberflächliche Argumentationen erzeugt.

Und wer die Notwendigkeit moralischen Verhaltens am Beispiele informationeller Strukturen verstanden hat, wird dadurch nicht weniger moralisch, sondern nur etwas kritischer gegenüber solchen Absolutheitsansprüchen und hohlen Phrasen.

Nein, sprechen wir es offen aus: Die Behauptung der Hinterwelt, sie verwalte alles das, was gut, schön, wahr, edel, moralisch in dieser Welt sei, ist nichts anderes als Anmaßung. Es gibt alle diese wertvollen menschlichen Eigenschaften auch dort, wo sie unbekannt ist, nur wird da weniger deklamiert, oft aber mehr praktiziert.

Wenn nun einer kritisierte, mit dieser Darstellung der Hinterwelt hätte ich einen rechten Popanz aufgebaut, der mit der Wirklichkeit wenig übereinstimmt, so hätte der nicht gänzlich unrecht. Nicht ohne Grund kann man diese Hinterwelt durch kein neueres Zitat eines angesehenen Wissenschaftlers unserer Tage kennzeichnen. Die Übereinstimmung mit der Wirklichkeit unserer Zeit wird viel deutlicher, wenn wir die profane Philosophie in unserem Lande betrachten, jenes das Denken der meisten Menschen unserer Gesellschaft beeinflussende Gedankengut, das überwiegend noch auf der Philosophie des vorigen Jahrhunderts beruht. Oder die Philosophie, welche in der Mühle der Interpreten denaturiert wurde und dann allgegenwärtig und penetrant auf die kritik- und wehrlosen Endverbraucher niederrieselt.

Diese seit Generationen auf unsere Gesellschaft niederrieselnde hinterweltlerische Indoktrination hat diese etwa so verändert, wie es B. Russell (in seinen ›Unpopulären Betrachtungen‹, Zürich ohne Jahr) als Wirkung einer gedachten Propaganda-Armee beschrieb:

»Ich persönlich bin der Überzeugung, daß es keinen Unsinn gibt, den eine Regierung ihren Untertanen nicht einreden könnte. Man stelle mir eine angemessene Armee zur Verfügung und gebe mir die Möglichkeit, sie so zu bezahlen und zu ernähren, daß ihr Los sich von dem des Durchschnittsbürgers angenehm unterscheidet – und ich mache mich anheischig, die Mehrzahl der Bevölkerung innerhalb von dreißig Jahren davon zu überzeugen, daß zwei und zwei drei ist, daß Wasser gefriert, wenn man es erhitzt, und kocht, wenn es sich abkühlt, und dergleichen Unsinn mehr. Selbstverständlich würden die Leute trotz dieser neuen Erkenntnisse den Teekessel nicht in den Eisschrank stellen, wenn sie kochendes Wasser brauchen. Daß Wasser durch Kälte zum Kochen gebracht wird, würde eine Sonntagswahrheit bleiben, etwas Heiliges und Mystisches, das nur in ehrfurchtsvollem Ton erwähnt werden dürfte, im praktischen Leben aber keine Anwendung fände. Wer sich einfallen ließe, die mystische Doktrin mit dreisten Worten zu verleumden, würde sich damit außerhalb des Gesetzes stellen und hätte als Ketzer den ›Kältetod‹ auf dem Scheiterhaufen zu erwarten. Alle, die dem neuen Staatsglauben nicht begeistert zustimmten, müßten aus dem Lehramt oder anderen wichtigen Staatsstellungen entfernt werden. Nur den höchsten Würdenträgern dürfte es gestattet sein, in leicht angetrunkenem Zustand einander zuzuflüstern, welch haarsträubender Unfug das Ganze sei; sie würden dann lachen und weitertrinken.« (S. 104)

Unsere gesellschaftliche Situation unterscheidet sich vom Terror jener von B. Russell diskutierten Propaganda-Armee vor allem dadurch, daß bei uns viele Menschen die Absurdität unserer geistigen Verfassung gar nicht mehr bewußt wahrnehmen und nur eine Minderheit das Unbehagen an unserer Situation empfindet und in der Lage ist, es bewußt zu analysieren. Die Wirkung jener seit Generationen dauernden Indoktrination geht viel tiefer als die mögliche Wirkung obiger Propaganda-Armee. Sie setzt nämlich schon im Kindesalter ein und formiert das Denken der Kinder von Grund auf, so daß Kritik kaum erscheint und, wenn sie doch erscheint, als böse, unedel, profan, oberflächlich, auf jeden Fall als negativ verdrängt wird.

Unsere Publizistik ist großenteils durchsetzt von antiwissenschaftlichen Verführungen. Die unterschwellig negative Darstellung technischer Tatbestände zeigt sich beispielsweise an der widerlichen musikalischen Untermalung technischer Vorgänge in Film und Fernsehen. Wenn der Bildschirm Computer zeigt, dann ertönen unharmonische, unsympathische und mystische Mißklänge. Was soll diese Feindmarkierung? Die Produzenten dieses Unsinns, der keinerlei Informationswert hat, sollten sich bewußt werden, daß sie damit hinterweltlerische Greuelpropaganda treiben.

Was findet sich da alles an mißverstandenen Wahrheiten, an tendenziös verzerrten Teilaussagen, an fahrlässiger und böswilliger Simplifikation in unserer Presse, in unserem Rundfunk, im Fernsehen, in geistlicher und profaner Literatur und vor allem – in den Schullesebüchern. Hier wird der größte Schaden gestiftet, wenn in den Köpfen der arglosen Kinder eine Hinterwelt aufgebaut wird, die sie unfähig macht, den Forderungen des Tages und den Forderungen der Zukunft gerecht zu werden.

Die Kritik der hochgeschätzten Frau Hamm-Brücher an unseren Schullesebüchern möge diese unheilvolle Indoktrination veranschaulichen (aus ›Sind wir noch das Volk der Dichter und Denker?‹):

»Zusammenfassend gesagt, geht dieser Erziehungswille wohl dahin, unsere Kinder mit Hilfe der Lesebuchlektüre zu frommen, gehorsamen, fleißigen und in jeder Weise materiell, aber auch intellektuell genügsamen Untertanen zu erziehen. Wenig deutet darauf hin, daß es heute doch mehr denn je darauf ankommt, unsere Jugend zu selbständig denkenden, handelnden und mitverantwortlichen Menschen zu erziehen, zu gegenseitiger Rücksicht und zum Verständnis des Gestern und Heute, zu einer freiheitlichen Lebensgestaltung und zur Bereitschaft, sich für die Erhaltung dieser äußeren und inneren Freiheiten auch einzusetzen.« (S. 113)

Diese tendenziöse Beeinflussung unserer Kinder kann wohl fugenlos zurückverfolgt werden bis zu jener Ansprache des preußischen Königs an seine Schulmeister im Jahre 1849:

»All das Elend, das im verflossenen Jahre über Preußen hereingebrochen, ist Ihre, einzig Ihre Schuld, die Schuld der Afterbildung der irreligiösen Massenweisheit, die Sie als echte Weisheit verbreiten, mit der Sie den Glauben und die Treue in dem Gemüt meiner Untertanen ausgerottet und deren Herzen von mir abgewendet haben.«

Bei solcher Vorgeschichte, bei solcher als normal hingenommenen einseitigen Indoktrination unserer Kinder ist es nicht überraschend, daß so dümmliche Ideen wie die »formierte Gesellschaft« hingenommen werden, unsere Gesellschaft jedoch zum Sozialismus keine nüchterne Einstellung findet. Es ist aber eine Lebensfrage für unsere Gesellschaft, zum Sozialismus ein nüchternes Verhältnis zu gewinnen: innenpolitisch ebenso wie außenpolitisch.

Vermißt man bei den Exponenten unserer Philosophie oftmals (erfreulicherweise nicht immer!) das persönliche Engagement, so wird dieser Mangel mehr als aufgewogen durch den Fanatismus unserer Profan-Philosophen, den Unteroffizieren des Geistes, welche Traktate, Sonntagsbeilagen und kulturelle Spalten füllen. Was bei den klaren Geistern eine Metapher, eine Denkmöglichkeit, ein historisches Beispiel, ein skurriler Schnörkel ist, wird bei ihren trüben Erfüllungsgehilfen zur absoluten Wahrheit, zum Dogma, zum Geßler-Hut.

Wieviel Unheil wurde von jenen Eiferern für die »heile

Welt«, für die »saubere Leinwand« und die »moralische Aufrüstung« erzeugt, jenen Astlochmoralisten, denen Egoismus und Sexualität nicht wesentliche Teile des Menschen sind, sondern diese als Inkarnation des Bösen schlechthin ansehen. Sie tragen die Verantwortung dafür, daß man heute mit Moral »prüde, muffig, weltfremd, krankhaft« verbindet.

Die Ablösung der Hinterwelt von der gesellschaftlichen Praxis und die Primitivität der deutschen Profan-Philosophie bewirken eine Leere: Der Gesellschaft fehlt ein Codex von Denk- und Verhaltensregeln, der ihren aktuellen und zukünftigen Problemen angemessen ist. Es ist eine unerhörte Last, wenn das Individuum ohne geistige Vorbereitung immer wieder für sich, bei Null beginnend, nach Denk- und Verhaltensformen suchen muß, die hier und jetzt brauchbar sind.

Typisch hierfür ist die Situation im wirtschaftlichen Bereich: Den Kindern wird mit großem Aufwand das Prinzip andressiert: »Wer zwei Röcke hat, der gebe einen demjenigen, der keinen hat.« Wenn das Kind dann aber in das Wirtschaftsleben tritt, dann lernt es, daß das entgegengesetzte Verhalten das einzig mögliche ist. Hieraus zieht es – unbewußt wohl – den Schluß: Alle diese moralischen Prinzipien sind ja gar nicht für diese Welt bestimmt, sie sind Teil eines Ritus, den uns weltfremde alte Leute aufschwätzen wollen und den man eben so über sich ergehen läßt, wenn man sich nicht drücken kann.

Es kommt darauf an, eine Moral zu entwickeln, welche in unserer Gesellschaft glaubwürdig und realisierbar ist. Das Fehlen einer solchen Moral hat für unsere Gesellschaft schlimme Folgen. Zugegeben, keine Gesellschaft bestand oder besteht nur aus Engeln, aber es erscheint zweifelhaft, ob eine solche Häufung gesellschaftlicher, vor allem politischer Skandale andernorts auftritt.

Die »Skandal-Literatur« erfüllt eine wichtige gesellschaftliche Aufgabe: Fehlleistungen werden wenigstens publik, und wo die Moral fehlt, da bietet die Angst vor dem publizistischen Pranger einen teilweisen Ersatz: Moralprothese.

Die persönliche Einstellung zu derartigen gesellschaftlichen Tatbeständen wie der Hinterwelt kann durch »Anpassung« oder durch »Aggression« bestimmt sein: Die Anpassung bietet jedem die Chance, mitreden zu können, und ist häufig die Voraussetzung gesellschaftlicher Zusammenarbeit. Die Mehrzahl der Individuen muß sich notwendigerweise anpassen, sonst funktioniert die Gesellschaft nicht. Anpassung ist intellektuell bequem und die Voraussetzung gesellschaftlicher Vorteile, besonders in unserem Lande, wo die Konformität prämiiert wird.

Aggression ist intellektuell anstrengender, man muß irgendeine Alternative gegenüber dem allgemeinen Sprachgebrauch entwickeln, man muß bereit sein, diese tagtäglich zu verteidigen, auch dann, wenn der Kontrahent nichts anderes tut, als konforme Sprüche wiederzukauen und Gebetsmühlen zu drehen. Aggression ist weder ein bequemes Ruhekissen noch die Basis gesellschaftlichen Erfolges. Die Gesellschaft möchte zwar gelegentlich leicht stimuliert werden, im übrigen aber auf ihren Selbstverständlichkeiten ruhig weiterschlafen, und sie nimmt es übel, wenn diese in Frage gestellt werden.

Die beiden persönlichen Einstellungen »Anpassung« und »Aggression« sind an sich weder ein Verdienst noch eine Schande. Eine lebendige Gesellschaft braucht Individuen beider Einstellungen, in der Mehrzahl angepaßte Individuen, in der Minderzahl aggressive Individuen. Ohne die Aggression erstarrt eine Gesellschaft. Schauerlich ist die geistige Öde gleichgeschalteter Staaten. Wie gesagt, Anpassung und Aggression sind an sich weder Verdienst noch Schande. Es gibt allerdings unsaubere Vermengungen, die widerlich sind: So der manieriert Unkonforme, dem die Antihaltung Selbstzweck ist, oder der Hinterweltler, der seine geistige Unbeweglichkeit mit Schillerkragen und Kneippsandalen garniert.

Wie gesagt – die Mehrzahl muß sich notwendigerweise anpassen. Sie sollte aber aus der Geschichte gelernt haben, daß das, was die Mehrzahl denkt, fühlt und glaubt, nicht notwendigerweise einen höheren Stand der Einsicht, der Moral oder der Ästhetik darstellt, sondern daß eigentlich die meisten kulturellen Fortschritte von Einzelgängern im Gegensatz zur konformen Mehrheit geschaffen wurden. Man müßte hieraus die Lehre ziehen, daß eine Abweichung von der Ansicht der Mehrzahl nicht von vorneherein schon schlecht ist. Ihre Unbrauchbarkeit kann nur durch sachliche Argumente, nicht durch Schlagworte erwiesen werden. Der Vorwurf »Ideologie« ist ohne sachliche Auseinandersetzung so miserabel wie der Vorwurf »Ketzer« vor dem Inquisitionsgericht. Die Ideologie der Konformen ist nicht besser als alle anderen Ideologien.

Die Hinterwelt beherrscht die Schalthebel der Macht in unserem Staate: nicht ausschließlich, wohl aber überwiegend. Das

Bekenntnis zu ihr ist die Voraussetzung dafür, in unserem Lande etwas zu werden oder zu bleiben.

Beim »Darmstädter Gespräch 1966« sagte H. Kilian:

»... ich bin ja sowieso schon ausgeschaltet, deshalb kann ich hier frei reden. Ich habe nichts mehr zu verlieren.«

Niemand hat ihm widersprochen, und mir scheint, es kann ihm keiner mit guten Argumenten widersprechen. Man muß es als kaum bestreitbare Tatsache hinnehmen und kann es nicht deutlich genug formulieren: Unsere Gesellschaft beruht auf eingeschränkter geistiger Freiheit, und wer in Amt und Würden ist, fühlt sich verpflichtet, nicht frei zu reden. Und wer frei redet, erwartet gesellschaftliche Nachteile. Es sei immerhin erwähnt, daß diese Realität gegen das Grundgesetz verstößt.

Unser Grundgesetz ist nach Geist und Buchstaben ideologisch neutral und tolerant:

Artikel 3 (Absatz 3): Niemand darf wegen seines Geschlechts, seiner Abstammung, seiner Rasse, seiner Sprache, seiner Heimat und Herkunft, seines Glaubens, seiner religiösen oder politischen Anschauungen benachteiligt oder bevorzugt werden.

Artikel 4 (Absatz 1): Die Freiheit des Glaubens, des Gewissens und die Freiheit des religiösen und weltanschaulichen Bekenntnisses sind unverletzlich.

Artikel 5 (Absatz 1): Jeder hat das Recht, seine Meinung in Wort, Schrift und Bild frei zu äußern und zu verbreiten und sich aus allgemein zugänglichen Quellen ungehindert zu unterrichten. Die Pressefreiheit und die Freiheit der Berichterstattung durch Rundfunk und Film werden gewährleistet. Eine Zensur findet nicht statt.

(Absatz 3): Kunst und Wissenschaft, Forschung und Lehre sind frei. Die Freiheit der Lehre entbindet nicht von der Treue zur Verfassung.

Die bestehende intellektuelle Gleichschaltung ist nicht nur durch die Konzentration im Pressewesen bestimmt, wenngleich diese hierzu beiträgt. Viel schlimmer scheint mir die intellektuelle Gleichschaltung an unseren Universitäten zu sein. Kennzeichnend und bedenkenswert ist die Meinung des amerikanischen Philosophieprofessors William W. Bartley (›Flucht ins Engagement‹, München 1964):

»... Ausleseverfahren, das in der Nachkriegszeit die im Sattel sitzenden Männer nicht zur Quelle neuer Ideen, sondern der verhohlenen Belustigung der Philosophen der westlichen

Welt sowie die betreffenden Universitäten zu stagnierenden Gewässern der Philosophie machte.«...

»... viele jüngere deutschsprechende Philosophen durchschauen, was in ihren Ländern der Philosophie widerfahren ist. Doch sie dürfen kaum wagen, offen darüber zu sprechen. Denn sonst verscherzten sie sich die Gunst ihrer Gönner und ihre Aussichten auf eine akademische Karriere.« (S. 12 f.)

R. Carnap, hervorragendes Mitglied des einstigen »Wiener Kreises« und heute einer der führenden Philosophen der USA, kennzeichnet die Situation in unserem Lande so: Sieht man vom Existenzialismus ab, der eigentlich keine Philosophie, sondern eine Weltanschauung ist, blieb die Philosophie in unserem Lande etwa fünfzig Jahre hinter der internationalen Entwicklung zurück. Hier werden ungefähr noch dieselben Lehren verbreitet wie vor dem Ersten Weltkrieg. (›Club Voltaire III‹, München 1967)

Im Osten ist die Kritik am Zustand unserer Philosophie noch krasser. Ein russischer Professor faßte sie in dem Satz zusammen: »Seit Hegel und Marx entstand bei euch nichts mehr, was zu lesen lohnt.«

Derartige Äußerungen sollten wir nicht unkritisch hinnehmen, sie entspringen nicht unbedingt dem Wunsch, unserer deutschen Situation gerecht zu werden. Sie sollten uns aber veranlassen, unser Verhältnis zu »der« Philosophie zu überprüfen und es etwas rationaler zu gestalten. Wir sollten es nicht unkritisch hinnehmen, wenn in unserem Lande relativ eng kooperierende Schulen das Denken unserer Universitäten und damit das Denken unserer Gesellschaft beherrschen.

Was hat dies alles mit der Hinterwelt zu tun? Nun, zumindest soviel, daß sie in unserem Lande oft mit einer Intoleranz vertreten wird, die man eigentlich eher als Fanatismus bezeichnen muß und die um so intensiver wird, je deutlicher ihre Unzulänglichkeit bei der Ordnung unserer gesellschaftlichen Praxis und der Zukunft wird. Unfähigkeit und Intoleranz sind Schwestern. In unserem Lande ist der Konformitätsgrad wohl das gewichtigste Auslesekriterium. Soll hier dem verratenen Sozialismus die verratene Freiheit gegenübergestellt werden?

Die Wirkung jener hinterweltlerischen, der Praxis abgewandten Philosophie ist besonders auch in der Rechtspflege erkennbar. Es müßte meines Erachtens der ausschließliche Zweck der Rechtspflege sein, die Gesellschaft vor den Folgen kriminellen Verhaltens zu schützen und Rechtsbrecher wieder in die Gesellschaft einzufügen, ohne ihnen unnötige Qualen zu bereiten, kurzum, die Übeltäter wieder zu resozialisieren. Unsere Rechtspflege ist aber beherrscht von der Psychose, Menschen zu quälen und sie für eine nur in der Denkweise der Hinterwelt erklärbare Schuld zu bestrafen.

Vor allem der hessische Generalstaatsanwalt Fritz Bauer kritisierte dieses seit Jahren. Seinem Aufsatz ›Die Schuld im Strafrecht‹ (›Club Voltaire‹, München 1963) seien folgende kennzeichnende Sätze entnommen:

»Im deutschen Recht wird die Schuld als der Zentralbegriff des Strafrechts bezeichnet. ... Bis in die zwanziger Jahre hinein haben die deutschen Strafjuristen unverhohlen das Wort Vergeltung gebraucht und von einem Vergeltungsstrafrecht gesprochen. Später ist man sensibler geworden; man spricht etwa vom gerechten Ausgleich der Schuld, ohne daß sich in der Sache etwas geändert hätte. ... z. B. Hegel und seine Nachfolger, ... die ein Vergeltungsstrafrecht in die klingende Formel gegossen haben, das Verbrechen sei eine Negation des Rechts, und die Strafe sei die Negation der Negation, womit das jeweilige Recht sich majestätisch wie ein Vogel Phönix aus der Asche erhebe. Statt Vergeltung wird häufig auch euphemistisch von ›Sühne‹ geredet; bezeichnenderweise hat der Nazismus das Wort der deutschen Gesetzessprache einverleibt.« (S. 114)

Wie sehr das für die Hinterwelt typische Denken bei den für unsere Zukunft entscheidenden Fragen versagt, zeigt sich bei den Diskussionen um die Frage, wie die nicht ausreichenden Studienplätze an unseren Universitäten auf die Abiturienten zu verteilen seien: nach Qualifikation oder durch Auslosen. Ein an der Praxis orientierter Mensch, z. B. ein erfahrener Betriebsleiter, würde ohne Nachdenken so entscheiden: Die am besten geeigneten Bewerber sollen Studienplätze bekommen. Für unsere Kulturpolitiker ist dies aber gar nicht selbstverständlich, und mancher möchte allen Ernstes, daß um die Studienplätze gelost wird. Das führt dazu, daß ein Teil der qualifizierten Bewerber abgewiesen wird, weil bei ihnen das Los ungünstig fiel, und ein Teil der weniger qualifizierten Bewerber angenommen wird, weil bei ihnen das Los günstig fiel. Die »Einsicht« des Loses wird also höher als die Qualifikation bewertet. Womit begründen jene Kulturpolitiker eine solche Absicht? Nun, mit dem Bemühen, die »Gleichheit vor dem Gesetz« zu wahren. Mir scheint, man braucht die Argumentation nicht wesentlich zu verändern, um zu beschließen, daß auch um Doktorhüte gelost wird. Es widerspricht doch möglicherweise dem Prinzip von der Gleichheit vor dem Gesetz, daß der Gescheite Doktor wird, und der Dumme nicht? Ich fürchte, daß in unserem Staat nicht wenige Entscheidungen nach Gesichtspunkten getroffen werden, die um kein Jota intelligenter sind als jene obskure Auslese der Studienbewerber. In ihrer Gesamtheit bewirken diese realitätsfernen Entscheidungsmethoden eine schwere Last für unsere Gesellschaft, die sich schließlich in mangelnder internationaler Konkurrenzfähigkeit und in fehlenden Milliarden bemerkbar macht.

Da es in unserer Gesellschaft an Lehrern mangelt, müßten »eigentlich« die Methoden der programmierten Instruktion und der Lehrmaschinen schleunigst in großem Umfange benutzt werden. Dies geschieht nicht. Wer sich für den Grund interessiert, stößt sofort auf die Wirkung der Hinterwelt in den Köpfen mancher Schulpolitiker. Viele Kritiker interessiert am programmierten Unterricht nur, wo er Rückschläge erlebte. Die Tatsache, daß er eine Hilfe bei der Überwindung einer praktischen Not unserer Gesellschaft bietet, wird gering geschätzt gegenüber der prinzipiellen Ablehnung solcher moderner Methoden. Statt darüber nachzudenken, wie manche unbestreitbaren Schwierigkeiten des programmierten Unterrichts überwunden werden können, setzt ein Jubel über diese ein und mündet dann in dem Entschluß: Da seht ihr, wir haben doch recht gehabt mit unserer Ablehnung dieses neuen Krams und können so weiterwursteln wie bisher.

Als Humanist gilt in unserer Gesellschaft, wer Homer im Urtext liest. Man müßte wohl den Humanismus frei machen von dieser philologisierenden Fehldeutung und ihm wieder seine ursprüngliche Bedeutung geben, nämlich eine Geisteshaltung zu sein, deren oberstes Motiv beim Menschen liegt, im Diesseits, in der Vorderwelt. Das Hauptziel einer humanen Gesellschaft müßte es wohl sein, den Armen, Kranken, Alten und Schwachen wirkungsvoll zu helfen und Gesetzesbrecher nicht zu quälen, sondern zu resozialisieren, den Kindern die beste Ausbildung zu verschaffen und allen Menschen ein menschenwürdiges Leben – und eine Hoffnung auf die Zukunft. Unsere Gesellschaft aber ist »humanistisch« und treibt einen Kult mit einer Hinterwelt, die den Menschen der Zukunft keine Hilfe bringt.

Unsere Hinterwelt schwätzt unentwegt von der menschlichen Existenz und ihrer Einmaligkeit, es gelingt ihr aber nicht, deren Belange gegen angebliche Sachzwänge wirksam zu machen. Ihr Metier ist die Pathetik, nicht die Verwirklichung. Vor den gesellschaftlichen Nöten verhält sie sich wie ein Arzt, der mit den Kranken jammert, sich aber nicht um die Ursachen ihrer Krankheiten kümmert. Man fummelt an den Symptomen offensichtlicher Mißstände herum und verschafft sich durch menschenfreundliche Worte ein gutes Gewissen.

Welch krasser Gegensatz besteht zwischen den Grundsatzdeklamationen und den Realitäten unseres Gesundheitswesens, den Realitäten unseres Schulwesens und den Realitäten unserer Altersversorgung. Wie wenig wird bei uns für die Kinder getan, beispielsweise für Spielplätze oder Schulbusse. Wer dann in andere Länder kommt, staunt darüber, wie dort solche Dinge Realität, nicht Gegenstand pathetischer Deklamationen sind.

Das Gefühl des Verlassenseins ist offensichtlich: Der »Bürger« unserer Gesellschaft fühlt sich nicht in ihr geborgen, ein allgemeines Unbehagen ist die Grundstimmung. Dieses Gefühl des Verlassenseins zeigt sich auch an der begeisterten Zustimmung, wenn – selten genug! – glaubwürdige und realisierbare Ideen angedeutet werden: Erinnern wir uns an die Aufmerksamkeit, wenn C. F. v. Weizsäcker zu Fragen unserer gesellschaftlichen Praxis Stellung nimmt oder wenn K. Jaspers die Frage untersucht »Wohin treibt die Bundesrepublik?«. Jaspers ist besonders zuzustimmen, wenn er (in seiner »Antwort«) auf die Unzulänglichkeit politischen Denkens ohne Philosophie hinweist.

Das Problem »Hinterwelt und Gesellschaft« ist wohl: Die Buchhalter des Geistes verzichten meist in anerkennenswerter Einsicht ihrer Inkompetenz darauf, Anweisungen zu praktischem Handeln zu geben. Gleichzeitig aber erwarten sie, daß andere ebenso wie sie denken, ebenso steril wie sie werden, und verhindern damit konkrete, praxisgerechte Anweisungen endgültig. Unsere Gesellschaft braucht aber glaubwürdige und realisierbare Denkmodelle und Antworten. Es kommt darauf an, daß unsere Philosophie Antworten gibt. Philosophie darf keine intellektuelle Selbstbefriedigung sein, Philosophie ist die wichtigste demokratische Gemeinschaftsaufgabe.

Die Hinterwelt ist eine Fehlhaltung des Geistes, sie versäumt die wichtigste Pflicht, die der Geist hat, nämlich das Leben hier und jetzt und in Zukunft zu ordnen. Zugegeben, diese Ordnungstätigkeit ist nicht alles, die Befriedigung der ästhetischen Bedürfnisse und die Suche nach einer Orientierung gehören ebenso zu den Aufgaben des menschlichen Geistes.

Meine Anklage gegen die Hinterwelt ist keine Anklage gegen das, was Menschen Orientierung gibt und Freude bringt. Es ist – wie gesagt – eine Täuschung, zu behaupten, die Hinterwelt sei die notwendige Voraussetzung für Kunst oder Glauben: Es gibt Kunst und Glauben auch dort, wo die Hinterwelt nicht ist.

Daß Kunst und Mathematik eng zusammenhängen, wurde schon lange vermutet, und Hermann Hesse hat dieser Vermutung mit seinem Buche ›Das Glasperlenspiel‹ ein literarisches Denkmal gesetzt.

Die Probleme rings um Wissenschaft, Glauben und Zukunft gehören zu den wichtigsten menschlichen Problemen und waren in der Geschichte und in der Gegenwart schon vielfach Gegenstand sachverständiger und eindrucksvoller Untersuchungen. Ich maße mir nicht an, hierzu bessere oder auch nur gleichwertige Gedanken beisteuern zu können. Das Verhältnis von Wissenschaft, Glauben und Zukunft muß aber in diesem Zusammenhang betrachtet werden: Ist es doch eines der gesellschaftlich wirkungsvollsten Argumente der Hinterwelt, zu behaupten, wer gegen die Hinterwelt sei, der sei auch notwendigerweise gegen das, was gläubigen Menschen Orientierung gibt. Deshalb sei es in aller Klarheit ausgesprochen:

Wenn sich wissenschaftliches Denken nicht an oberflächlichen Effekten erschöpft, dann ist es ein solideres Fundament für den Glauben als die Hinterwelt.

Über Wissenschaft, Glauben und Zukunft

Kann Glauben *nur* in der Hinterwelt gedeihen? Schließen sich Wissenschaft und Glauben gegenseitig aus? Und welche Hilfe können wir von Wissenschaft und Glauben bei unserem Weg in die Zukunft erhoffen?

Diese Fragen zu beantworten ist sehr schwer: Am Ende unserer Überlegungen stehen möglicherweise mehr offene Fragen als fertige Antworten. Aber schon das Bewußtwerden mancher Fragen dürfte es lohnen, etwas genauer hierüber nachzudenken. Vorab: Ich argumentiere nicht vom Standpunkt eines gläubigen Christen, wohl aber eines Menschen, dem die Denkweise des Christentums vertraut ist und der ihm nicht als Feind gegenübersteht.

Es ist unvermeidbar, daß wir uns zunächst darüber verständigen, was hier unter »Wissenschaft« und »Glauben« verstanden werden soll. Daß mit diesen wenigen Sätzen weder die wesentlichen Kennzeichen von »Wissenschaft« noch von »Glauben« auch nur annähernd vollständig dargestellt werden können, ist offensichtlich. Sie sollen lediglich helfen, mögliche Mißverständnisse zu vermeiden.

Gemeinsam für »Glauben« und »Wissenschaft« ist, so scheint mir, daß es sich zunächst um den Besitz von Information handelt. Der Begriff »Information« darf hierbei allerdings nicht im altgewohnten umgangssprachlichen Sinne verstanden werden, sondern im wissenschaftlichen Sinn. So verstanden ist beispielsweise ein Musikstück, ein Bild oder ein Glaubensbekenntnis »Information«.

Der Unterschied zwischen »Glauben« und »Wissenschaft« besteht in der Art der Informationsquelle und der Informationsübermittlung, vor allem aber des Wahrheitskriteriums.

Als typisch für die Wissenschaft seien hier die Naturwissenschaften angesehen. An ihnen kann man die für unsere hiesigen Überlegungen wichtigsten Tatbestände besonders klar erkennen.

Wissenschaft

Die dominierende Informationsquelle der Naturwissenschaft ist die beobachtbare Außenwelt, ihre typische Art der Informationsübermittlung die Rationalität und ihr Wahrheitskriterium die regelmäßig richtige Prognose beobachtbarer Abläufe.

Diese These muß wohl noch etwas erläutert werden: Seit Galilei hat sich in den Naturwissenschaften das Prinzip durchgesetzt, daß Beobachtungen den Vorrang vor Lehrmeinungen haben. Dieses scheinbar so klare Prinzip »Naturbeobachtung vor Lehrmeinung« hat seine unvermeidbaren Grenzen dort, wo Naturbeobachtungen sprachlich codiert werden müssen. Hierbei muß unter »Sprache« alles das zusammengefaßt werden, was zur Codierung von Beobachtungen geeignet ist, also nicht nur die Sprache im engeren Sinne, sondern auch alle jene Spezialsprachen der Naturwissenschaft, wie z. B. Diagramme, Formeln usw. Zwei Einschränkungen des Prinzips »Naturbeobachtung vor Lehrmeinung« sind zu erwähnen:

Erstens ist der Übergang von der Beobachtung zur sprachlichen Codierung ein Vorgang der Informations*reduktion*. Die Information wird gewissermaßen »gefiltert«. Die Entscheidung, was dieses »Filter« durchläßt und was es sperrt, ist nicht durch die Natur gegeben, sondern Zutat des Beobachters, nimmt möglicherweise sogar eine bestimmte Lehrmeinung vorweg.

Zweitens kann man ein und dieselbe Naturbeobachtung in verschiedenen miteinander konkurrierenden Sprachen codieren. Offensichtlich hängt also die Codierung einer gegebenen Beobachtung nicht nur von der Beobachtung selbst ab, sondern außerdem von der Disposition des Beobachters. Die Beobachtung wird im Beobachter abgespeichert in *dem* gedanklichen Raster, den er schon vor der Beobachtung hatte.

Sensationell wird der Vorgang erst, wenn der Beobachter zwingend zeigt, daß der traditionelle Raster unzulänglich ist und einen neuen Raster, einen der Beobachtung besser angepaßten Raster zur Verfügung stellt.

An diesem Vorgang ist für unsere Überlegungen die Einsicht wichtig, daß trotz des unbestrittenen Prinzips »Naturbeobachtung geht vor Lehrmeinung« der reale Stand der Naturwissenschaft keinesfalls frei von menschlichen Vorurteilen ist.

Wenn nun der reale Stand der Naturwissenschaft menschliche Vorurteile enthält, besteht dann nicht die Gefahr eines durch diese Willkür bedingten »Auseinanderlaufens« der naturwissenschaftlichen Aussagen? Die Gefahr, daß sich beispielsweise eine deutsche Physik oder eine russische Biologie bildet? Nun, wir wissen, daß sich solche sektiererischen Formen der Naturwissenschaft tatsächlich gebildet haben. Nach einer gewissen Zeit schmelzen diese aber immer wieder ein im großen Tiegel der gemeinsamen Naturwissenschaft.

In unserem Zusammenhang sind zwei Fragen von besonderem Interesse, nämlich:

1. Welcher Tatbestand zwingt sektiererische Sonderformen der Naturwissenschaften zur Rückkehr, zur Konvergenz?
2. Welcher Schluß muß aus dieser Konvergenz gezogen werden?

Wenn verschiedene naturwissenschaftliche Aussagensysteme für einen eindeutig definierten Vorgang zu unterschiedlichen Aussagen kommen, dann wird dieser Vorgang experimentell hergestellt und der beobachtbare Ablauf mit den unterschiedlichen Aussagen verglichen. Dieses »experimentum crucis« entscheidet dann zugunsten eines (oder keines) der sich widersprechenden Aussagensysteme. Das letzte Wahrheitskriterium der Naturwissenschaft ist die Bestätigung durch die Prognose bestimmter Abläufe.

Dieses allseits anerkannte Wahrheitskriterium zwingt naturwissenschaftliche Sektierer zur Rückkehr. Offensichtlich akzeptieren Naturwissenschaftler allgemein das Prinzip: »Wahr ist, was regelmäßig zutreffende Prognosen ermöglicht.«

Daß die Prognosen regelmäßig zutreffend sein müssen, während zufällige, unregelmäßig zutreffende Prognosen unerheblich sind, veranlaßt die Frage nach der Ermöglichung solcher regelmäßig zutreffender Prognosen. Was begründet die sich hierin manifestierende Konstanz im Naturgeschehen? Mit dieser Frage stößt man an die Grenze naturwissenschaftlichen Denkens, die Frage nach der Ursache der Konstanz im Naturgeschehen ist vermutlich keine naturwissenschaftliche Frage mehr, wir können nicht erwarten, sie mit naturwissenschaftlichen Methoden beantworten zu können. Diese Feststellung sollte aber nicht zur Begründung einer billigen Religiosität benutzt werden: Auch dort, wo keine naturwissenschaftliche Antwort mehr gegeben werden kann, können religiöse Antworten falsch sein. Die Fixigkeit, mit der manche Vertreter des Glaubens ihre Aussagen dort anbringen, wo naturwissenschaftliche Aussagen nicht mehr möglich sind, hat oft einen peinlichen Beigeschmack. Man fragt: Sind alle Glaubensaussagen so leicht zur Hand?

Schließlich ist festzustellen, daß die Anerkennung des obenerwähnten Wahrheitskriteriums (»Wahr ist, was regelmäßig zutreffende Prognosen ermöglicht«) ein Tatbestand ist, der mindestens zunächst außerhalb der Sphäre der Naturwissenschaft liegt. Erst dann, wenn man diese Anerkennung als optimale Strategie zur Erhaltung des eigenen Lebens und der eigenen Art begreift, scheint sie auch naturwissenschaftlich verständlich bis zur Einsicht, daß nunmehr ein anderer nicht wertfreier Tatbestand zur Erklärung benötigt wurde.

Bevor wir die Diskussion des für die Wissenschaft verbindlichen Wahrheitskriteriums abschließen, wollen wir festhalten, daß die Anerkennung *irgendeines* Wahrheitskriteriums, das nicht mehr wertfrei begründbar ist, jeder wissenschaftlichen Aktivität zugrunde liegt. Sei es nun – unreflektiert – die Anerkennung des Prinzips: »Wahr ist, was regelmäßig zutreffende Prognosen ermöglicht« oder – etwas weiter analysiert –: »Die Anerkennung dieses Prinzips erfolgt deshalb, weil es die optimale Strategie zur Erhaltung des eigenen Lebens und der eigenen Art ist.« Dieser a-rationale Kern kann offensichtlich zwar verschoben, nicht aber beseitigt werden.

Die typische Art der Informationsübermittlung ist in der Naturwissenschaft die Rationalität des Denkens und der Kommunikation.

»Rational« ist ein Kennzeichen geistiger Prozesse, insbesondere der Ordnung (Klassifikation) von Beobachtungen, deren Verknüpfung und der Vorbereitung von Handlungen.

Typisch für das Kennzeichen »rational« erscheinen folgende Merkmale:

a) Eine Auswahl und präzise Erklärung derjenigen Informationen, welche den geistigen Prozessen unterworfen werden. (Damit eine Aussonderung derjenigen Informationen, welche nicht erklärt und deshalb nicht zulässig sind.)
b) Eine Auswahl und präzise Erklärung zulässiger Prozeduren: Beziehungen, Veränderungen oder Verknüpfungen, welchen die zugelassenen Informationen unterworfen werden können.

Ein solches »rationales« System ausgewählter Informationen und Prozeduren erscheint um so eher rational,

je größer der Bereich der Beobachtungen und Probleme ist, der sich hiermit in kohärenter Weise lösen läßt, und je zugänglicher dieses System der Kritik ist: Rationalität begründet Kritisierbarkeit.

Der Begriff »irrational« hat einen etwas metaphysischen Beigeschmack, etwa so, als ob die Kennzeichnung »irrational« notwendig auf irgendeinen *prinzipiell* unverstehbaren Tatbestand verweise.

Weil es nicht die Absicht ist, hier solche metaphysischen Assoziationen zu wecken, sei im folgenden das Wort »irrational« vermieden (soweit es nicht in Zitaten vorkommt) und dafür »nicht rational« oder »a-rational« gesetzt. Damit sollen Tatbestände gekennzeichnet werden, bei denen dem Beobachter eine rationale Analyse nicht gelingt, wobei er für das Mißlingen keinerlei geheimnisvolle Ursachen vermutet (wenngleich nicht definitiv ausschließt), sondern vor allem seine unzureichende Sachkenntnis oder auch die nicht ausreichende Kapazität seines Denksystems.

Das wichtigste Unterscheidungsmerkmal zwischen rationalen und a-rationalen geistigen Vorgängen ist wohl darin zu sehen, daß bei den einen ein gedanklicher Grundraster benutzt wird, während bei den anderen »ganzheitlich« operiert wird.

Der für rationales Denken typische Grundraster zulässiger Informationen und Prozeduren bewirkt die obenerwähnte Kohärenz rationalen Denkens. Ein Denksystem, das sehr viele unterschiedliche Probleme mit begrenztem Aufwand lösen soll, *muß* wohl diesen Weg gehen, auf einen gemeinsamen Grundraster zurückzuführen. In diesem Sinne ist rationales Denken zugleich ökonomisches Denken und hat schließlich der Begriff »rational« Bezug zum industriellen Vorgang der Rationalisierung. Allerdings bewirkt diese Zurückführung auf den gemeinsamen Grundraster eine Distanz zwischen dem betrachteten Tatbestand und seinem Abbild, das Denken wird abstrakter, abgezogener und verliert die unmittelbare Anschaulichkeit.

Für nicht rationale Prozesse ist typisch die Nachahmung, die Hinnahme »ganzheitlicher« Ideen von individuellen oder gesellschaftlichen Vorbildern (z. B. aus der religiösen oder der völkischen Gemeinschaft).

Für rational Denkende ist die individuelle geistige Feinarbeit typisch, sie bieten damit der gesellschaftlichen und der geheimen Verführung weniger Ansatzpunkte und sind der »Barbarei des Pathos« weniger zugänglich. Rational Denkende waren deshalb stets ein Greuel für die »Führer«.

Der Wunsch, ein rationales System zu haben, das sachverständiger Kritik in besonders hohem Maße zugänglich ist, darf nicht zu dem Schlusse führen, die öffentliche Zustimmung sei das entscheidende Kriterium eines anstrebenswerten rationalen Systems: Nein, im originalen geistigen Bereich wie im originalen künstlerischen Bereich ist demokratische Kontrolle fehl am Platze. Die öffentliche Zustimmung ist mehr das Ergebnis der Gewöhnung als der Einsicht.

Es sei gestattet, hier die Vermutung auszusprechen, das zukünftige, vermutlich endgültige Kennzeichen des Begriffes »rational« sei, daß sich der betrachtete Denkprozeß in Computern nachvollziehen läßt. Hierbei muß man sich daran erinnern, daß die gegenwärtige Entwicklung der Computersprachen sehr rasch dazu führt, daß *nicht nur* numerische und nichtnumerische *mathematische* Probleme der Formulierung in Computersprachen zugänglich sind, *sondern eigentlich jeder Prozeß*, der in dem oben erläuterten Sinne rational ist. Wenn ein informationeller Prozeß in die Computersprache übersetzt ist, dann ist er in zweierlei Hinsicht kritisierbar: Einerseits kann er – gewissermaßen analytisch – in seinem Aufbau und seiner Stringenz, und andererseits – gewissermaßen synthetisch – hinsichtlich seiner Konsequenzen unter den verschiedensten Voraussetzungen überprüft werden.

Die zukünftige Überlegenheit der Computer über das menschliche Gehirn hinsichtlich aller rationaler geistiger Prozesse beruht wohl auf der Tatsache, daß während der biologischen Entwicklung des menschlichen Gehirns die Fähigkeit zum rationalen Denken kaum (erst in der allerletzten Zeit) einen Selektionsvorteil bewirkte. Anders gesagt, das menschliche Gehirn ist nicht geschaffen, rationale Prozesse zu veranstalten, sondern das Überleben eines Organismus zu bewirken. Oder, wie es Sigmund Freud etwas einseitig und bissig formulierte: Der Mensch ist ein Wesen von schwacher Intelligenz, das von seinen Wünschen beherrscht wird.

Zweifellos ist die naive Art, geistige Prozesse zu veranstalten, so wie sie sich zunächst normalerweise bei Kindern oder ungebildeten Erwachsenen manifestiert, nicht rational. Es ist deshalb wahrscheinlich, daß rationales Denken ein Kennzeichen einer späten biologischen und kulturellen Entwicklungsphase ist.

Kennzeichnend ist auch die Tatsache, daß der erschöpfte Mensch dazu neigt, in nicht rationales Denken »zurück« zu verfallen, bewußt rationales Denken ist gewissermaßen ein geistiger Kraftakt.

Ist ausschließlich rationales Denken überhaupt möglich? William W. Bartley unterscheidet in seinem Buch ›Flucht ins Engagement‹ drei Arten des Rationalismus:

Panrationalismus,
Kritischer Rationalismus,
Pankritischer Rationalismus.

Der Panrationalismus wird (auf S. 117) durch den Hinweis auf Epiktet charakterisiert, der in seinen ›Lehrvorträgen‹ behauptete, einem vernunftbegabten Wesen sei nur Unvernünftiges unerträglich, es könne aber alles ertragen, sofern es vernünftig sei.

Dieser Panrationalismus ist hilflos gegenüber dem Argument: »Es ist sinnlos, jemandem etwas beweisen zu wollen, der nicht anerkennt, daß Beweise anerkannt werden sollen.« (S. 128)

Der kritische Rationalismus wird von Bartley so gekennzeichnet: »Nachdem sie (die Rationalisten) eingesehen hatten, daß ihr Standpunkt die Keime des Irrationalismus in sich trug, machten sie sich ganz nüchtern daran, sich selbst gegen weitere Infektion zu immunisieren und die Ausbreitung der Krankheit einzudämmen.«

Bartley's Erfindung ist der *Pankritische Rationalismus*. Über diesen schreibt er:

»Wie können unser Geistesleben und seine Institutionen so eingerichtet werden, daß unsere Überzeugungen, Meinungen, Anschauungen, Vermutungen, Verhaltensweisen, Handlungsweisen, Standpunkte, Erkenntnisquellen, Überlieferungen und dergleichen ohne Rücksicht darauf, ob sie sich rechtfertigen lassen oder nicht, einem Höchstmaß an Kritik ausgesetzt werden, damit möglichst viele Irrtümer bekämpft und ausgeschaltet werden?« (S. 149)

»Die Theorie der Nachprüfbarkeit nimmt das altbekannte Problem rationaler Beurteilung und Kritik rivalisierender Anschauungen echt in Angriff, doch verzichtet sie auf das Postulat der Herleitbarkeit und ist tatsächlich auch unvereinbar mit ihm; ihr Kritizismus ist gänzlich rechtfertigungsfrei.« (S. 157)

»Wenn durchweg auf alle Rechtfertigung, ob rationale, ob irrationale, wirklich verzichtet wird, braucht tatsächlich eine rational nicht zu rechtfertigende Ansicht nicht irrational gerechtfertigt zu werden.« (S. 162)

»Mit Tillichs Anhängern stimme ich in der Überzeugung

überein, daß Ideen nach ihrer Tauglichkeit, Probleme zu lösen, beurteilt werden sollten.« (S. 173)

Man könnte Bartley's Erfindung so zusammenfassen: Er ist davon überzeugt, eine Art des Rationalismus erfunden zu haben, welche endgültig immun ist gegen den Vorwurf der irrational Engagierten: »Auch du argumentierst letztlich irrational.«

Bei allem Respekt vor Bartley's kühnem Gedankenflug: Mir scheint, daß er sich irrt. Ich bin davon überzeugt, daß menschliches Denken *stets* durch ein rational nicht mehr weiter begründbares Wertsystem beherrscht wird. Um dieses zu zeigen, scheinen mir mehrere Wege möglich:

Ein anschaulicher Weg ergibt sich aus der Betrachtung »adaptiver Systeme«. Hierunter sollen solche organische und technische Systeme verstanden werden, welche zu verschiedenen Zeitpunkten auf eine gleichartige Außenwelt unterschiedlich reagieren. Die Unterschiedlichkeit der Reaktion möge darauf beruhen, daß das betrachtete System bei früheren Reaktionen registriert hat, welche Reaktionen zu wertvollen und welche zu weniger wertvollen Ergebnissen geführt haben. Ohne eine derartige Bewertung ist der Vorgang der Adaptation unerklärbar.

Daß technische adaptive Systeme unter diesen Oberbegriff »adaptive Systeme« subsummiert werden können, zeigt deren Konstruktion. Wird beispielsweise ein adaptives System dazu organisiert, einen Weg durch ein Labyrinth zu finden, dann steckt in seiner Struktur unvermeidbar die Bewertung: Schritte, welche gegen Labyrinthwände stoßen, sind wertlos, d. h. zu vermeiden, solche, die weiter zum Ziele hinführen, sind wertvoll. Und wenn ein adaptives technisches System dazu verwandt wird, einen chemischen Prozeß zu steuern, dann steckt in dem System die Bewertung, daß ein Zustand des gesteuerten Prozesses um so besser ist, je größer der Wirkungsgrad oder die Ausbeute ist.

Besonders deutlich zeigt sich die Notwendigkeit der Bewertung bei adaptiven Systemen am Modell des »Autonomen Lernmatrix-Dipols«. In meinem Buch ›Automat und Mensch‹ (3. Auflage, S. 243) wird bei dessen Untersuchung festgestellt:

»Aus logischen Gründen muß jedem adaptiven System eine Werteskala vorgegeben werden. Andernfalls ist die Adaptation unbestimmt.«

Es ist wohl unmöglich, zwingend nachzuweisen, daß »niedrigere Lebewesen« und der Mensch denselben Einschränkungen unterliegen, es spricht jedoch nichts dagegen und alle Erfahrung dafür. Es wird demnach die Überzeugung vertreten, daß auch der Mensch zu jeder geistigen Aktivität eine Werteskala haben *muß*.

Die Frage, welcher Art diese Werteskala ist und woher sie stammt, ist hier von sekundärer Bedeutung. Außer lehrbaren Komponenten enthält die menschliche Werteskala wohl auch unlehrbare, angeborene Komponenten; insbesondere scheint die Erhaltung der physischen Existenz und die Erhaltung der eigenen Art meist das Verhalten stärker zu beeinflussen als anerzogene Bewertungen.

Es scheint demnach der wesentliche Irrtum in Bartley's Argumentation zu sein, daß er annimmt, der Mensch könnte ohne ein Wertsystem geistige Prozesse vollbringen. Seine Betrachtungsweise ist solange rechtfertigungsfrei, wie die rationale Argumentation, wie der intellektuelle Fortschritt, kurzum der Rationalismus als wertvoll, ja sogar als der einzige Wert anerkannt wird. Diese Voraussetzung ist aber nicht immer erfüllt. Was hilft der pankritische Rationalismus z. B. dem, der einen Menschen trösten möchte? Der Rationalismus ist in jeder seiner Spielarten trost-los.

Die Einseitigkeit der Bartley'schen Position zeigt sich auch daran, daß er zur ästhetischen Wahrnehmung nichts zu sagen hat. Es schiene aber eine gefährliche Fehlentwicklung, wenn dieser große Bereich geistiger Prozesse einfach von der Diskussion ausgeschlossen würde: Damit würden Vorgänge getrennt, welche gleicher Art sind, und es gingen bestehende Gemeinsamkeiten verloren.

Diese Richtung des Rationalismus ist gefährlich: Belastet sie den Rationalismus doch mit einer Hypothek, die nie eingelöst werden kann, während die zukünftige gesellschaftliche Entwicklung einen glaubwürdigen Rationalismus dringend braucht: Ist der Rationalismus zwar trostlos, so ist er doch eine trostlose Notwendigkeit.

Folgender Gedanke veranschaulicht diese ganze Problematik besonders deutlich: Angenommen, man könnte das Verhalten einzelner Menschen und ganzer Gesellschaften in gigantischen Computern nachbilden, dann könnte man auch die Folgen verschiedener, in den betrachteten Gesellschaften wirkender Wertsysteme analysieren. Es wäre jedoch auch in dieser Situation noch voreilig zu sagen, man könnte nun Wertsysteme rational beurteilen. Man kann zwar beispielsweise an diesem gedachten Computer feststellen, daß das eine Wertsystem zur

Vernichtung der betrachteten Gesellschaft führt, das andere zur wirtschaftlichen Blüte, das dritte zu militärischer Macht, das vierte zu einer Blüte der Künste und das fünfte zu religiöser Verinnerlichung. Aber auch nach dieser rationalen Analyse bleibt die Frage offen: Wollen wir die wirtschaftliche Blüte, die militärische Macht, die Blüte der Künste, die Verinnerlichung, oder gar die Vernichtung? Offensichtlich kann der Computer uns zwar die besten Mittel zur Erreichung der Ziele nachweisen, aber deren Bewertung nimmt er und nimmt die rationale Denkweise uns *nicht* ab.

Glauben

Glauben heißt nicht wissen – so wird etwas schnoddrig gesagt. Etwas kultivierter findet sich im Johannes-Evangelium (20.29): »Selig sind, die nicht sehen und doch glauben!«

Man könnte den gemeinsamen Grundtatbestand beider Aussagen wohl etwas trocken so kennzeichnen: Beim Glauben werden irgendwelche Informationen empfangen. Der Unterschied zum Wissen besteht darin, daß die Informationsquelle oder der Übertragungsweg den beim Wissen vorausgesetzten Ansprüchen nicht genügt und ein anderes Wahrheitskriterium gilt. Um Mißverständnisse zu vermeiden: Umgangssprachlich werden verschiedene Dinge mit dem Wort »Glauben« gekennzeichnet. Hierfür zwei Beispiele:

Ich glaube, das Wetter schlägt um.
Ich glaube an den Heiligen Geist.

Wenn ich glaube, »das Wetter schlägt um«, dann bedeutet dies, daß ich von einem Erkenntnisvorgang eingeschränkter Zuverlässigkeit spreche.

Ganz anders ist die Bedeutung des Satzes: »Ich glaube an den Heiligen Geist.« Für den Gläubigen handelt es sich hier nicht um eine Einsicht mangelhafter Zuverlässigkeit, sondern eine unmittelbare Gewißheit, deren fehlende Überprüfbarkeit ihm ganz unwichtig erscheint, wenngleich sie der Ungläubige für unverzichtbar hält.

Glauben ist (in diesem Sinne) *persönliche* Erfahrung, auch wenn sie durch äußere Kommunikationsprozesse eingeleitet sein mag (Fürwahrhalten auf Grund eines Zeugnisses). Ihre Rechtfertigung findet sie meist *nicht* durch äußere Bestätigung, sondern durch innere Erlebnisse. Es ist deshalb unmöglich, dem Wesen des Glaubens auf dem Wege rationaler Analyse gerecht zu werden. Für den Begriff »Glauben« gilt wohl wie für wenige andere Begriffe der Satz Ludwig Wittgensteins:

»Wovon man nicht sprechen kann,
darüber muß man schweigen.«

Besser als durch rationale Analyse wird der Glaubensinhalt dem glaubensbereiten Menschen durch tradierte Formulierungen vermittelt. Welche Zuversicht strömt z. B. dieser Bibelspruch aus (1. Mose 8, Vers 22):

»Solange die Erde steht, soll nicht aufhören Saat und Ernte, Frost und Hitze, Sommer und Winter, Tag und Nacht.«

Der ungläubige Rationalist muß wohl, wenn er nicht fanatisch ist, zugestehen, daß es zu solcher Zuversicht in der Welt des Rationalen kein Äquivalent gibt. Und wenn er eingesehen hat, daß auch wissenschaftliches Denken eine a-rationale, nicht mehr weiter begründbare Bewertung voraussetzt, dann wird er es als wünschenswert ansehen, Menschen diesen Trost und diese Zuversicht zu geben oder wenigstens nicht zu nehmen. Denn, wie gesagt, er kann hierfür keinen Ersatz anbieten.

Doch mit diesen Überlegungen haben wir uns schon recht weit auf die Probleme spezieller Glaubensinhalte eingelassen. Es gibt aber eine große Mannigfaltigkeit solcher spezieller Glaubensinhalte, und viele derselben werden häufig gar nicht als solche erkannt. Ich möchte deshalb, um die ganze Weite möglicher Glaubensinhalte darzustellen, drei besonders divergente Beispiele herausgreifen:

Religiöser Glauben *mit* Bezug auf außerweltliches Geschehen,
Religiöser Glauben *ohne* Bezug auf außerweltliches Geschehen
und
Politischer Glauben, repräsentiert durch den Marxismus-Leninismus.

Es braucht wohl keiner Erläuterung in unserem Lande, was unter einem religiösen Glauben mit Bezug auf außerweltliches Geschehen zu verstehen ist, die in unserem Lande dominierenden Glaubensgemeinschaften repräsentieren diesen so intensiv, daß Unkenntnis hier unmöglich ist.

Diese christlichen Glaubensgemeinschaften »glauben an Gott«. F. Nietzsches Herausforderung »Gott ist tot« geht an ihre Wurzeln, entweder sie zeigen, daß Gott *nicht* tot ist, oder aber sie zeigen dieses nicht und sind dann selbst tot.

Es ist hier sicher nicht der Ort, dieses respektable Problem »abzuhandeln«, es erscheint mir aber angebracht festzustellen, daß keinesfalls die Simplifikation gilt: Wer gegen die Hinterwelt ist, der ist auch gegen Gott, und wer an Gott glaubt, der muß die Hinterwelt verteidigen.

Mir scheint eine andere These viel glaubwürdiger, nämlich: Nicht Gott ist tot, sondern der Gott der Hinterwelt ist tot. Nietzsche hat sicher recht, wenn er manche Bilder, die sich im Laufe der Geschichte an den Begriff »Gott« angeheftet haben, als unglaubwürdig kennzeichnet. Ihm ist aber zu widersprechen, wenn er daraus den Schluß zieht: »Gott ist tot!«

Man kann diesen Begriff »Gott« ebenso als Realität verstehen wie z. B. Kraft, Energie oder Masse, wenn man diese Begriffe nicht als Zeichen für metaphysische Substanzen, sondern als Zeichen der Wirksamkeit versteht. So verstanden ist nur der »Gott« der Hinterwelt tot, der »Gott« als Lückenbüßer in den Lücken menschlicher Erkenntnis, der seine Realität in Wundern zu erweisen hat.

Peinlich erscheint die Vorstellung, Gott habe sich darauf spezialisiert, über die Unbestimmtheit der atomaren Unschärfe auf Menschen einzuwirken. Die Unmöglichkeit des zwingenden Schlusses von beobachtbaren Ursachen auf beobachtbare Wirkungen im atomaren Geschehen gibt keine Berechtigung zu der Behauptung, irgendwelche außerphysikalischen Instanzen wären im Spiele. Auch dort, wo physikalische Gesetzlichkeiten nicht bekannt sind, erscheinen behauptete überphysikalische Einwirkungen nicht als wahrscheinlich oder gar zwingend. Und wenn die Unschärferelation gar dazu benützt wird, die Willensfreiheit und Würde des Menschen zu begründen, dann scheint mir die Grenze nicht nur der Logik, sondern vor allem des guten Geschmacks überschritten zu sein.

Gott als Lückenbüßer im Naturgeschehen, Gott als Saboteur präziser Messungen, Gott als Anführer hinterweltlerischen Mummenschanzes – nein, dieser Gott ist wirklich tot. Wenn Christen keinen anderen Gott zu bezeugen hätten, dann wäre an seinem Tode wenig verloren.

Wenig bekannt ist in unserer Gesellschaft, daß es religiösen Glauben *ohne* Bezug auf außerweltliches Geschehen gibt. Typisch hierfür ist der Buddhismus. Um diesen kurz zu charakterisieren, seien im folgenden einige Sätze aus dem Buche ›Die Antwort der Religionen‹ (München 1964) nach Anagarika Govinda, Lama und buddhistischer Philosoph, zitiert:

»Die Frage: In welchem Verhältnis steht unsere Welt und Wirklichkeit zu jener anderen, von der die Religionen zu berichten wissen? wäre vom buddhistischen Standpunkt dahin zu beantworten, daß es sich um zwei verschiedene Arten des Erlebens, nicht aber um zwei verschiedene Welten handelt. Diese Erlebnisarten unterscheiden sich durch die Verschiedenartigkeit der Zielrichtung; die des Weltmenschen ist nach außen gerichtet, auf die Vielfalt der Sinnobjekte; die des religiösen Menschen nach innen auf die Ganzheit des Ursprungs, auf das Bewußtwerden der universellen Einheit in der Vielheit der Erscheinungen ... (S. 45)

Die ›Wirklichkeit‹, von der die Religionen sprechen, ist nach buddhistischer Auffassung nicht ein ›Jenseits‹, ein von unserer Welt verschiedener Bereich oder eine zukünftige Himmelswelt, sondern das, was unserer alltäglichen Wirklichkeit zugrunde liegt, was wir aber nicht sehen, solange unser Blick nach außen gerichtet ist. Zur Erkenntnis jener anderen, primären Wirklichkeit bedarf es also nur einer Umkehrung unserer Blickrichtung, einer ›Umstellung im tiefsten Sitz unseres Bewußtseins‹, wie es im Lankâvatâra Sûtra heißt, d. h. einer Neuorientierung, Neueinstellung, der Wendung vom Äußeren, dem Bereich objektivierter Differenzierung zum Inneren: der Ganzheit, der allumfassenden Universalität des Geistes. Diese innere Umkehr ist das einzige Wunder, das der Buddha anerkennt ... (S. 62 f.)

Obwohl der Buddhismus nicht die Möglichkeit gewisser unerklärter Phänomene, die uns, weil wir die Ursachen nicht kennen, als ›Wunder‹ erscheinen, bestreitet, hält er das Streben nach Erzeugung und Ausübung solcher Wunderkräfte für unheilsam und abwegig.« (S. 63)

Diesem kurzen Hinweis auf den Buddhismus als Beispiel eines religiösen Glaubens ohne Bezug auf außerweltliches Geschehen seien zwei Bemerkungen angeschlossen:

Der kritische Vergleich buddhistisch bestimmter Gesellschaften mit anderen Gesellschaften zeigt, daß der Bezug

auf außerweltliches Geschehen *keine* notwendige Voraussetzung für moralisches Verhalten ist.
Die monistische Grundhaltung des Buddhismus ist sehr nahe der für Naturwissenschaftler typischen Grundhaltung, erinnert sei vor allem an die »Psycho-Physische Identität«.

Daß der Marxismus-Leninismus zwar ein diesseitiger, weltlicher Glaube, jedenfalls aber ein *Glaube* ist, zeigt sich nicht nur an seinem missionarischen Eifer, sondern auch an seiner Lehre. Den offiziellen ›Grundlagen der marxistischen Philosophie‹ (Berlin 1961) entnehmen wir folgende Zitate:
»Die marxistische Philosophie ist als Ideologie des Proletariats entstanden, der revolutionärsten Klasse in der Geschichte, der Klasse, die die werktätigen Massen im Kampf für den Sturz des Kapitalismus und den Aufbau des Kommunismus führt.« (S. 36)
»Die kommunistische Partei betrachtet es als eine ihrer wichtigsten Aufgaben, die philosophisch-theoretischen Grundlagen des Marxismus zu verteidigen; denn sie erblickt in der marxistischen Philosophie eine geistige Waffe der Arbeiterklasse.« (S. 40)
»Die proletarische Parteilichkeit, die kommunistische Ideologie gewährleistet die gründlichste, objektivste und allseitigste Erkenntnis der Wirklichkeit, der Gesetze des gesellschaftlichen Lebens.« (S. 405)
Gerade dieses letzte Zitat zeigt, daß der Marxismus-Leninismus trotz seiner wiederholt beteuerten »Wissenschaftlichkeit« einen dominierenden a-rationalen Kern hat, wenn er als letztes Wahrheitskriterium die proletarische Parteilichkeit anerkennt. Wenn er nicht auf Glauben, sondern ausschließlich auf Wissenschaft beruhen würde, dann müßte er eine rationale Antwort wissen auf die Frage: Weshalb ermöglicht ausgerechnet die proletarische Parteilichkeit die beste Erkenntnis, und nicht beispielsweise die bürgerliche Parteilichkeit? Besonders interessant ist in unserem Zusammenhang die Einstellung des Marxismus-Leninismus zum zukünftigen Ablauf der Geschichte. Den schon erwähnten ›Grundlagen der marxistischen Philosophie‹ entnehmen wir hierzu folgende Sätze:
»Vom Sieg des Sozialismus in einem einzelnen Land bis zur Bildung eines Weltsystems des Sozialismus, das erst einige und dann alle Länder umfaßt – das ist die Gesetzmäßigkeit des

Werdens der neuen ökonomischen Gesellschaftsformation.« (S. 602)

»Der Sozialismus wird in allen Ländern nicht deshalb siegen, weil er den Völkern gewaltsam aufgezwungen werden könnte, sondern deshalb, weil er den Erfordernissen der Entwicklung der Gesellschaft entspricht.« (S. 604)

»Lenin hat betont, daß ›bei allgemeiner Gesetzmäßigkeit der Entwicklung in der ganzen Weltgeschichte einzelne Etappen der Entwicklung, die eine Eigentümlichkeit entweder der Form oder der Art der Entwicklung darstellen, keineswegs ausgeschlossen, sondern im Gegenteil vorauszusetzen sind‹. Diese Besonderheiten müssen berücksichtigt werden, doch sie heben die grundlegenden und allgemeingültigen Gesetzmäßigkeiten der sozialistischen Revolution nicht auf, die die historische Unvermeidlichkeit des Untergangs des Kapitalismus und den Sieg des Sozialismus in der ganzen Welt bestimmen.« (S. 611)

Dieser Glaubensartikel »Endsieg des Sozialismus« verleiht dem marxistisch-leninistischen Glauben eine stark der Zukunft zugewandte Komponente, dieser Glauben ist zukunftsfroh – so, wie es vermutlich das Urchristentum einst auch war, das noch auf die irdische Wiederkunft des Erlösers harrte.

Fassen wir zusammen:

Glauben beruht stets auf einem a-rationalen Kern, dessen Wahrheit ohne weitere Begründung akzeptiert wird. Dieser a-rationale Kern bestimmt das Wertsystem und darüber das Denk- und Verhaltensmuster.

Dieser a-rationale Kern ist bei verschiedenen Menschen möglicherweise verschieden. Tatsache ist jedoch, daß Menschen, die in demselben Sprach- und Denkmilieu aufwachsen, regelmäßig denselben a-rationalen Kern enthalten. Der Aufbau des Begriffssystems im Kinde dürfte die Fixierung des a-rationalen Kerns weitgehend vorwegnehmen. Er ist für den Gläubigen der ruhende Pol seines Lebens, er empfindet ihn als eine »feste Burg« in den Gefahren des Lebens. Der Schwäche dieser Position im Lichte der Rationalität steht gegenüber der Trost, den diese Haltung gewährt: Glück der Konstanz.

Welche Hilfe für die Zukunft bieten Wissenschaft und Glauben?

Wir sahen, daß Wissenschaft und Glauben – beide! – einen a-rationalen Kern enthalten. Der Unterschied zwischen der wissenschaftlichen Haltung und der gläubigen Haltung liegt in der vorhandenen oder nicht vorhandenen Bereitschaft, diesen zu relativieren, d. h., ihn möglicherweise anderen Überlegungen unterzuordnen.

Die beim Gläubigen nicht bestehende Bereitschaft, seinen Glauben zu korrigieren, verschafft ihm das Glück der Konstanz, erschwert aber die Anpassung an wechselnde Außenweltsituationen.

Die beim Wissenschaftler bestehende Bereitschaft, alles und jedes zu korrigieren, erzeugt eine Empfindung des Verlassenseins, der Trostlosigkeit, befähigt ihn aber zugleich, sich jeder Außenweltsituation »optimal« anzupassen. Der Wissenschaftler empfindet die unbegründbare Hingabe an einen a-rationalen Kern als zunächst unwürdig, als schamlos. Sein Verständnis für die Glaubensrealität beschränkt sich auf die unbestreitbare therapeutische Wirkung des Glaubens, eine innere Zustimmung zu einer »frohen Botschaft« ist ihm fremd.

Der Glauben lebt in der Gemeinschaft: Sei es nun die kirchliche Gemeinde oder die Partei. Das Kind, der Jugendliche empfängt hier die Eindrücke, welche ihm den Glauben zur persönlichen Erfahrung machen. Die Glaubensgemeinschaft interpretiert ihm auch, wie er seinen Glauben in der realen Welt manifestieren soll, welche Denk- und Verhaltensmuster gut und welche schlecht sind.

So entstehen aus dem a-rationalen Kern, der sehr abstrakt sein kann, eine Werteskala und eine Menge von Verhaltensanweisungen, die sehr konkret sind. Der a-rationale, abstrakte Kern ist konstant und zeitlos, die Verhaltensanweisungen sind zeitgebunden, meist durch die Entwicklung überholt, selten zeitgemäß.

Die Überlebenschance eines Glaubens ist nicht durch seinen a-rationalen Kern bestimmt, wohl aber durch die Beweglichkeit, sich den Notwendigkeiten der Zeit zu stellen. Zur Bewahrung des Glaubenskerns in dieser Welt ist deshalb Flexibilität notwendig.

Dieser, gewissermaßen politischen, Notwendigkeit steht die Tatsache gegenüber, daß die Vermittlung des Glaubenskerns tradierte Verhaltensformen voraussetzt. Den Widerstreit dieser beiden Zwänge kann man bei allen Formen des Glaubens beobachten. Besonders grotesk empfand ich ihn, als mir – nach nüchternen Diskussionen mit russischen Gelehrten – im mystischen Lenin-Mausoleum auf dem Roten Platz in Moskau das Wort zugeflüstert wurde: »Fronleichnam«.

Für die Zukunft scheint es nun wahrscheinlich zu sein, daß die Lebensrealitäten sich immer schneller von den gegenwärtigen unterscheiden werden, denken wir an die Bevölkerungsexplosion, die Wissenschaftsexplosion, die Atomtechnik, die Bombe, die Raumfahrt, die Automatisierung, die künstlichen Organe, Organverpflanzungen usw. Es scheint mir offensichtlich zu sein, daß manche tradierten Verhaltensanweisungen dieser Entwicklung *nicht* gerecht werden können. Das Leben der Zukunft wird komplizierter sein, als die tradierte Moral vorsah, es wird lebensnotwendig sein, Denk- und Verhaltensanweisungen zu entwickeln, welche diesen komplizierten zukünftigen Tatbeständen gerecht werden.

Der Marxismus-Leninismus paßt sich den wechselnden Realitäten meist recht flexibel an: Die Dialektik, die schöpferische Interpretation, die Blickrichtung auf die Praxis bewirken diese Flexibilität. Aber auch dort ist der Kampf der Dogmatiker gegen die Pragmatiker zu beobachten. Dieser ist z. B. sehr deutlich beschrieben in dem Buche von G. Paloczi-Horvath ›Rebellion der Tatsachen‹ (Frankfurt 1963).

Vor dem Zwang zur Flexibilität haben die christlichen Kirchen in der Vergangenheit meist versagt, und so wie die Dinge stehen, ist zu fürchten, daß sie auch in Zukunft versagen werden. Die christlich bestimmte Denkweise bewirkt in unserer Gesellschaft eine Diskriminierung des Fortschritts. Bereits die Vermutung, irgendein technischer oder gesellschaftlicher Fortschritt sei wünschenswert, wird oft als eitle Oberflächlichkeit ausgelegt: »Was hülfe es dem Menschen, so er die ganze Welt gewänne, und nähme doch Schaden an seiner Seele?« Wessen Denken vom Weltende beherrscht wird (wie es das Evangelium und die Geheime Offenbarung verkünden), der wird sich schwerlich für den diesseitigen technischen oder gesellschaftlichen Fortschritt begeistern können. Die Fortschrittlichkeit der christlichen Kirchen ist die Fortschrittlichkeit des vorhergehenden Jahrhunderts. Man tut das Richtige immer zu spät. Die christlichen Kirchen sind auf der dauernden Flucht vor dem Fortschritt der Gegenwart. Schlimmer noch: Sie nehmen diesen Fortschritt nicht nur widerwillig hin, sondern kämpfen aktiv gegen ihn. Ebenso sehen wir die Kirchen – besonders die katholische Kirche – seit Jahrhunderten auf der Flucht vor dem sozialen Fortschritt.

Hierfür ist besonders kennzeichnend die Enzyklika ›Populorum Progressio‹ des Papstes Paul VI. vom März 1967. Wer nur ihren Inhalt, nicht aber ihre Herkunft kennt, der vermutet möglicherweise, sie stamme aus dem Kreis der Sozialrevolutionäre um Marx und sei vor etwa hundert Jahren entstanden: Das Elend der hungernden, unterentwickelten Völker sei unerträglich; die Reichen würden immer reicher; die Armen blieben arm und würden es noch mehr. Die schreiende Ungerechtigkeit bestehe nicht allein im Besitz der Güter, sondern noch mehr in ihrem Gebrauch. Diese Güter seien für alle da. Deshalb könne auch Enteignung gerechtfertigt sein. Das System des liberalen Kapitalismus betrachte den Profit als den eigentlichen Motor des wirtschaftlichen Fortschritts . . .

Hätte der Vatikan solche Grundsätze vor hundert Jahren verkündet und durchgesetzt, dann hätte er damit eine geistige Führungsrolle begründet. Heute aber ist diese Verkündung sozialrevolutionäres Epigonentum und zerstört die Vermutung, hier sei eine Quelle weitsichtiger Ideen.

Auch in der Frage der Geburtenbeschränkung ist für den Vatikan eine gleichartige peinliche Situation unvermeidbar: Das unermeßliche Elend, das unterlassene Geburtenbeschränkung bewirkt, wird in den kommenden Jahren so offensichtlich sein, daß auch die Autorität des Papstes nicht ausreicht, den Verzicht auf Geburtenbeschränkung als moralisch zu begründen.

Für mich ist die Frage unbeantwortbar, welcher Zwang für die christlichen Kirchen besteht, den wissenschaftlichen, technischen und sozialen Fortschritt zu bekämpfen. Die Geschichte zeigt, daß auf diesen Kampf kein Sieg, wohl aber Unglaubwürdigkeit folgt. Ohne Schaden können die Kirchen diesen Krieg aber vermeiden: Es geht ja hierbei gar nicht um den Glauben, sondern nur um Kriegsgewinne der Hinterwelt.

Die Kirchen müssen – wenn sie glaubwürdig sein wollen – auf die Fragen der Zukunft glaubwürdige Antworten finden. Um dieses zu können, müssen sie vor allem die Komplizenschaft mit der Hinterwelt aufgeben. Es gibt ja keine infamere Methode, einer guten Sache zu schaden, als sie mit schlechten Argumenten zu verteidigen. Und die Bürgschaft der Hinterwelt für den Glauben ist schon miserabel.

Offensichtlich gibt es in unseren Kirchen starke Kräfte, welche dieses erkannt haben und bereit sind, sich der Gegenwart und der Zukunft zu stellen. Hierfür seien zwei besonders eindrucksvolle Zeugen zitiert: K. Rahner und D. Bonhoeffer.

In Rahners ›Schriften zur Theologie‹ findet sich:

»Und es mag scheinen, daß die Christen diese Planung der Zukunft, diese Imperative – über die abstrakten Prinzipien des bleibenden Evangeliums hinaus – nicht deutlich, nicht mutig, nicht werbend genug in Geist und Herzen trügen, den Geist des Evangeliums nur in einer defensiven Kritik der Gefahren der Zukunftsplanungen, der innerweltlichen Ideologien zu verteidigen suchten.«

»Es ist wahr: die Christenheit hat keine Garantie von Gott erhalten, daß sie nicht die Gegenwart verschlafen könnte. Sie kann altmodisch sein, sie kann vergessen, daß man das alte Wahre und die Werte von gestern nur dann verteidigen kann, wenn und indem man eine neue Zukunft erobert. Und sie ist zum guten Teil in diesen Fehler verfallen, so daß das Christentum von heute oft den peinlichen Eindruck erweckt, es laufe nur maulend und verärgert kritisierend hinter dem Wagen her, in dem die Menschheit in eine neue Zukunft fährt; . . .«

D. Bonhoeffer hat in seinem Buche ›Widerstand und Ergebung‹ (München 1966) ein ergreifendes Bekenntnis zur Hoffnung und Zukunft abgelegt:

»Aber den Optimismus als Willen zur Zukunft soll niemand verächtlich machen, auch wenn er hundertmal irrt; er ist die Gesundheit des Lebens, die der Kranke nicht anstecken soll. Es gibt Menschen, die es für unernst, Christen, die es für unfromm halten, auf eine bessere irdische Zukunft zu hoffen und sich auf sie vorzubereiten. Sie glauben an das Chaos, die Unordnung, die Katastrophe als den Sinn des gegenwärtigen Geschehens und entziehen sich in Resignation oder frommer Weltflucht der Verantwortung für das Weiterleben, für den neuen Aufbau, für die kommenden Geschlechter. Mag sein, daß der Jüngste Tag morgen anbricht, dann wollen wir gern die Arbeit für eine bessere Zukunft aus der Hand legen, vorher aber nicht.« (S. 23 f.)

Vor uns allen steht die Frage und Sorge: Was soll aus dieser Gesellschaft werden, wenn sie sich vom christlichen Glauben ganz löst, wenn der christliche Glauben schließlich nur noch dieselbe Rolle spielt wie die griechische Mythologie, wenn diese Gesellschaft sich bewußt und vollständig abwendet? Mir scheint dieses eine Sorge zu sein, die verantwortungsvolle Christen und Nichtchristen gemeinsam tragen. Denn – wie gesagt – die Welt des Rationalen bietet keinen Ersatz für den Glauben.

Wertsysteme und Moral zur Zeit der perfekten Technik

Die gesellschaftlichen Realitäten der Zukunft werden beherrscht durch eine perfekte Technik. Die Energiequellen werden ergiebiger, die Produktionsautomaten wirkungsvoller, Computer immer intelligenter, die Waffen immer schrecklicher. Durch einen winzigen Einsatz des Menschen werden ungeheuer große Wirkungen ausgelöst. Es wird immer wichtiger, daß dieser Schalthebelmensch das Richtige *will*. Das Problem der Wertsysteme wird also wohl zum zentralen Problem allen menschlichen Denkens, aller Soziologie, aller Politik und aller Philosophie.

Ich vermute, daß manche Wertsysteme und manche Moral zukünftigen Anforderungen im Zeitalter der perfekten Technik und der Übervölkerung nicht mehr gewachsen sein werden.

Was sollen wir im Zeitalter der Übervölkerung und weltweiten Hungersnot mit dem Bibelspruch »Seid fruchtbar und mehret Euch und füllet die Erde ...«

Was soll die Lobpreisung der Arbeit im Zeitalter zukünftiger Automatisierung und was soll der Gehorsam gegenüber der Obrigkeit in Zeiten, in denen nur der Widerstand moralisch ist?

Und wenn Menschen darüber zu entscheiden haben, welcher unter mehreren Kranken durch eine künstliche Niere am Leben erhalten werden soll, während andere Kranke – aus Mangel an Geräten – nicht gerettet werden können – dann gibt uns die tradierte Moral keine Hilfe, wir stehen hilf-los vor diesem Problem und drehen und wenden unseren Spruch: »Du sollst nicht töten.«

Derartige Beispiele gibt es viele – und wird es in Zukunft immer mehr geben.

Es erhebt sich deshalb die Frage, ob diese zukünftige perfekte Technik die grundsätzliche Regeneration unserer Moral nicht geradezu erzwingt.

Es erscheint mir unwahrscheinlich, daß die Moral, die sich ein Hirtenvolk vor Jahrtausenden geschaffen hat, für die Zukunft einer hochtechnisierten Gesellschaft ausreicht. Um Mißdeutungen auszuschließen: Mir scheint auch die Moral, welche im Klassenkampf des neunzehnten Jahrhunderts entstand, nicht wünschenswert für die Zukunft zu sein. Es kommt darauf an, aus dem Klischee auszubrechen, welches sagt: Wer die bei uns tradierte Moral nicht mag, ist unser Feind. Wir müssen wohl – wenn wir nicht an ihren Unzulänglichkeiten zugrunde gehen wollen – auch im Bereich der Moral reformieren. Dieses Thema soll am Ende des Buches nochmals aufgegriffen werden.

Sicher ist aber, daß die Auseinandersetzung um die Wertsysteme und Moral in Zukunft ausschließlich mit geistigen Mitteln geschehen muß: Die Zeit, in der Glaubenskriege möglich waren, ist endgültig vorbei. Jede Ideologie, welche auf der prinzipiellen und nicht mehr diskutierbaren Überlegenheit einer Religion, einer Rasse, eines Volkes oder einer Klasse besteht, ist im Zeitalter der perfekten Technik ein potentieller Zerstörer der menschlichen Kultur. Die Erfahrung zeigt, daß a-rationales Denken eher zum missionarischen Eifer, zum Fanatismus neigt als rationales Denken.

Die zwei Kulturen

Eine ungewöhnlich heftige öffentliche Auseinandersetzung entbrannte in England und den USA im Anschluß an einen Vortrag (›Rede Lecture‹) von Sir Charles Snow im Jahre 1959 über das Thema ›Die zwei Kulturen‹. Zwar zeigte sich bald, daß wesentliche Gedanken schon früher diskutiert worden waren, jedoch bewirkte gerade sein Vortrag die eigentliche Brisanz der Auseinandersetzung. Betrachten wir deshalb diese Publikation Snow's (die neuerdings in deutscher Sprache erschien) in ihren kennzeichnenden Thesen:

»Meiner Ausbildung nach war ich Naturwissenschaftler, meiner Berufung nach Schriftsteller...

Ich glaube, das geistige Leben der gesamten westlichen Gesellschaft spaltet sich immer mehr in zwei diametrale Gruppen auf... Zwei diametrale Gruppen also: auf der einen Seite haben wir die literarisch Gebildeten, die ganz unversehens, als gerade niemand aufpaßte, die Gewohnheit annahmen, von sich selbst als von ›den Intellektuellen‹ zu sprechen, als gäbe es sonst weiter keine... Literarisch Gebildete auf der einen Seite – auf der anderen Naturwissenschaftler, als deren repräsentativste Gruppe die Physiker gelten. Zwischen beiden eine Kluft gegenseitigen Nichtverstehens, manchmal – und zwar vor allem bei der jungen Generation – Feindseligkeit und Antipathie, in erster Linie aber mangelndes Verständnis...

Die Gegenspieler der Naturwissenschaftler haben die tiefeingewurzelte Vorstellung, jene seien immer seichte Optimisten, die nicht merken, wo die Menschheit steht. Andererseits glauben die Naturwissenschaftler, den literarisch Gebildeten gehe jede Voraussicht ab, sie kümmerten sich kaum um ihre Mitmenschen und sie seien in einem tieferen Sinne antiintellektuell und eifrig darauf bedacht, Kunst und Denken auf das existentielle Moment zu beschränken... Die meisten Naturwissenschaftler, die ich kenne, sind genauso fest wie meine Freunde von der Gegenseite davon überzeugt, daß sich jeder Mensch in einer tragischen Situation befindet... Wenn die Naturwissenschaftler die Zukunft im Blut haben, dann reagiert die überkommene Kultur darauf mit dem Wunsch, es gäbe gar keine Zukunft. Diese überkommene Kultur jedoch dirigiert die westliche Welt in einem Ausmaß, das durch das Auftreten der natur-

wissenschaftlichen Kultur erstaunlich wenig geschmälert wird
... So wird also das großartige Gebäude der modernen Physik
errichtet, und die Mehrzahl der gescheitesten Leute in der westlichen Welt verstehen ungefähr genausoviel davon, wie ihre
Vorfahren in der Jungsteinzeit davon verstanden hätten ...

Lassen wir die naturwissenschaftliche Kultur außer Betracht,
so ist von den übrigen westlichen Intellektuellen niemals der
Versuch gemacht, der Wunsch geäußert oder die Fähigkeit aufgebracht worden, die industrielle Revolution zu verstehen, geschweige denn sie hinzunehmen. Die Intellektuellen, und ganz
besonders die literarisch Gebildeten, sind geborene Maschinenstürmer ... Wie ich schon sagte, sind die Russen und die
Amerikaner in einer aktiveren Weise unzufrieden mit dem ihren
(Bildungswesen), als wir es sind – sie unternehmen drastischere
Schritte, um Abhilfe zu schaffen. Aber das kommt daher, daß
sie ein feineres Gespür haben für die Welt, in der sie leben.
Wenn sie auch beide den richtigen Weg noch nicht gefunden
haben, so zweifle ich für meinen Teil doch nicht, daß sie ihm
bedeutend näher sind als wir ... Mit bestimmten Einschränkungen glaube ich, daß die Russen die Lage vernünftig beurteilen. Sie haben eine tiefere Einsicht in die naturwissenschaftliche Revolution als wir und die Amerikaner. Die Kluft zwischen den Kulturen scheint bei ihnen nicht annähernd so breit
zu sein wie bei uns ...

Das einzige, was wir auf der Habenseite aufweisen können,
ist unser Verstand ...

Wenn ich sagen würde, wir müßten uns bilden oder untergehen, so wäre das pathetischer ausgedrückt, als die Tatsachen
es rechtfertigen. Wenn ich sage, wir müssen uns bilden oder
selbst noch miterleben, wie es rasend schnell abwärts geht, so
kommt das den Tatsachen schon näher ...

Ich wünschte, ich könnte mich darauf verlassen, daß wir den
Mut aufbringen zu tun, was die Vernunft uns rät ...

Die Geschichte kennt Versagern gegenüber kein Erbarmen.«

Bei der Auseinandersetzung mit seinen Kritikern wird Snow
recht sarkastisch:

»Führen gewisse Formen von Animosität dazu, daß man
nicht mehr fähig ist, den physischen Vorgang des Lebens durchzuführen? Der Anschein spricht dafür.«

Eine vortreffliche Darstellung der öffentlichen Auseinandersetzung um die »zwei Kulturen« gab H. Kreuzer in seiner

Antrittsvorlesung an der Technischen Hochschule Stuttgart 1966:
»Es dürfte klargeworden sein, daß die polemische Spitze Snow's sich nur momentan gegen beide ›Kulturen‹ zu richten scheint. Tatsächlich richtet er sie mit aller Entschiedenheit gegen die *literarische* ›Kultur‹.

Die Rede Lecture erschien gekürzt in der Zeitschrift ›Encounter‹ und löste in deren Spalten eine Diskussion aus, an der sich Bertrand Russell, die Naturwissenschaftler John Cockroft, A. C. B. Lovell, der Soziologe David Riesman u. a. beteiligten. Die englische Buchausgabe erreichte schon im folgenden Jahr, 1960, die 7. Auflage, die amerikanische die 6. Der Erfolg hält an. Ihre These fand ein frappierendes Echo von New York bis Moskau, von Tokio bis Budapest und Warschau.

Die Diskussion trat in ein neues, für die englische Intelligenz ziemlich sensationelles Stadium, als am 28. Februar 1962, auch in Cambridge, F. R. Leavis die fällige, gleichfalls traditionelle Richmond Lecture unter das Thema der ›Zwei Kulturen‹ stellte, mit dem Untertitel ›The Significance of C. P. Snow‹ versah und in diesem Vortrag die Rede Lecture von 1959 und ihren Autor Snow zum Gegenstand eines Angriffes von exzessiver Schärfe machte. Die Publikation des Textes im ›Spectator‹ (vom 6. März des gleichen Jahres) löste einen Sturm meist enragierter Stellungnahmen sowohl von Literaten wie von Wissenschaftlern aus (die Mehrzahl trat für Snow in die Schranken). Unverzüglich griff die Kontroverse auf die Vereinigten Staaten über; von dort meldete sich z. B. im Oktober des gleichen Jahres, ausgleichend und zur Versöhnung mahnend, Robert Oppenheimer zu Wort mit einem Aufsatz ›Science and Culture‹ in ›Encounter‹, der auf die Kontroverse anspielte, jedoch keine Namen nennt. Sogar schon vorher, im Juni 1962, hatte Lionel Trilling, ein Anglist der Columbia University und wohl der heute bekannteste Literaturkritiker der USA, in ›Commentary‹ einen längeren Essay über den Streit publiziert, der sich seinerseits Angriffe beider Parteien zuzog. Leavis selber reagierte 1963 im Vorwort zur amerikanischen Buchausgabe der Richmond Lecture darauf. Und im gleichen Jahr erschien auch das Buch ›Literature and Science‹ von Aldous Huxley, mit ausdrücklichem Bezug auf Snow, Leavis, Trilling und Oppenheimer. Weitere Kommentare folgten Jahr für Jahr, auch Snow selber ergriff noch mehrmals das Wort.

Zum Verständnis dieser Vorgänge und ihrer Bedeutung für

die englische Intelligenz (die deutsche nahm weder von der Rede noch von der Richmond Lecture bisher Notiz) muß man sich vergegenwärtigen, daß Snow durch breite Romanerfolge, seine wissenschaftlichen Verbindungen und seine großen politisch-administrativen Verdienste hohes Ansehen in der englischen Nation erworben hat und daß Leavis der streitbare und umstrittene akademische Großmeister der modernen Literaturkritik in England ist, der Schöpfer der Zeitschrift ›Scrutiny‹, der durch seine Publikationen und seine Lehrtätigkeit in Cambridge unmittelbar und mittelbar durch seine zahlreichen Schüler möglicherweise einen tieferen Einfluß auf den literarischen Kanon und die literarische Urteilsbildung in England ausgeübt hat als irgend jemand sonst seit dem Tode Matthew Arnolds im Jahre 1888.

Die Sensibilität, Differenzierungskunst und Diskussionsbereitschaft Leavis' treten freilich in der Richmond Lecture nicht in Erscheinung. Leavis akzeptierte Snow nicht als Partner einer Diskussion sine ira et studio, sondern wählte ihn als Zielscheibe einer Polemik ad hominem, um in ihm zugleich die öffentliche Geltung und den wachsenden – in Leavis' Augen usurpatorischen – Anspruch eines ihm verhaßten intellektuellen Typs zu treffen ...«

Offensichtlich hat Snow's Typisierung der »Zwei Kulturen« manche Bezüge zur hiesigen Markierung der Hinterwelt, und wer sich die Sache leicht machen möchte, der könnte vielleicht sagen: Hier in diesem Buch äußert sich ein Vertreter der naturwissenschaftlichen »Kultur« recht aggressiv gegen die literarische Kultur. Wer sich die Mühe aber nicht verdrießen läßt, der wird doch einige Unterschiede erkennen.

Hierzu einige Vorbemerkungen: Es wird hier nicht der Versuch unternommen, die Problematik der »zwei Kulturen« vom historischen Standpunkt aus zu betrachten – wenngleich aus deutscher Sicht zu dem schon Gesagten wohl noch einiges nachgetragen werden könnte; ich möchte auch nicht in Anspruch nehmen, in dieser Auseinandersetzung als neutraler Schiedsrichter auftreten zu können.

Die Auseinandersetzung um die ›Rede Lecture‹ von C. P. Snow aus dem Jahre 1959 über die »Zwei Kulturen« ist für unsere Gesellschaft mindestens ebenso aktuell wie für England und die USA. Daß sie bisher in unserem Lande kaum Beachtung fand, ist in einem gewissen Sinne typisch und soll später nochmals betrachtet werden. Auseinandersetzungen dieser Art sind in unserem Lande vorwiegend Sache der »literarischen Kultur« (in Snow's Sprechweise), und es ist wenig üblich, daß hierzu Außenseiter gehört werden.

Vorab: Die Typisierung der »zwei Kulturen« ist natürlich eine Simplifikation, die feinere Nuancierungen unterdrückt. Dadurch setzt sich Snow mancher Kritik aus. Die Vermutung scheint jedoch unbegründet, daß Snow dies nicht wahrgenommen hat, er weist in seiner ›Rede Lecture‹ mehrfach auf solche Nuancierungen hin. Ist diese Typisierung zwar eine Simplifikation, so ist sie doch eine sehr nützliche Simplifikation, da sie eine rasche Verständigung ermöglicht. Wo feinere Nuancierungen bedeutsam sind, muß man diese eben mit anderen Vokabeln kennzeichnen.

Die Simplifikation liegt schon in der Vorstellung, es handle sich hier um zwei personell trennbare Parteien, während es in Wirklichkeit eher so ist, daß innerhalb der beiden »Parteien« Menschen vorwiegend vom Standpunkt wissenschaftlichen oder literarischen Denkens argumentieren, wobei die »Parteizugehörigkeit« mit dem Beruf des Betreffenden aber recht wenig zu tun hat. Vertreter der Naturwissenschaft und Technik setzen sich in unserem Lande besonders prononciert für die literarische Kultur ein.

Wenn man die Formulierungen Snow's nicht *wörtlich*, sondern sinngemäß in die deutsche Umgangssprache übernimmt, so käme man möglicherweise nicht zur Unterscheidung »literarische Kultur« und »wissenschaftliche Kultur«. Anstelle des Adjektivs »literarisch« stünde bei uns wohl »geisteswissenschaftlich«, und man würde darunter jene Bildung verstehen, für die Philosophie, Philologie und Historie, Vertrautheit mit Literatur und Kunst, vielleicht auch Theologie und Jurisprudenz kennzeichnend sind. Daß die so erklärte »Geisteswissenschaft« bei uns als Wissenschaft angesprochen wird, sei vermerkt, ebenso die Tatsache, daß die so gekennzeichnete Kultur vielfach als die einzige Kultur in unserem Lande angesehen wird und Snow's Vermutung, es gäbe eine naturwissenschaftliche Kultur, bereits als absonderlich angesehen wird. Hierüber verwunderte sich schon Justus v. Liebig: »Wie sonderbar, daß der Ausdruck *Bildung* bei einem wahrhaft erleuchteten Volke sich nur auf die Kenntnis (sic) der classischen Sprachen, Geschichte und Literatur erstreckt!« Deshalb ist zu fürchten, daß die Formulierung »zwei Kulturen« bei uns mißverstanden wird. Aber sicher ist eine präzise Übertragung von Snow's

Gedanken und Unterscheidungen aus der englischen in die deutsche Sprache nicht ohne sorgfältige semantische Analyse möglich: Was er im Englischen als »literature« bezeichnet, ist weder mit dem identisch, was im Deutschen als »Literatur«, noch mit dem, was als »Geisteswissenschaft« bezeichnet wird. Ebensowenig ist sein Begriff »culture« mit dem soziologisch präzisierbaren Begriff »Kultur« identisch. H. Kreuzer umschifft diese Klippe geschickt, wenn er von literarischer und szientifischer »Intelligenz« spricht.

Sicher hat Snow recht, wenn er meint, daß das Bildungswesen in Rußland den Notwendigkeiten der Gegenwart und der Zukunft besser angepaßt ist als das Bildungswesen in England (und wohl auch besser als das Bildungswesen in der Bundesrepublik Deutschland). Er hat aber hinsichtlich der grundsätzlichen Situation in den USA einen sehr wichtigen Tatbestand übersehen, nämlich die Wirkung des »Sputnik-Schocks«: In den USA waren bis etwa zum Jahre 1957 wenig grundsätzliche Vorzüge gegenüber England zu beobachten, nur hat die sehr pragmatisch denkende und technisch orientierte Gesellschaft der USA manche historisch begründete Kennzeichen des europäischen Bildungswesens nicht übernommen. Der »Sputnik-Schock« der späten fünfziger Jahre hat die Situation in den USA sehr tiefgreifend verändert: Die frühere Vermutung, die USA seien technisch überlegen und militärisch unangreifbar, erwies sich als Irrtum, es zeigte sich, daß Rußland imstande ist, die USA lebensgefährlich zu bedrohen. Dieser »Sputnik-Schock« veränderte auch das Bildungswesen. Der stärkste Imperativ lautete plötzlich: Wir müssen lernen und forschen, um zu überleben! Viele kulturelle Tatbestände der USA können nur als derartige Reaktionen auf das Phänomen Rußland verstanden werden.

Snow hat sicher recht, wenn er sagt, daß die überkommene Kultur die westliche Welt beinahe unumschränkt beherrsche. Typisch für die Situation in unserem Land ist eine Äußerung von B. Grzimek (›Kosmos‹, Juni 1964, Heft 6, 269):

»... haben ... von den elf Kultusministern der westdeutschen Bundesrepublik, die über das Schicksal der Universitäten entscheiden, nur acht eine höhere Schule besucht und mit der Reifeprüfung abgeschlossen, und keiner ist während seines Studiums näher mit jenen Fächern in Berührung gekommen, die man als Naturwissenschaften zusammenzufassen pflegt. Es muß daher für sie sehr schwierig sein, sich ein klares Urteil über Sinn und Geist dieser so entscheidend gewordenen Wissensgebiete zu bilden.«

Die Vorherrschaft der literarischen Kultur und das weitverbreitete Unverständnis der Verantwortlichen für die naturwissenschaftliche Kultur zeigt sich in unserem Lande besonders deutlich an unserem Schulsystem. Wer die internationale Entwicklung im naturwissenschaftlich-technischen Bereich aufmerksam verfolgt, der kann den in unserem Schulsystem erzogenen Kindern nur geringe Chancen zubilligen, in der zukünftigen internationalen Konkurrenz noch eine ernsthafte Rolle zu spielen. Einer unzureichenden Stundenzahl in Mathematik, Physik, Chemie und Biologie (bei denen die Soll-Stundenzahlen meist nicht verwirklicht und die Stunden oft von nicht hierzu ausgebildeten Lehrern gehalten werden) steht ein Übermaß an Historie und alten Sprachen gegenüber, deren Umfang in keinem »nicht unterentwickelten« Lande zu beobachten ist. Hiergegen gab es schon starke Proteste:

»Der Deutsche Verband technisch-wissenschaftlicher Vereine, der mit seinen Mitgliedsvereinen mehr als 150000 Ingenieure, Chemiker, Physiker, Architekten und Angehörige anderer Berufe in Wissenschaft und Wirtschaft vertritt, stellt zur gegenwärtigen Entwicklung des Gymnasialunterrichts auf der Oberstufe fest:

1. Trotz vieler Warnungen und Bitten haben fast alle Kultusminister der Bundesländer die im September 1960 beschlossene Rahmenvereinbarung zur Ordnung des Unterrichts auf der Oberstufe der Gymnasien durch entsprechende Verordnungen in ihren Ländern in Kraft gesetzt.
2. Die Mehrzahl der Schüler erhält also seither in den letzten Klassen der Gymnasien keine ausreichende Einführung in das naturwissenschaftliche Denken. Das ist besonders schwerwiegend für die Schüler, die sich später nicht für einen naturwissenschaftlichen Beruf entscheiden und die daher bei ihren Studien ebenfalls nicht mit naturwissenschaftlichen Fragen in Berührung kommen.
3. Im Gegensatz zu anderen Ländern wird damit unserer Jugend keine Möglichkeit geboten, den entscheidenden Einfluß von Naturwissenschaft und Technik auf alle Lebensbereiche zu erkennen. Das Verständnis der Gegenwart und die Mitarbeit an den Aufgaben der Zukunft wird ihr dadurch erschwert ...

Der Deutsche Verband technisch-wissenschaftlicher Vereine fordert daher von den Kultusministern der Länder eine Revision der Rahmenvereinbarung und der in den einzelnen Bundesländern hierzu erlassenen Verordnungen. Diese Revision muß den naturwissenschaftlichen Unterricht in allen Gymnasien bis zur Abschlußklasse ohne Abwählbarkeit ausreichend berücksichtigen.«

Genützt hat dieser wohlbegründete Protest bis heute nichts, »man« weiß es ja besser, und bis die Folgen dieser »Kulturpolitik« jedem einzelnen unmittelbar und kraß entgegentreten, bis dahin sind die Verantwortlichen für diese »Kulturpolitik« längst nicht mehr zur Verantwortung heranziehbar. Um es ganz deutlich zu formulieren: *Die Vorherrschaft der literarischen Kultur in der Bildungspolitik unseres Landes zerstört die Existenzgrundlagen unserer Gesellschaft.* Wie sagt doch Snow: »Die Geschichte kennt Versagern gegenüber kein Erbarmen!«

Wenn Snow beklagt, daß die meisten Angehörigen der literarischen Intelligenz nicht wissen, was der zweite Hauptsatz der Thermodynamik aussagt, oder auch nicht, was Masse oder was Beschleunigung ist, so ist damit eigentlich nichts unmittelbar Katastrophales festgestellt, eher eine Art akademische Bildungslücke. Hier in unserem Lande wäre es leicht möglich, politisch Verantwortlichen, Politologen und Soziologen eine Unkenntnis technischer Tatbestände nachzuweisen, die nicht mehr als akademische Bildungslücke gewertet werden kann, sondern falsches Verständnis ihrer politischen und soziologischen Probleme und damit falsche Entscheidungen bewirkt.

Eine Fernsehreportage: Auf dem Flughafen Frankfurt landet eine charmante ältere Dame. Ihr Herz ist voll, und sie erzählt den Reportern von all diesen unglaublich komplizierten technischen Geräten, die man in den USA zur Krankenpflege benutzt. Die Augen randvoll Erstaunen, schieres Erstaunen. Diese charmante Dame war eine Frau Minister und die letzte Instanz für medizinische Forschung und Technik in unserem Land.

Das für unser Land Typische (und von der englischen Situation wohl Abweichende) dürfte darin liegen, daß die naturwissenschaftliche Kultur nicht bewußt wahrgenommen und artikuliert wird und daß sie die Barriere unseres Kommunikationsbetriebes kaum überwindet. Und wenn sie diese Barriere überwunden hat, die Aufnahmebereitschaft der Menschen unserer Gesellschaft bereits blockiert vorfindet: Blockiert von anerzogenen Mechanismen, welche auf die »Schlüsselreize« der literarischen Kultur mit Zustimmung reagieren, auf die Informationen aus dem naturwissenschaftlichen Bereich aber mit Unverständnis oder auch mit der Überheblichkeit, welche sagt: *Die* können uns doch nichts bieten, wir sind viel anspruchsvoller, wir haben unseren Bedarf an Wahrem, Gutem und Schönem schon an anderer Stelle gedeckt, und anderes interessiert uns nicht. Die naturwissenschaftliche Kultur hat in unserem Lande keine Chancen, solange unser Bildungswesen einseitig auf die Anerziehung solcher Scheuklappen-Reaktionen ausgerichtet ist. Hierzu gehört zum Beispiel, daß man in unserem Lande die Formulierung »naturwissenschaftliche Kultur« bereits als eine Art Provokation ansieht. Kennzeichnend für diese Situation ist die Tatsache, daß wir bis vor wenigen Jahren keine für den Nichtspezialisten lesbare wissenschaftliche Zeitschrift hohen Niveaus hatten. Welche lange und hervorragende Tradition haben dagegen solche Publikationen andernorts: Beispielsweise der ›Scientific American‹, der seit dem Jahre 1845 erscheint und den Laien schnell und korrekt informiert.

Kennzeichnend für unsere Situation ist auch die Interesselosigkeit vieler Naturwissenschaftler und Ingenieure gegenüber solcher Literatur wie F. G. Jüngers Buch ›Die Perfektion der Technik‹, ein Produkt, bei welchem schwer zu sagen ist, ob die Ignoranz technischer Tatbestände größer ist als die Arroganz ihrer literarischen Behandlung, oder die Arroganz größer als die Ignoranz. Über Technik publizieren in unserem Lande vorwiegend Menschen, die keine Bewährung im technischen Bereich haben. Groteskes Symbol ist das Buch ›Technik im technischen Zeitalter‹ (Düsseldorf 1965), von dessen 20 Autoren sich meines Wissens keiner durch irgendeine bemerkenswerte technische Leistung ausgewiesen hat. Angehörige der wissenschaftlich-technischen Intelligenz haben bei uns weder die Praxis noch den Mut, aus ihren konkreten, hieb- und stichfesten Erfahrungen Konsequenzen zu ziehen, und überlassen das Ziehen der – falschen oder richtigen – Konsequenzen Leuten, welche Erfahrungen durch Eloquenz ersetzen. Wie oft kann man von Wissenschaftlern hohen Ranges unter vier Augen den Satz hören: »Aber das kann man doch nicht sagen!«

Man muß wohl Snow zustimmen, daß die »literarische Kultur« kaum einmal den Versuch macht, die wissenschaftlich-technische Revolution zu verstehen. Wie unbefriedigend ist beispielsweise Dürrenmatts Schauspiel ›Die Physiker‹: Routine des Fachmannes! Wieviel eindrucksvoller war hingegen die Fernsehsendung ›Prozeß Oppenheimer‹ – diese beruhte aber vorwiegend auf Verhandlungsakten und weniger auf der Arbeit eines Schriftstellers. Ein anderes Beispiel: H. v. Cramer versuchte, mit seinem Buch ›Leben wie im Paradies‹ die menschliche und gesellschaftliche Problematik um die Kybernetik darzustellen. Bei aller Sympathie für sein Bemühen: Es ist eine verbale Konstruktion *neben* der eigentlichen Problematik, sie trifft nicht. Hierzu eine andere Erfahrung: Vor einigen Jahren hatte ich ein langes Gespräch mit einem russischen Schriftsteller, der an einem Buch über Kybernetik arbeitete. Dieser Schriftsteller versuchte in harter Arbeit Grundlagen und Feinheiten der menschlichen und gesellschaftlichen Probleme rings um die Kybernetik zu erfassen und zu formulieren. Diese innere Bereitschaft von Angehörigen der literarischen Intelligenz, aktuelle, neue und brisante Probleme der Naturwissenschaft und Technik aufzunehmen und zu gestalten, ist bei uns kaum zu beobachten. Daher die vielen mißlungenen Versuche, Innovationen in traditionelle Formulierungen einzusperren. Man nimmt aus Gedankenarmut in Kauf, daß das literarische Abbild dieser Innovationen gar kein Abbild, sondern ein Phantasieprodukt ist. Die Sprache ist verräterisch, und manches Ergebnis unserer literarischen Kultur, das angeblich wissenschaftlich-technische Probleme behandelt, zeigt vorwiegend das gegenseitige Mißverständnis.

Ein Philologieprofessor hat viele Publikationen über Kybernetik studiert, Vorträge über dieses Thema besucht und monatelang Quellenforschung betrieben, um schließlich in Aufsätzen und Vorträgen mit vielen Zitaten nachzuweisen, daß die griechische Urbedeutung des Wortes »Kybernetes« nicht »Lotse« (wie meist angenommen wird), sondern »Steuermann« ist. Er vermutete, hiermit einen wichtigen Beitrag zur Kybernetik geleistet zu haben. Kybernetiker schätzen diesen Beitrag nicht ganz so hoch ein und fragen erstaunt, ob diese (sachlich wahrscheinlich richtige) Nuancierung irgendeine Information enthält, welche die mehrmonatige Arbeit von Professor und Assistenten rechtfertigt. Dieses Beispiel zeigt besonders deutlich das gegenseitige Mißverstehen zwischen literarischer und naturwissenschaftlicher Intelligenz. Hier wird eine verbale, vordergründige Präzision erarbeitet, während die eigentlichen Denkhintergründe für eine sinnvolle Kommunikation weitgehend fehlen.

Sucht man nach Beispielen, wo naturwissenschaftlich-technische Tatbestände in erfreulicher Weise literarisch behandelt wurden, so stößt man meist auf Angehörige der szientifischen Intelligenz, die Lust zum Schreiben haben, viel seltener auf Angehörige der literarischen Intelligenz, welche sich die Mühe machten, die wissenschaftlich-technischen Probleme gründlich zu durchdenken. Eine erfreuliche Ausnahme macht R. Jungk, der u. a. mit seinen Büchern ›Heller als tausend Sonnen‹, ›Die Zukunft hat schon begonnen‹ und ›Die große Maschine‹ auch vom Standpunkt des Wissenschaftlers Anerkennung verdient.

Damit unsere Gesellschaft sich geistig mit der Zukunft auseinandersetzen kann, sollten wir eine hochwertige Zukunftsliteratur haben. Wir haben zwar eine Menge literarischer Erzeugnisse, die Teilaspekte der Zukunft behandeln, aber es fehlt eine vernünftige Synthese, also Literatur, die gleichzeitig folgende Eigenschaften besitzt:

Hoffnungsfroh wie E. Bloch – aber nicht so unkonkret,
konkret wie Orwell – aber nicht so pessimistisch,
biologiebewußt wie A. Huxley – aber nicht so unpsychologisch,
ökonomiebewußt wie J. Fourastié – aber nicht so einseitig,
weitsichtig wie W. Fucks – aber nicht so vereinfachend.

Wohl am nächsten kommt dem, was wir brauchen, das Buch von D. Gabor ›Menschheit morgen‹ (München 1965), es fehlt ihm aber der hinreißende Schwung, es ist mehr das Ergebnis gründlichen Nachdenkens eines Naturwissenschaftlers höchsten Ranges als ein Werk, das den Leser packt.

An einer treffsicheren und wohlgebauten Sprache haben die Angehörigen der literarischen und die Angehörigen der wissenschaftlichen Intelligenz ihre Freude. Wie eindrucksvoll ist beispielsweise Tucholskys Suche nach dem einzigen präzisen Wort für die Bewegung der Birkenblätter im Wind, wo er weder mit »Flirren« noch mit »Flimmern« noch mit »Blattgeriesel« zufrieden ist. Hier empfindet der Naturwissenschaftler Kollegialität mit dem Literaten: Müht er sich nicht ebenso wie er selbst um eine exakte Beschreibung der Natur?

Doch auch hier steht hinter der Gemeinsamkeit eine Unterschiedlichkeit: Naturwissenschaftler und Techniker sehen in der Sprache ein, nein, *das* wichtigste Mittel, um Informationen zwischen Menschen auszutauschen, und halten es für sinnvoll, diese Sprache auf ihre Ökonomie und Brauchbarkeit hin zu prüfen. Wenn es sich beispielsweise zeigt, daß man für dieselben Tatbestände in der deutschen Sprache mehr Buchstaben braucht als im Englischen, so sehen Angehörige der wissenschaftlichen Intelligenz hierin einen Nachteil, der möglicherweise die Effizienz unserer Gesellschaft verringert. Ob er durch andere Vorzüge tatsächlich aufgewogen wird, erscheint ihnen zunächst zweifelhaft.

Es ist zu fürchten, daß der gegenwärtige Stand der Informationstheorie das Mißverständnis der beiden Kulturen noch vertieft. Nach der klassischen Informationstheorie sind die beiden Aussagen

> Er ist sehr glaubwürdig
> Er ist nicht glaubwürdig

äquivalent: Es sind in beiden Fällen 20 Buchstaben (ch als ein Buchstabe gerechnet). Unter Beachtung der statistischen Gegebenheiten der deutschen Sprache entsprechen die beiden obigen Aussagen jeweils 20 bit. Diese angebliche Äquivalenz verwundert jeden, der erstmals von ihr hört, und veranlaßt ihn möglicherweise zu Vorurteilen, beispielsweise dem, zu sagen: Die naturwissenschaftliche Analyse der Sprache leistet offensichtlich nichts anderes, als Buchstaben abzuzählen. Das, was einen denkenden Menschen an der Sprache interessiert, also Inhalt und Wert der Aussagen, das entzieht sich offensichtlich der naturwissenschaftlichen Methodik.

Solche Vorurteile sind in Zukunft nicht haltbar. Moderne Ansätze der Informationstheorie beschäftigen sich gerade mit dem Wert der Information. Beispielsweise wird untersucht, wieviel eine Information beim Problemlösen weiterhilft. Diese Fragen sind komplizierter als die der klassischen Informationstheorie, sie sind aber auch bedeutungsvoller. Die zukünftige Informationstheorie wird Informationen semantisch definieren und bewerten.

Aber auch der Naturwissenschaftler wird möglicherweise an der Informationstheorie einige Vorurteile ablegen müssen, beispielsweise die Ansicht: Wir Naturwissenschaftler haben die Information als quantifizierbare Größe erkannt, den Geisteswissenschaftlern gelang dieses aber in Jahrhunderten nicht, obwohl eigentlich alle Voraussetzungen gegeben waren. Diesen Vorwurf wird er angesichts der enormen Schwierigkeiten bei der Anwendung naturwissenschaftlicher Methoden bei der Betrachtung nicht-trivialer geistiger Vorgänge aufgeben und die nicht-naturwissenschaftlichen Methoden als gar nicht so unoptimal erkennen.

Es sei hier nochmals auf Kreuzers Feststellung zurückgekommen: »Die deutsche Intelligenz nahm weder von der ›Rede‹ noch von der ›Richmond Lecture‹ bisher Notiz.« Es besteht folgender Verdacht: Unsere Gesellschaft lebt in dem Glauben, diese Probleme seien bei uns überwunden. Hiervon kann jedoch keine Rede sein! Diese Problematik ist bei uns deshalb noch nicht aufgebrochen, weil die Öffentlichkeit vom Übergewicht »geisteswissenschaftlichen Denkens« so sehr beherrscht wird, daß sie die Existenz naturwissenschaftlicher Kultur noch gar nicht wahrgenommen hat. Zweifellos ist dies eine Folge der in unserem Lande herrschenden Ideologie und der Tatsache, daß die naturwissenschaftliche Kultur in unserem Lande in einem Zustande verharrt, der als »intellektuelle Domestikation« bezeichnet werden könnte.

Selten tritt einmal ein Angehöriger der wissenschaftlichen Intelligenz aus dem Zustande der intellektuellen Domestikation heraus. Dem senilen

> »Bilde mir nicht ein, ich könnte was lehren,
> die Menschen zu bessern und zu bekehren.«

tritt Konrad Lorenz entgegen mit dem vitalen

> ». . . ich bilde mir ein, ich könnte was lehren,
> die Menschen zu bessern und zu bekehren!«

Solche Beispiele sind in unserem Lande sehr selten, viel aufdringlicher ist das konforme pathetische Tremolo.

Das Auseinanderklaffen der zwei Kulturen hat wohl positive und negative Seiten: Positiv ist sicher zu werten, daß durch die engagierte Auseinandersetzung beide Seiten hart und meist intelligent argumentieren und daß sich manche Einsicht zeigt, die bei scheinbarem allgemeinem Wohlwollen übersehen würde. Deshalb ist es nicht wünschenswert, diese Auseinandersetzung mit einem faulen Waffenstillstand und wohlwollenden Phrasen zu beenden. Diese »zwei Kulturen« sind vielleicht das gesellschaftliche Pendant zu einem psychischen Tatbestand: Einerseits die subjektive Vorstellungs-, Wunsch- und Traumwelt, andererseits die Welt, die sich unseren Sinnen bietet. So wenig ein lebendiger Mensch eine dieser beiden psychischen Welten vernachlässigen kann, ohne Schaden zu nehmen, so wenig sollte die Gesellschaft versuchen, diese beiden Kulturbereiche »gleichzuschalten«: auch sie würde Schaden nehmen.

Trotzdem ist das Bedenken einer Synthese nützlich. Der Verfasser nimmt nicht in Anspruch, eine Synthese anbieten zu können, der alle Seiten leicht zustimmen können, jedoch hält er eine zukünftige Synthese auf Grund folgender Tatbestände ohne faulen Kompromiß für möglich:

1. Die Methoden der literarischen und der szientifischen Intelligenz überschneiden sich bereits in der Gegenwart: Erinnern wir uns beispielsweise daran, daß die moderne Linguistik den Anschluß an die mathematische Disziplin der Sprachtheorie bereits gefunden hat, ferner, daß manche Probleme der Ästhetik Gegenstand informationstheoretischer Untersuchungen sind, ferner, daß die Probleme der Didaktik mit den Verfahren der Automatentheorie behandelt werden usw. Allerdings sind die emotionalen Widerstände beträchtlich.

2. Die literarische Kultur und die szientifische Kultur sind eigentlich für zwei ganz verschiedene Erlebnisbereiche zuständig und brauchten – richtig verstanden – gar keine Konflikte zu bewirken. Man könnte diese Zuständigkeit der beiden Kulturen zu den Lebensbereichen so darstellen:

    Die literarische Kultur hat ihre Bedeutung dort, wo es um menschliches »Erleben« und »Erfülltsein« geht, die literarische Kultur erzeugt – vereinfacht ausgedrückt – Lust. Die szientifische Kultur ist zuständig für die Auseinandersetzung des Menschen mit der Außenwelt. Ihr Kriterium ist nicht die Lust, sondern der Erfolg. Solange diese Zuständigkeiten beachtet werden, könnten beide Kulturen friedlich nebeneinander existieren.

    Konflikte entstehen dann, wenn beispielsweise die szientifische Kultur in Anspruch nimmt, menschliches Erfülltsein zu bewirken, was ihr (abgesehen vom subjektiven Glücksgefühl eines Entdeckers oder Erfinders) nicht gelingen kann, oder es entsteht ein Konflikt dann, wenn die literarische Kultur versucht, die Richtlinien für technische oder politische Handlungen zu bestimmen.

    Dann entsteht der Konflikt, den Nietzsche durch das Stichwort »Hinterwelt« markiert hat.

3. Für die Zukunft ist wohl folgendes zu bedenken:

    Voraussetzung der literarischen Kultur ist die Erhaltung der physischen Existenz und eines minimalen Wohlstandes der Gesellschaft. Wo die Eigenwilligkeit der literarischen Kultur die Existenzfähigkeit der Gesellschaft bedroht, bedroht sie auch ihre eigene Existenz, ja wahrscheinlich *in erster Linie* ihre eigene Existenz. In einer unterentwickelten, nicht konkurrenzfähigen Gesellschaft werden Angehörige der wissenschaftlich-technischen Intelligenz sich leicht behaupten können, während die Angehörigen der literarischen Intelligenz in ihrer »Luxusfunktion« es viel schwerer haben.

Andererseits ist zu bedenken, daß in zukünftigen Gesellschaften, sofern deren technische Qualifikation hierzu ausreicht, die Freizeit immer größeren Raum einnehmen wird und deshalb der Bedarf an menschlichem Erfülltsein, an menschlichen Erlebnissen immer größer wird und die literarische Kultur somit eine wesentliche Bedeutung haben wird.

Im Foyer des Bolschoi-Theaters in Leningrad sah ich vor einigen Jahren eine mit blauem Samt ausgeschlagene Vitrine, die gut zu der kultivierten Umgebung des Theaters paßte. Als Inhalt vermutete ich aus der Ferne Schmuckstücke. Beim Nähertreten sah ich, daß die Vitrine elektronische Bauelemente enthielt: Gruß und Dank der Wissenschaftler an die Künstler. Hier schien mir eine unverkrampfte Harmonie von Technik und Kultur sichtbar.

Wohl die schwierigste Aufgabe der Zukunft ist: die Bedingungen der menschlichen Existenz durchzusetzen, sie aus dem Zustand deklamatorischer Pathetik herauszunehmen und ihnen politische Wirkung zu verschaffen, Gewohnheiten und Sachzwänge zu überwinden. Diese schwierige Aufgabe kann nur dann erfolgreich gelöst werden, wenn die beiden bisher manchmal feindlichen Kulturen sich verbünden.

Die Innovationen und der Zorn der Buchhalter

Zu jeder Zeit wurde versucht, den wissenschaftlichen und technischen Erfahrungsschatz in irgendwelche Systeme einzuordnen; aber während der Ordnung des bisherigen Besitzes werden neue Erfahrungen gemacht, und das so frisch und schön entworfene System ist schon wieder überholt. Zwischen den Ordnern des bisherigen Wissensbesitzes und den Neulieferanten ergeben sich Interessenkollisionen, die einen spielen etwa die Rolle der Buchhalter und die anderen die der Störenfriede.

Die Bezeichnung »Buchhalter« ist nicht abwertend gemeint: Es gibt ohne sie keinen geordneten wirtschaftlichen, wissenschaftlichen oder technischen Betrieb und vor allem keine Weitergabe von Erfahrungen. Wie segensreich ist beispielsweise die Erfahrung der Buchhalter, daß es keine Maschine gibt, die ohne Zufuhr von Energie weiterläuft, kein »Perpetuum mobile«, weshalb solche »Erfindungen« ohne weitere Prüfung zurückgewiesen werden, weil sie dem Satz von der Erhaltung der Energie widersprechen.

Solche Universalsätze zu finden ist das höchste Ziel der Buchhalter – sie sind gewissermaßen Zauberstäbe, die Arbeit und Nachdenken ersparen. Hier beginnt aber auch die Gefahr der buchhalterischen Tätigkeit: Wenn solche Universalsätze nicht auf Grund der Erfahrung, sondern auf Grund dringender Wünsche erzeugt werden.

Wissenschaftliche Entdeckungen und technische Erfindungen fassen wir im folgenden mit dem Wort »Innovationen« zusammen. Sie sind ein wesentliches Kennzeichen menschlicher Kultur: Tiergesellschaften kennen keine Innovationen. An solchen wissenschaftlich-technischen Innovationen zeigt sich, daß die Reaktionen der Gesellschaft häufig den folgenden Fahrplan durchlaufen: Unverständnis und Vorurteile, Abwehr bis zur gesellschaftlichen Diskriminierung, plötzliche Anpassung und Verdrängung der früheren Ablehnung.

Wo wissenschaftlich-technische Innovationen mit ideologisch fixierten Vorurteilen der Gesellschaft zusammenstoßen, ist die anfängliche Abwehr besonders heftig und artet in Ketzerverfolgung aus, bei welcher der nüchterne Beobachter nur noch Glaubensbekenntnisse, aber keine wissenschaftlichen Argumente mehr erkennt.

Neue Ideen entstehen zuerst in den Köpfen sensibler Individuen, kaum durch gesellschaftliche Kommunikation. Ohne solche Ideenproduzenten verarmt eine Gesellschaft, sie erstarrt in Formen, deren Symbol Gebetsmühlen sind.

Das intellektuelle Ferment ist der Ideenproduzent, der Mensch, der gedankliche Formen entwickelt, die zunächst als neu, unerhört und erregend angesehen und von der Masse abgelehnt werden.

Diese neuen Ideen entspringen nicht überirdischer Eingebung, sondern recht irdischen Vorgängen: Da werden erstmalig zwei Tatbestände nebeneinander gesehen und eine Gemeinsamkeit entdeckt, oder man verfällt zunächst einem Irrtum und merkt dann, daß dieser Irrtum gar keiner war. Kurzum, originale Ideen sind das Ergebnis irdischer Assoziationen und wären ohne eine schlaflose Nacht oder ein Gespräch mit einem intelligenten Partner bei gut durchblutetem Gehirn nicht entstanden.

Ideen an sich sind wirkungslos, sie müssen in die Gesellschaft getragen und beachtet werden. Der typische Ideenproduzent setzt sich für die Weitergabe seiner Ideen ein, nicht viel anders als eine Mutter, die sich um die Entwicklung ihrer Kinder sorgt. Naive Gemüter haben die Vorstellung, Ideen würden nun durch irgendeine übergeordnete Instanz geprüft und zugelassen oder verworfen werden. So ist es sicher nicht: Die Durchsetzung einer Idee, ihr Erfolg und Mißerfolg ist eine sehr menschliche Angelegenheit, bei der man – in Anlehnung an ein altbekanntes Zitat – sagen könnte: Es ist unbegreiflich, mit wie wenig Geist die geistige Selektion geschieht.

Es muß auch – bei aller Zustimmung zu demokratischen Spielregeln in der Politik – festgestellt werden, daß die öffentliche Zustimmung kein Prüfstein für die Brauchbarkeit originaler Ideen ist, im originalen wissenschaftlichen Bereich ebenso wie im originalen künstlerischen Bereich ist das »gesunde Volksempfinden« keine zulässige Instanz. Daß hiermit eine schwer zu lösende Aufgabe für eine demokratisch organisierte Gesellschaft gegeben ist, sei ausdrücklich bemerkt.

Die Selektion originaler Ideen spielt sich in sehr langen Zeiträumen ab. Kurzsichtige Schwätzer reißen ihre stupiden Witze über die machtlosen Intellektuellen: Pinscher. Nach Jahrzehnten kehrt sich aber das Verhältnis um. Erinnern wir uns beispielsweise an die Schicksale von Heine, Marx und Freud: Sie waren einst ohnmächtig gegen die regierenden Quälgeister.

Wie hat sich aber zwischenzeitlich das Verhältnis umgekehrt: Wer kennt noch die Polizeiminister, die sie des Landes verwiesen? Aber Heine, Marx und Freud werden unvergessen bleiben. Das Verhältnis zwischen Politikern und Intellektuellen ist nicht durch »Macht und Ohnmacht« zu beschreiben, zutreffender ist »Momentane Macht und langfristige Wirkung«.

Recht typisch für derartige Entwicklungen sind die Auseinandersetzungen um Nikolaus Kopernikus, der im Jahre 1543 in seinem Buche ›De revolutionibus orbium coelestium‹ behauptete, nicht die Erde, sondern die Sonne sei der Mittelpunkt der Welt, und die Erde drehe sich täglich um ihre Achse und jährlich um die Sonne. Die darauffolgende öffentliche Auseinandersetzung war kein Austausch kühler, rationaler Argumente, sondern mehr ein a-rationaler, gehässiger Kampf der Schulen und Autoritäten. Wir erinnern uns an die tragischen Schicksale von Galileo Galilei, Johannes Kepler und Giordano Bruno, an Folter und an Scheiterhaufen.

Besonders gut vorstellbar wird diese Art der Auseinandersetzung, wenn der ängstliche Andreas Osiander einer Publikation des Kopernikus den beschwichtigenden Kommentar voranstellt:

»Es gibt keinen zwingenden Grund, diese Hypothesen für richtig oder sogar für die Wahrheit überhaupt zu halten, eines genügt: Sie sollen eine Berechnung ermöglichen, die mit den Beobachtungen übereinstimmt.«

Eine besondere Nuance findet sich bei Bert Brecht. Er läßt Galilei dem Boten, der seine Schriften über die Grenze schmuggeln sollte, nachrufen:

»Gib acht auf dich, wenn du durch Deutschland kommst, die Wahrheit unter dem Rock!« (Leben des Galilei)

Es scheint mir ein reizvolles Gedankenexperiment zu sein, sich vorzustellen, der Übergang vom ptolemäischen zum kopernikanischen Weltbild wäre noch nicht vollzogen, sondern begänne gerade jetzt in unserer Zeit. Kopernikus hätte seine Theorie in irgendeinem Buche publiziert, und die Öffentlichkeit begänne nun mit viel Leidenschaft darüber zu diskutieren.

Wahrscheinlich wäre in der gegenwärtigen geistigen Situation – vor allem in unserem Lande – die Abwehr dieser Ideen genauso a-rational, genauso gehässig und genauso infam wie im sechzehnten Jahrhundert. Zwar haben sich die Objekte der Vorurteile verändert, nicht aber das Festhalten an Vorurteilen und die Haß-Reaktionen gegen Zweifler.

Wie würde die Presse auf diese gedachte Publikation des Kopernikus reagieren? Zweifellos sehr unfreundlich. Das Ansinnen, in solch grundlegender Weise umzulernen, wird übelgenommen. Vor allem, wenn eine solch »offensichtliche Wahrheit« wie die zentrale Stellung unserer Erde durch eine solch abstrakte Gedankenkonstruktion wie das kopernikanische Weltbild ersetzt werden soll, das der unmittelbaren Anschauung sogar widerspricht und eine Menge intellektueller Vorarbeit erfordert. Vermutlich hätte Kopernikus eine sehr schwere Zeit zu überstehen. Er wäre nicht nur das Ziel des Spottes, sondern ebenso der wildesten politischen Verdächtigungen.

Irgendwann würde dann die Situation umkippen. Nämlich dann, wenn eine neue Generation an die Schalthebel der Kulturpolitik gelangt, die bereits mit dem Zweifel am alten Weltbild aufgewachsen ist. Dann würde das neue Weltbild Eingang in den Lehrbetrieb finden und als Selbstverständlichkeit gelten. Ganz zum Schluß begänne dann allerseits der Nachweis, daß »man« ja schon immer dafür gewesen sei und eigentlich zu den Vorkämpfern des neuen Weltbildes gehöre.

Dem englischen Biologen Charles Darwin (1809–1882) verdanken wir unser heutiges Verständnis der Entstehung der Arten, die Abstammungslehre. Seine Einsichten führten dazu, daß in der Biologie zunehmend rationale Argumente an die Stelle vager Vermutungen traten. Darwin war nicht der erste, der sagte, daß sich alle Tiere aus gemeinsamen Ahnen heraus entwickelt haben, er war aber der erste, der den Mechanismus des Artenwandels durchschaute: Mutation und Selektion, also einerseits zufällige, ungerichtete Veränderung des Erbguts und andererseits Überleben derjenigen Varianten, welche der Umwelt am besten angepaßt waren. Damit entstand die Vermutung, daß sich auch die Menschen durch solche Mechanismen aus Tieren heraus entwickelt haben, eine Vermutung, die im Gegensatz steht zur wörtlich verstandenen Genesis, nach der Gott den Menschen am sechsten Schöpfungstag geschaffen hat.

Es dauerte beinahe ein Jahrhundert, bis sich die zahlreichen Versuche, Darwins Lehre zu widerlegen, allmählich erschöpften. Von sachverständigen Wissenschaftlern zweifelt heute keiner mehr an ihrer prinzipiellen Richtigkeit. Seine Theorie hat sich gegen die Skepsis und Kritik von Tausenden von Experten durchgesetzt.

Darwins Lehre steht – wie gesagt – im Gegensatz zu tradierten Vorstellungen von der Erschaffung des Menschen und war deshalb sehr lange Objekt heftiger ideologischer Auseinandersetzungen. Ein Relikt dieser Auseinandersetzung erlebten im Jahre 1967 die Einwohner des amerikanischen Staates Tennessee, als der Naturkundelehrer Gary Scott – entgegen dort gültigen Gesetzen – in der Schule die Richtigkeit der Darwinschen Lehre bestätigte und deshalb vor Gericht angeklagt wurde.

Einen großangelegten Versuch, die Konsequenzen der Darwinschen Lehre zu überspielen, unternahm Teilhard de Chardin, Jesuitenpater und Wissenschaftler hohen Ranges, der sich vor allem durch die Erforschung der biologischen Menschheitsentwicklung verdient machte. Er geht sehr nüchtern von der Tatsache aus, daß für die Zoologie die Naturgeschichte des Menschen nur ein Sonderfall der tierischen Entwicklungsgeschichte ist. Wo es aber um die philosophischen Konsequenzen geht, verirrt er sich rasch in eine recht mystische Denkwelt, in der so undefinierte Begriffe wie »empfundene Vereinigung der Seelen«, »Noosphäre« usw. mehr Verwirrung als Einsicht erzeugen.

Chardin hat zwar in der Öffentlichkeit eine große Wirkung erzielt, seine Bücher erschienen in zahlreichen Auflagen und Übersetzungen, aber weder seine Kirche noch seine Fachkollegen sind damit recht einverstanden.

Besonders kritisch äußerte sich der Medizin-Nobelpreisträger von 1960, P. B. Medawar. Er wirft Chardin vor, er verharre in der Tradition der Naturphilosophie, »eine philosophische Bastelei deutschen Ursprungs, die nicht einmal durch Zufall etwas zum Bestand menschlicher Gedankenarbeit beigetragen zu haben scheint«, und zieht aus dem großen Erfolg seiner Bücher den Schluß, daß die Menschen betrogen werden *wollen*.

An Chardins Publikationen zeigt sich tatsächlich der Tatbestand ganz deutlich: Die Mehrzahl der Menschen möchte eine Philosophie haben, welche die menschliche Existenz aus dem Bereich des wissenschaftlich Erklärbaren herausnimmt und dem Menschen eine Sonderstellung in dieser Welt zuweist. Die meisten Menschen möchten eine Philosophie, welche ihnen schmeichelt, sie können es nicht ertragen, daß der Mensch eine höchst bescheidene Rolle spielt; sie möchten eine Philosophie haben, welche den Menschen auf ein Podest stellt, eine Etage höher als all dieses nur natürliche Geschehen, vom Kristall bis zum Schimpansen.

Dieses zu erkennen und zu verstehen ist ein Ding, das den Psychologen zu interessieren hat, ein anderes Ding ist es aber, diese psychologische Tendenz aus unserem Denken zu eliminieren. Und damit sind wir bei der Geisteshaltung, welche allein geeignet ist, erfolgreiche wissenschaftliche Arbeit zu ermöglichen.

Eine geradezu abenteuerliche Logik wird nun in unserem Lande gerne praktiziert, wenn gesagt wird: Ist es nicht höchst unbescheiden, die menschliche Existenz mit wissenschaftlichen Methoden erklären zu wollen? Hiergegen sei klar festgestellt: Unbescheiden ist derjenige, der sich auf das Podest stellt, bescheiden, wer sich nicht daraufstellt.

Die Spannungen zwischen Genie und Gesellschaft zeigen sich sehr deutlich in der Biographie Sigmund Freuds, des Begründers der Psychoanalyse. In L. Marcuses Band ›Sigmund Freud‹ (Hamburg 1956) finden sich folgende typische Kommentare:

»Es ist in der Natur der echten Weisen, beim Rest der Menschheit Ärgernis zu erregen.«

»Man kann Leute nicht entbehren«, rechtfertigte er sich, »die den Mut haben, Neues zu denken, ehe sie es aufzeigen können.«

»Freud sagte sehr oft: Ich. Dogmatischere Wissenschaftler lieben es, unpersönlicher zu schreiben; was dann bedeutet, daß die Wahrheit persönlich die anonyme Feder führt.«

»Im Gegensatz zu vielen Wissenschaftlern späterer Jahrzehnte war Freud zu stolz, um seine Meinung hinter akkreditierten Worten zu verbergen. So wirken alle seine Äußerungen überhell, grell.«

»Er war, wie er schrieb, gegen Gladiatorenkämpfe zum Vergnügen des erlauchten Mob, der sich anmaßte, über die wissenschaftlichen Ergebnisse des Forschers abzustimmen.«

Die Geschichte der Technik kennt zahlreiche »Unmöglichkeits-Postulate«, welche die technische Entwicklung stark behinderten. Eine recht lesenswerte Darstellung findet sich in dem Buche ›Im höchsten Grade phantastisch‹ von A. C. Clarke (Düsseldorf 1963). Greifen wir aus vielen einen typischen Fall heraus:

»Zu Anfang des zwanzigsten Jahrhunderts erklärten die Wissenschaftler fast einmütig, das Fliegen mit Apparaten ›schwerer als die Luft‹ sei ausgeschlossen, und jeder, der einen ›Aeroplan‹ bauen wolle, sei ein Narr. Der große amerikanische Astronom Simon Newcomb schrieb einen vielbeachteten Aufsatz, der mit den Worten schloß:

›Der Beweis, daß keine denkbare Kombination bekannter Substanzen, bekannter Motorentypen und bekannter Kraftquellen zu einer praktisch verwendbaren Maschine zu führen vermag, mit der Menschen auf große Entfernungen durch die Luft fliegen sollen, erscheint dem Verfasser so vollständig, wie es der Beweis für irgendeine physikalische Tatsache der Zukunft nur sein kann.‹«

»... William H. Pickering, der sich vermaß, die unwissende Öffentlichkeit sogar noch einige Jahre nach dem Start der ersten Flugzeuge zu belehren:

›In der Meinung des Volkes herrscht oft die Vorstellung, künftig könnten gigantische Flugmaschinen über den Atlantik brausen und zahllose Passagiere befördern, ähnlich wie unsere modernen Dampfschiffe ... Es scheint mir ganz sicher, daß derartige Ideen völlig phantastisch sein müssen, und selbst wenn eine Maschine mit einem oder zwei Passagieren hinüberkäme, würden die Kosten das Unternehmen einem jeden verbieten, mit Ausnahme des Großkapitalisten, der sich eine eigene Jacht halten kann. Und noch ein im Volk verbreiteter Irrtum ist zu korrigieren: die Erwartung, daß sich eine enorme Geschwindigkeit erzielen lassen werde. Man muß sich erinnern, daß der Luftwiderstand mit dem Quadrat der Geschwindigkeit wächst und die zu seiner Überwindung erforderliche Arbeit mit der dritten Potenz... Wenn wir jetzt mit 30 Pferdestärken eine Geschwindigkeit von 40 Meilen pro Stunde (ca. 65 km/h) erreichen können, dann müßten wir, um auf 100 Meilen in der Stunde (ca. 160 km/h) zu kommen, einen Motor mit einer Leistung von 470 Pferdestärken verwenden ... es ist klar, daß wir nicht hoffen können, mit den uns jetzt verfügbaren Flugapparaten jemals an rasender Schnelligkeit mit unseren Lokomotiven oder Automobilen zu konkurrieren.‹«

Auch die Geschichte der Nachrichtentechnik kennt zahlreiche Zusammenstöße zwischen den »Unmöglichkeits-Postulaten« und dem »Trotzdem« optimistischer Erfinder. Im Jahre 1794 setzt J. L. Boeckmann, Professor zu Carlsruhe, seinem »Teutschlands Kaiser und Fürsten« gewidmeten Buche ›Über Telegraphie und Telegraphen‹ den Leitspruch voraus:

»Der irrt, wer alles schon für aufgefunden hält!
Der nimmt den Horizont für Gränzen einer Welt!«

Und Charles Bourseul kommentierte im Jahre 1854 seinen Entwurf eines Telefons wie folgt:

»Auf jeden Fall ist es bei dem augenblicklichen Stand der Wissenschaft unmöglich zu zeigen, daß die elektrische Übermittlung von Tönen unmöglich sei, im Gegenteil, alle Wahrscheinlichkeit spricht für die Möglichkeit.

Als man zum ersten Male davon sprach, den Elektromagnetismus zur Übermittlung von Nachrichten zu verwenden, behandelte ein Mann, der eine angesehene Stellung in der Wissenschaft hatte, diesen Gedanken als ein Hirngespinst, während man heutzutage durch einen einfachen Metalldraht sich unmittelbar von London nach Wien verständigt. – Das ist nicht möglich, hat man gesagt, und doch ist es so.«

Vermutlich ist der Computer dasjenige technische Phänomen, welches das Denken unserer Zeit am stärksten verändert, wahrscheinlich stärker als die Raumfahrt und die Atomtechnik.

Die Lebensgeschichte Konrad Zuses ist eine Geschichte der Mißverständnisse und der verpaßten Möglichkeiten: Der Mann, der den ersten Computer baute, wurde von seinen Versuchen weg zum Militärdienst einberufen und »als a priori klar erkennbarer Schwindler« verdächtigt.

Bitte, beachten Sie die sprachliche Feinheit des »a priori«, sie zeigt nämlich wie ein Markenzeichen, wo diese Denkweise herkommt, nämlich aus der falsch verstandenen Schule Kantschen Denkens, welche sich viel auf ihr »a priori«-Wissen zugute hält, als ein Wissen, das keinerlei Bestätigung durch die Erfahrung bedarf.

In diesem Zusammenhang stehen nicht die technischen und gesellschaftlichen Folgen der Computer zur Diskussion, es geht hier um die Folgen für das grundlegende Selbstverständnis des Menschen, die sich aus der Existenz und den Möglichkeiten der Computer ergeben. Wie brisant diese Frage ist, ergibt sich aus der journalistischen Bezeichnung »Elektronengehirn«. Diese Bezeichnung ist zwar irreführend, es bleiben aber die grundsätzlichen Fragen: Können diese »Elektronengehirne« denken, ist es ein Vorurteil, anzunehmen, nur der Mensch könne denken, haben solche »Elektronengehirne« ein Bewußtsein usw.

Ferner: Viele intellektuelle Probleme überfordern die Leistungsfähigkeit des menschlichen Gehirns und wurden daher bisher irgendwie, z. B. in Befolgung traditionellen Vorgehens »gelöst«, also irgendwie a-rational. Dieses traditionelle Vorgehen wurde oftmals als notwendige Folge irgendwelcher metaphysischer Zusammenhänge verstanden und nicht als ein intellektueller Notbehelf. Computer vergrößern neuerdings das intellektuelle Vermögen der Menschen beträchtlich, sowohl hinsichtlich der Schnelligkeit als auch hinsichtlich der Informationsspeicherung und Anwendung überlegener Rechenmethoden. Damit aber werden viele Probleme, die traditionell als »irrational« angesehen wurden, mögliches Objekt rationaler Untersuchung, der Computer wirkt wie ein Katalysator der Aufklärung. Und damit entsteht das Problem: Was können Computer *prinzipiell* nicht?

Ein Zauberstab für die »Buchhalter« und ein wissenschaftlicher Beweis für die hinterweltlerische Philosophie wäre es, wenn sich ein einfacher Satz der Art formulieren ließe:

»Schöpferische Prozesse können nur Menschen ausführen, schematische Prozesse können auch Automaten ausführen.«

Leider ist ein solcher Satz aber nicht präzisierbar, vor allem gelang es nicht, einen Präzisierungsversuch über längere Zeit hinweg aufrechtzuerhalten. Peinlich wirken gleitende Definitionen, bei denen gerade das als Grenze angegeben wird, was im jeweiligen Augenblick Computer noch nicht können.

In unserem Lande gibt es eine Art »Computer-können-nicht«-Literatur. In ihr ist das zusammengetragen und apodiktisch fixiert, was nach Meinung des jeweiligen Verfassers Computer niemals können werden, z. B. niemals Zeichen erkennen, niemals Sprachen übersetzen, niemals überraschende Informationen produzieren usw., kurzum, es werden grundsätzliche Grenzen für die Leistung der Computer dort definiert, wo eigentlich nur die Intelligenz des Autors begrenzt ist. Diese ganze »Computer-können-nicht«-Literatur illustriert Palmströms berühmte Devise:

»Weil, so schließt er messerscharf,
nicht sein kann, was nicht sein darf.«

Warum darf der Computer alles das eigentlich nicht können, was er nach Ansicht jener Autoren angeblich nicht kann? Es gibt hier vor allem historische Gründe: Nämlich die Auseinandersetzung um die materialistische Philosophie, die im achtzehnten Jahrhundert Denkansätze vorbrachte, die schon seinerzeit auf wackligem Grund standen und heute geradezu absurd erscheinen. Im Kampfe gegen diese materialistische Philosophie wurden in unserem Lande Gegen-Argumente ritualisiert, die seinerzeit vernünftig gewesen sein mögen, inzwischen jedoch den Boden unter den Füßen verloren haben, im Kampf gegen politische Gegner zum Glaubensbekenntnis wurden und so schließlich aus der Sphäre rationalen Denkens sich gänzlich entfernten und heute nur noch ein nationales Bekenntnis ohne erkennbare wissenschaftliche Bedeutung sind.

Die Irrationalität gesellschaftlicher Kritik gegenüber neuen Ideen wurde hier an sehr illustren Beispielen – Kopernikus, Darwin, Freud und Zuse – gezeigt. Wenn ich nun eigene Erfahrungen beisteuere, so wird damit keine Vergleichbarkeit mit diesen weltgeschichtlichen Beispielen beansprucht, sondern lediglich die dort geübte irrationale Kritik zum Vergleich herangezogen. Durch die Auseinandersetzungen um mein Buch ›Automat und Mensch‹ habe ich recht intime Kenntnis von der Hinterwelt in unserer Zeit und unserem Land – auch wenn ich zugestehe, daß manche Kritik sachlich berechtigt ist.

Ich bin Ingenieur und habe Spaß daran, komplizierte technische Geräte zu entwerfen und zu bauen, beispielsweise das »Informatik-System Quelle«, oder Automaten zur Erkennung von Schriftzeichen, oder aber adaptive technische Systeme, wie z. B. die Lernmatrix.

Wenn man das, was in unserem Lande über die prinzipiellen Grenzen technischer Systeme publiziert wird – anfangs gelassen, später mit wachsendem Zorn –, verfolgt, dann wird das stumme Zuhören immer unerträglicher. So schrieb ich im Jahre 1960 das Buch ›Automat und Mensch‹, dessen Grundgedanken im folgenden dargestellt werden.

Ingenieure bemühen sich, immer komplexere technische Geräte zu erfinden und zu bauen. Erinnert sei an elektronische Rechenautomaten, automatisierte Fertigungsprozesse und an Steuerungs- und Beobachtungssysteme der Raumfahrt. Hierbei werden gedankliche Hilfsmittel benutzt, die noch vor wenigen Jahrzehnten unbekannt waren. Als Beispiele seien genannt die Regelungslehre, die Informationstheorie und die Nachrichtenverarbeitung, insbesondere die Begriffe Informationsspeicherung und logische Verknüpfung. Noch vor kurzer Zeit glaubte man, diese gedanklichen Hilfsmittel seien nur im technischen Bereich anwendbar und nützlich. Beispielsweise ist in dem hervorragenden Buch von H. Rein ›Die Physiologie des Menschen‹ aus dem Jahre 1943 so gut wie nichts über Regelungen enthalten. Ebenso ist in dem tiefschürfenden Werk von Hermann Bavink ›Ergebnisse und Probleme der Naturwissenschaften‹ aus dem Jahre 1944 die Regelung überhaupt nicht erwähnt. Die wissenschaftliche Entwicklung der letzten Jahre hat jedoch zu der Erkenntnis geführt, daß viele gedankliche

Hilfsmittel der modernen Technik auch in nicht-technischen Bereichen geradezu unentbehrlich sind. Ein Markstein dieser Entwicklung ist die Entdeckung des Physiologen Richard Wagner aus den Jahren 1925 bis 1927, daß die Anpassung der Skelettmuskelkraft an die äußeren Begebenheiten eigentlich nur mit den mathematisch-physikalischen Methoden der Regelungslehre erschöpfend beschrieben werden kann. In den folgenden Jahren wurde die Regelungslehre von mehreren Forschern bei der Lösung verschiedener nicht-technischer Probleme angewandt. Typische Beispiele physiologischer Regelungen sind: Regelung der Körperhaltung, der Körpertemperatur, der Blutzuckerkonzentration, der Bereichseinstellung der Sinnesorgane usw. Die Anwendung der Regelungslehre außerhalb der Technik ist jedoch keineswegs auf die Physiologie beschränkt. Das Verständnis soziologischer, insbesondere wirtschaftlicher Vorgänge wird durch die Regelungslehre wesentlich vertieft. Auch andere gedankliche Hilfsmittel der Technik werden neuerdings außerhalb der Technik benutzt. So erschienen kürzlich zwei deutschsprachige Publikationen, welche die Informationstheorie bei der Untersuchung psychologischer und pädagogischer Probleme anwenden.

Die Technik der Nachrichtenverarbeitung ist faszinierend. Was sie anstrebt, zum Beispiel Automatisierung mathematischer Arbeit, der Sprachübersetzung, automatischer Erkennung der Schrift und der Sprache und Automaten mit der Fähigkeit zu lernen, ist die maschinelle Realisierung von Funktionen, die bisher ausschließlich dem Menschen vorbehalten waren. Wer sich mit diesen Problemen befaßt, erkennt die enge Verwandtschaft zwischen den organischen und den technischen Systemen. Die Auseinandersetzung mit den Problemen der Nachrichtenverarbeitung ist deshalb nicht nur für den Ingenieur, sondern ebenso für den Geisteswissenschaftler nützlich. Dieser kann am technischen Modell manche Einsicht gewinnen, welche ihm am lebenden System versagt blieb.

Der Grundgedanke des Buches ›Automat und Mensch‹ ist der folgende: Was wir an geistigen Funktionen beobachten ist Aufnahme, Verarbeitung, Speicherung und Abgabe von Informationen. Auf keinen Fall scheint es erwiesen oder auch nur wahrscheinlich zu sein, daß zur Erklärung geistiger Funktionen Voraussetzungen gemacht werden müssen, welche über die Physik hinausgehen. Diese These heißt nicht, daß hier eine Erklärung gegeben werden kann, *wie* geistige Vorgänge auf physikalische Funktion zurückgeführt werden können. Diese These sagt jedoch, daß die gegenteilige Auffassung meines Erachtens auf Vorurteilen beruht.

Der Sprung vom Boden gesicherter technischer Wissenschaften zur Betrachtung von Denkfunktionen, gewissermaßen mitten hinein in die Geisteswissenschaft, ist gefährlich. Probleme, zu denen Generationen ihre Ansichten geformt und geschliffen haben, mit den unzulänglichen Hilfsmitteln des Außenseiters anzugehen, trägt in sich die Gefahr des Dilettantismus. Ich glaube, daß jeder, der den Brückenschlag von der Nachrichtentechnik zur Geisteswissenschaft wagt, sich diesem Vorwurf aussetzen muß. Ich habe jedoch das sichere Gefühl, daß der Brückenschlag im wohlverstandenen Interesse beider Disziplinen liegt, auch wenn sich später manche Pfahlgründung als unzureichend erweisen sollte. Nicht alles, was vom Spezialisten der anderen Fachrichtung zunächst als Simplifikation des Außenseiters angesehen wird, muß Simplifikation bleiben.

Der naive Mensch erlebt die Welt zwischen zwei Ufern: Hier die berechenbaren Gesetze der Physik, dort die geheimnisvollen Verhaltensformen der Menschen. Solange die Physik kaum über Hebel und Bernstein hinaussah, war keine Brücke von der Physik zu den Verhaltensformen der Menschen zu erkennen. Zwar zwangen die zunehmenden Einsichten der Anatomie und Physiologie zu dem Zugeständnis, daß der Körper des Menschen physikalischen Gesetzen gehorche. Man kann seit der Entdeckung von Friedrich Wöhler im Jahre 1828 sogar organische Substanzen synthetisch erzeugen. Man glaubt jedoch, geistige Funktionen seien davon ausgenommen. Wenn solche Vorstellungen von Generation zu Generation weitergegeben und gemehrt werden, gilt es als ein Sakrileg, an ihnen zu rütteln. Ich möchte mit dem Buch ›Automat und Mensch‹ jedoch zeigen, daß man über die geistige Funktion des Menschen eine ganze Menge aussagen kann, ohne eine »Überphysik« zu bemühen. Die Physik und die Nachrichtentechnik haben Erkenntnisse gezeitigt, welche aus der Perspektive des Hebels und Bernsteins nicht zu erwarten waren. Den Leistungen, die heute von Automaten vollbracht werden, z. B. schwierige Rechenaufgaben lösen oder Sprachen übersetzen, hätte vor einem Menschenalter niemand die Kennzeichnung »intelligent« versagt. Der Ingenieur, der solche Leistungen synthetisch erzeugt, hat ein unbestreitbares Recht, über geistige Funktionen mitzureden.

Wenn die erwähnten Leistungen – z. B. Lösung schwieriger Rechenaufgaben oder Übersetzungen – als »intelligent« bezeichnet werden, erhebt sich häufig Widerspruch, ja Entrüstung. Das Hauptargument gegen die Existenz irgendeiner Form maschineller Intelligenz ist das folgende: All diese Fähigkeit hat der Automat doch nur von seinem Erzeuger. Dieses Argument ist richtig, ich schließe mich ihm an, aber ist es denn beim Menschen grundsätzlich anders? Der Unterschied zwischen der Programmierung eines Automaten zu hochqualifizierter Tätigkeit und der Ausbildung eines Lehrlings zu irgendeiner Profession scheint mir sehr äußerlich. Setzt man für Intelligenz voraus, daß sie ohne Kommunikation mit der Außenwelt entstanden ist, dann darf man auch bei Menschen nicht von Intelligenz reden. Das Beispiel Kaspar Hausers, der vermutlich kontaktlos aufwuchs, zeigt, daß auch die menschliche Intelligenz sich ohne Information von der Außenwelt nicht bildet.

Die Wissenschaftsgeschichte kennt viele Beispiele dafür, daß irgendwelche Probleme lange Zeit Gegenstand philosophischer Spekulationen waren, danach aber in den Bereich exakt wissenschaftlicher Forschung einbezogen werden konnten. Ein typisches Beispiel hierfür ist die Vorstellung vom atomistischen Aufbau der Materie. Diese wurde im 6. Jahrhundert vor Christi Geburt von griechischen Philosophen entwickelt. Bis zum Ende des neunzehnten Jahrhunderts konnte man über die Tatsache des atomistischen Aufbaus der Materie streiten, ohne ein Ignorant zu sein. Noch Hermann von Helmholtz und der junge Max Planck standen der Atomvorstellung recht ablehnend gegenüber. Seit Beginn des zwanzigsten Jahrhunderts kann man jedoch über die Tatsache des atomistischen Aufbaus der Materie nicht mehr streiten, ohne ein Ignorant zu sein. Es scheint mir sicher zu sein, daß die gegenwärtige Phase technisch-wissenschaftlicher Entwicklung dazu führt, daß geistige Prozesse rational analysiert werden können. In der biologischen Forschung hat es sich als selbstverständlich durchgesetzt, auf alle unnatürlichen Erklärungen, z. B. die »Entelechie«, zu verzichten. Hierauf sollte als notwendige Konsequenz die Elimination aller unnatürlichen Erklärungen bei der Untersuchung geistiger Vorgänge folgen. Ich glaube, daß es zwischen dem Prinzip des Vitalismus und der rationalen Denkweise keine konsequente Position gibt. Alle diese verhüllten Nachwehen des Vitalismus sind nur ein Mangel an Konsequenz.

In ›Automat und Mensch‹ wurde aus der ungeheuer großen Anzahl von Schaltelementen des menschlichen Nervennetzes (etwa 15 Milliarden) geschlossen, daß das Verständnis des menschlichen Nervennetzes weit jenseits aller menschlicher Möglichkeiten läge. Hier bin ich heute nicht mehr so pessimistisch: Wenn der Informationsgehalt des in den Genen fixierten »Plans« des Menschen auf größenordnungsmäßig 100000 bit geschätzt wird, dann ist damit auch festgestellt, daß die Grundstruktur des menschlichen Nervennetzes nicht so ungeheuer kompliziert sein kann, wie man nach der Anzahl der Neuronen vermuten könnte. Es ist ja nicht so, daß uns der konkrete, in einem speziellen Menschen realisierte Plan nun brennend interessieren würde, sondern so, daß uns die Einsicht in die Grundstruktur viel mehr interessiert, aus der heraus im Wechselspiel mit der Umwelt, in einem ständigen Lern- und Anpassungsprozeß sich die in einem speziellen Menschen realisierte Struktur entwickelt. Und diese Grundstruktur ist offensichtlich gar nicht so ungeheuer kompliziert. Der Biologe F. A. Lipmann vom Rockefeller Institut New York sagte beim Londoner Symposium 1962: »Ich glaube, es wäre für unsere Arbeit nützlicher, wenn wir nicht voraussetzten, daß immer ein unbegreiflicher Rest bleibt.« Gerade an dieser Stelle scheint ein Seitenblick auf unsere Hinterwelt angebracht: Sie lebt von der Existenz solcher unbegreiflicher Reste, unter ihrer Fuchtel hat Wissenschaft nicht der Klärung, sondern der Konservierung von Rätseln zu dienen.

Es scheint mir ein ganz besonders wichtiger Aspekt der Kybernetik zu sein, die Vorgänge beim Erkennen – wenigstens im Prinzip – erklärbar zu machen. Zugegeben, wir sind infolge der sehr komplexen Strukturen des menschlichen Zentralnervensystems noch sehr weit davon entfernt, zu wissen »wie es ist«, wir können aber einige prinzipielle Entwürfe angeben »wie es sein könnte«. Damit wird es immerhin denkbar, daß die unbefriedigende Situation der Erkenntnistheorie überwunden werden kann. Deren scheinbar unüberwindliche Schwierigkeit liegt ja darin, daß die Erkenntnis des Erkennens nicht nur das Ergebnis des Erkennens, sondern zugleich deren Voraussetzung ist. Wer versucht, Erkenntnis über das Erkennen zu gewinnen, gerät angeblich notwendigerweise in einen Circulus vitiosus. Dieses Argument wurde bis hin zu dem Postulat entwickelt, Erkenntnistheorie sei notwendigerweise unmöglich. Ich möchte demgegenüber die Vermutung aussprechen, daß die Abbildung der Erkenntnisvorgänge auf informationelle Strukturen den obengenannten Circulus vitiosus auflöst und die vermutete Unmöglichkeit der Erkenntnistheorie beseitigt. Dieser Ansatz der Kybernetik wird auch dazu verhelfen, die wissenschaftsnihilistischen Konsequenzen zu überwinden, die sich aus der Einsicht ergeben, daß das Ergebnis des Erkennens notwendigerweise vom erkennenden Subjekt abhängt.

Zu diesen Überlegungen finden sich einige sehr wertvolle Beiträge im Sitzungsprotokoll des »Londoner Symposiums« (Buch ›Der Mensch‹, München 1966):

D. M. Mackay (Kybernetiker): ». . . Ich bestreite nicht, daß das, was sich unter meiner Schädeldecke befindet, eine Maschine ist; aber ich frage mich, ob diese oder irgendeine andere Maschine eine vollständige Beschreibung ihrer selbst enthalten kann.« (S. 207)

J. Lederberg (Biologe): »Ich hoffe, daß wir die Grenzen der Selbstanalyse nicht mit den Grenzen verwechseln, die einem Computer gesetzt sind, der nach dem Modell des menschlichen Gehirns gebaut ist. Wir sind nicht auf Selbstbeobachtung angewiesen, wenn wir feststellen wollen, wie das Gehirn zusammengesetzt ist; wir müssen Organisationsregeln finden, die eine umfangreiche Beschreibung aller Neuronen (Ganglienzellen) und ihrer Fortsätze ersetzen . . .

Der Computer, der die Funktion des Gehirns übernimmt, könnte die Aufgabe mit Funktionselementen und logischen Schritten, die im einzelnen ganz anders sind, ebenso gut oder sogar besser ausführen, und doch führt er vergleichbare logische Prozesse durch.« (S. 208)

Als das Buch ›Automat und Mensch‹ erschienen war, befand ich mich in einer beträchtlichen Spannung: Ich erwartete handfeste Argumente sachverständiger Kritiker, weshalb meine Thesen unhaltbar seien. Zu meiner großen Überraschung kamen solche nicht (abgesehen von einigen nebensächlichen Tatbeständen, wo ich gerne lernte). Das Fehlen grundsätzlicher, sachlich zwingender Gegenargumente hat für mich einen starken Beweiswert: Es ist ja grundsätzlich unmöglich, Aussagen wie den obengenannten Grundgedanken des Buches ›Automat und Mensch‹ zu »beweisen«, der einzig mögliche Beweis besteht ja darin, daß er nicht falsifiziert werden kann. Und genau das zeigt die bisherige Auseinandersetzung: Gegen diesen Grundgedanken werden keine sachlichen Tatbestände ins Feld geführt, sondern Glaubensbekenntnisse. Wenn ich auf

Kritik dieser Art nicht antworte, so liegt es an ihrer großen Anzahl und geringen Beweiskraft.

Diese Kritik hat zwar – mangels ernst zu nehmender Gegenargumente – obigen Grundgedanken beträchtlich gestärkt, sie hat aber meinen Respekt vor dem, was man in unserem Lande als philosophische Auseinandersetzung, ja sogar als »philosophische Forschung« ausgibt, beträchtlich verringert. Ich bin vor allem darüber erstaunt, wie wenig manche Autoren, die im Namen »der« Philosophie argumentieren, sich darüber im klaren sind, daß ihre Denkweise und ihre Denkergebnisse durch bestimmte Denkansätze bedingt sind, und wie wenig sie in der Lage sind, andersartigen Denkansätzen überhaupt folgen zu können.

Nehmen wir hierfür als besonders krasses Beispiel die folgenden zwei Aussagen:

1. Da die Philosophie sich aber zu den Wissenschaften auch in der Weise verhält wie die Metasprache zu den Objektsprachen, kann sie als Instrument letzter Klärungen auch für die Kybernetik kaum entbehrt werden. (W. Heistermann)
2. Da die Kybernetik sich aber zu den Wissenschaften auch in der Weise verhält wie die Metasprache zu den Objektsprachen, kann sie als Instrument letzter Klärungen auch für die Philosophie kaum entbehrt werden.

Offensichtlich sind diese beiden Aussagen bis auf die Vertauschung der Worte »Philosophie« und »Kybernetik« identisch. Die erste Aussage wird in unserer Gesellschaft von den meisten ohne weitere Begründung akzeptiert, die zweite Aussage aber als »ideologisch« verdächtigt. Vermutlich würde ein neutraler, übergeordneter Beobachter der zweiten Aussage so viel Berechtigung einräumen wie der ersten Aussage, er würde bedenken, daß jede Philosophie das Ergebnis von Gehirnfunktionen ist (wobei er vielleicht anmerken würde, daß auch Nachplappern eine Gehirnfunktion voraussetzt) und deshalb die Wissenschaft, welche die möglichen informationellen Prozesse im Gehirn untersucht, gleichzeitig als Metasprache für alle geistigen Prozesse dienen kann. Und dem Einwand, es sei bereits eine philosophische Vorentscheidung gefallen, wenn man die Gehirnfunktionen als Voraussetzung für Philosophie ansehe, würde der neutrale Beobachter vielleicht mit dem Einwand begegnen: Gibt es eine Erfahrungstatsache, welche diese Annahme verbietet? Und ist der Verzicht auf diese Annahme nicht die Ursache abstruser philosophischer Mißbildungen? So würde wohl ein gedachter unbefangener Beobachter das Verhältnis obiger beider Aussagen beurteilen, und er käme dann vielleicht zu dem Schluß: Untersucht doch mal die Konsequenzen dieser beiden Aussagen, vielleicht fahrt ihr mit der zweiten Aussage besser?

Wer das Ausbildungssystem unseres Landes durchlaufen hat, dem ist das Bekenntnis zur ersten der beiden obigen Aussagen »in Fleisch und Blut« übergegangen; er ist sich gar nicht bewußt, daß sie das Ergebnis einer ideologischen Vorentscheidung ist, und stimmt leicht dem naiven Vorurteil zu: Wer die zweite Aussage für richtig hält, der denkt »ideologisch«.

Ich bin der Ansicht, daß diese zweite Aussage so möglich ist wie die erste und daß dann, wenn sie die Ausbildung in unserem Lande ebenso beherrschen würde, wie es gegenwärtig die erste tut, umgekehrt die erste Aussage als »ideologisch« angesehen würde.

Wenn einer entgegnete: Deine Aussagen sind zwar eine schlechte Philosophie, aber immerhin eine Philosophie – dann würde ich ihm erwidern: Meine Aussagen sind das Ergebnis einer Gehirntätigkeit – und damit stünden wir wieder »auf gleich«.

Weiter könnte der gedachte Partner sagen: Letztlich ist die Basis unserer Auseinandersetzung doch die sprachliche Verständigung, und damit stehen wir auf *der* philosophischen Position, die vor allem Ludwig Wittgenstein vertreten hat. Darauf würde ich dann antworten: Die Regeln, nach denen Sprache aufgebaut sein kann, sind ein wesentlicher Bestandteil der modernen Informationstheorie, und damit stünden wir wieder »auf gleich«.

Man könnte ein derartiges Spiel noch einige Runden weiter spielen, und in jeder Runde kann man auf Grund der obigen zweiten Aussage wieder »auf gleich« kommen. Der Hinweis auf den desolaten Zustand der Erkenntnistheorie und die Möglichkeiten der Kybernetik beim Verständnis des Erkennens würden der zweiten Aussage sogar noch einen beträchtlichen Auftrieb geben. Kurzum, die obige erste Aussage erweist sich in keiner Weise als der zweiten Aussage grundsätzlich überlegen – wenn man die beiden möglichen Positionen mit demselben Wohlwollen betrachtet. Wer die erste der beiden Aussagen als die einzig mögliche ansieht, der hat bereits eine gewisse Verengung der Einsicht erlitten und sollte sehr vorsichtig sein mit dem Vorwurf, wer die zweite Aussage vertrete, argumentiere ideologisch. Es ist ausschließlich die Zustimmung der entsprechend erzogenen großen Anzahl, die deren scheinbare Überlegenheit in unserer Gesellschaft begründet, von irgendeiner nachweisbaren Überlegenheit ist gar keine Rede.

Diese gedachte Auseinandersetzung enthüllt eine ärgerliche Bewußtseinsenge vieler Philosophen in unserem Lande, wenn sie die Berechtigung der zweiten Aussage schlichtweg leugnen und damit den Menschen unserer Gesellschaft einen Denkbereich verschließen, der vermutlich für die Zukunft bedeutungsvoller ist als der durch die erste Aussage bestimmte. Und vor allem, sie geben unserer Gesellschaft nicht den intellektuellen Schutz, welcher bei Bewußtsein der zweiten Aussage die Abscheidung allzu abstruser Denkformen bewirkt. Um keinen Zweifel aufkommen zu lassen: Jede Denkweise beruht auf bestimmten Denkansätzen, sie sind unvermeidbar. Man sollte diese aber als solche erkennen und ihre Beschränktheiten einsehen. Und dieses wird leider sehr häufig nicht getan. Eine rühmliche Ausnahme macht Helmar Frank, der in seinem Buche ›Kybernetik und Philosophie‹ (Berlin 1966) diese Bedingtheiten klar analysierte. Aus dem – sehr empfehlenswerten – Buche seien einige in diesem Zusammenhang bedeutungsvolle Gedanken zitiert:

». . . wonach die Philosophie eher die Verhaltensweise des homo contemplativus ausdrückt, während die Kybernetik mehr dem homo faber entspreche . . .« (S. 90)

»Man kann vermuten, daß am Ende unseres Jahrhunderts... die bis dahin ›modern‹ gewordene ›Geisteswissenschaft‹ dadurch gekennzeichnet sein wird, daß sie nicht mehr vom ›Geist‹ und seinen Derivaten spricht, ihn vielmehr in Komponenten zerlegt und damit zu einer Systematik von Informationen und informationellen Prozessen ›entspiritualisiert‹ haben wird.« (S. 103)

Aus den vielen Kritiken an dem Buche ›Automat und Mensch‹ seien zwei herausgegriffen, die besonders typisch erscheinen, und die deutlich zeigen, in welch schlichter Weise in unserem Lande »wissenschaftliche« Kritik betrieben wird, wenn es gegen unkonforme Ansichten geht. Hierbei muß ich Sie, verehrter Leser, bitten, mir etwas ins Detail zu folgen, denn hinter wohlgefälligen Gemeinplätzen steckt der Teufel im Detail. Untersuchen wir einerseits B. Hassensteins Vorwurf, ich argumentiere weltanschaulich, und andererseits G. Schischkoffs Zensur, ich vertrete »monistisch-materialistische Plattheiten«.

In seinem Buche ›Biologische Kybernetik‹ (Heidelberg 1965) schreibt B. Hassenstein:

»Im Namen der Kybernetik werden heute vielfach Ausdrücke aus der menschlichen Sphäre auf die Maschinenwelt übertragen, indem man je zwei Begriffe aus den beiden verschiedenartigen Bereichen zu einem Ausdruck verschmilzt. So spricht man z. B. von Elektronengehirnen, von künstlicher Intelligenz, von maschinellem Denken und von Denkmaschinen. Wer dies tut, nimmt, auch wenn er es nicht ausdrücklich sagt, Stellung zur Frage ›Was ist der Mensch?‹. Er wird auch von seinen Hörern und Lesern notwendig so verstanden. Mit der Frage nach dem Wesen des Menschen verknüpfen sich nun für viele, ja vielleicht für alle denkenden Menschen die Probleme der Willensfreiheit, der Verantwortlichkeit, der Stellung des Menschen in der Natur und des Sinnes des Lebens, insgesamt also die wichtigsten Grundlagen des Selbstwertgefühls. Darum reagieren die Menschen aufmerksam und empfindlich auf alle Bekundungen, in denen diese Fragen angerührt werden, auch wenn dies nur indirekt geschieht.

Wer nun von ›künstlicher Intelligenz‹ von ›maschinellem Denken‹ u. ä. spricht und dies ernst meint, wird so verstanden, als wolle er sagen ›Zwischen Mensch und Maschine besteht kein Wesensunterschied‹, oder, wie K. Steinbuch es formuliert ›Der Mensch ist physikalisch erklärbar‹.«

Von geringer Bedeutung ist es, daß die obige Formulierung »Der Mensch ist physikalisch erklärbar« nicht von mir stammt, ich aber Gründe angab, weshalb diese Erklärung nicht möglich ist. Interessant wäre es zu wissen, ob B. Hassenstein die obigen Aussagen als wissenschaftliche Argumente ansieht. Dieses wäre sehr bemerkenswert, denn in der wissenschaftlichen Welt gilt das Prinzip, menschliche Empfindungen *nicht* als wissenschaftliche Argumente anzuerkennen. Es ist geradezu das methodische Kennzeichen der modernen Wissenschaft, die Wirkungen menschlicher Empfindungen auszuschließen. Der Wissenschaftler muß die intellektuelle Härte aufbringen, auch solche Aussagen zu machen, welche menschlichen, sehr menschlichen Empfindungen widersprechen. Hätte Kopernikus dieses Prinzip nicht befolgt, sondern die traute Vorstellung von der im Mittelpunkt der Welt ruhenden Erde konserviert, dann hätte er eben seine historischen Leistungen nicht vollbracht.

Die Argumentation Hassensteins erinnert in ihrer Betulichkeit an das oben zitierte Vorwort des Andreas Osiander zur Publikation des Kopernikus. Wir sollten es hier ganz klar aussprechen: Das »gesunde Volksempfinden« ist keine wissenschaftliche Instanz, und wenn scheinbar wissenschaftliche Bücher auf dieses Bezug nehmen, dann ist ihre Wissenschaftlichkeit zweifelhaft.

Die von Hassenstein beanstandete Übertragung von Begriffen aus dem menschlichen Bereich in den technischen Bereich geschieht in unserer Zeit und im Zusammenhang mit der Kybernetik nicht erstmalig. Die Begriffe »Kraft« und »Energie« wurden vermutlich ursprünglich auch nur im Hinblick auf Menschen und Tiere verwandt, aber später in das Vokabularium der Physik übernommen. Hierdurch haben sie beträchtlich an Präzision gewonnen. Weder die Biologie noch die Physik leiden an dieser Mehrfachverwendung, sondern sind sich der unterschiedlichen Bedeutung wohl bewußt. Wenn nun Herr Hassenstein sich über die Verwendung des Begriffes »Intelligenz« im technischen Bereich empört, so hat dies recht delikate Gründe. Diese möchte ich bezeichnen als »hochmütige Überbewertung des eigenen Verhaltens und seiner daraus folgenden Ausklammerung aus dem als erforschbar betrachteten Naturgeschehen« (K. Lorenz). Und damit sind wir nun wieder bei unserem Zentralthema, der Hinterwelt. Eines ihrer wichtigsten Kennzeichen besteht darin, die menschliche Existenz zu überhöhen, zu mystifizieren, aus dem Bereich des rational Verstehbaren herauszunehmen, gewissermaßen einen wissenschaftlichen Podest für uns Menschen zu bauen. Und hier beginnt die Ideologie, wenn ein Wissenschaftler vom Range Hassensteins sich dazu hergibt, an diesem Podest mitzubauen, sei es durch aktive Behauptungen, sei es durch Verschweigen von Einsichten.

Versucht man, unser Wissen über die Funktion des Gehirns mit möglichst wenig subjektiver Deutung darzustellen, so ergibt sich etwa:

1. Wenn genügend kleine Bereiche des menschlichen Gehirns abgegrenzt werden, dann sind Erklärungen unter Benutzung physikalisch-chemischer Begriffe möglich.
2. Zum Verständnis des Gehirns in seiner Gesamtheit ist unser Gehirn quantitativ unzureichend, eine informationelle Struktur dieser Komplexität überschreitet die Grenzen menschlichen Verständnisses, das menschliche Gehirn ist »kryptodeterminiert«.

3. Möglicherweise sind für die Funktion der Schaltstellen des Gehirns indeterminierte Prozesse wesentlich. Es muß aber damit gerechnet werden, daß derartige Indeterminiertheiten durch übergeordnete Regelungen teilweise determiniert gemacht werden.

In unserer Gesellschaft deutet man derartige Tatbestände meist so, daß hinterweltlerische Philosophien konserviert werden können. Andernorts deutet man dieselben Tatbestände anders, vor allem, um eine erfolgreiche Forschung zu ermöglichen. Hierin besteht die Mitverantwortung mancher unserer Naturwissenschaftler für die miserablen Züge unserer Philosophie.

Ein typisches Beispiel hierfür liefert G. Frey in seinem Buch ›Erkenntnis der Wirklichkeit‹ mit der Behauptung:

> »Die Frage, ob es Maschinen gibt, die Selbstbewußtsein simulieren können, ist also radikal zu verneinen.«

Die Überlegungen, auf Grund derer G. Frey zu dieser radikalen Aussage kommt, sind unhaltbar, für den Nichtfachmann aber – angesichts ihrer spezialwissenschaftlichen Darstellungsweise – sehr eindrucksvoll. Was man mit möglichst wenig subjektiver Deutung sagen kann, ist: Die Frage nach dem Bewußtsein der Maschinen ist vorläufig, möglicherweise sogar endgültig *nicht* beantwortbar. Es gibt auch kein praktisches Problem, dessen optimale Lösung von der Beantwortung dieser Frage abhängt. »Der Streit über die Wirklichkeit oder Nichtwirklichkeit des Denkens – das von der Praxis isoliert ist – ist eine rein scholastische Frage« (K. Marx).

In unserer Gesellschaft werden viele derartige Versuche unternommen, die Hinterwelt naturwissenschaftlich abzustützen. Untersucht man diese angeblichen »Stützen« genau, so erweisen sie sich regelmäßig als nicht tragfähig, es sind wissenschaftsfremde Elemente innerhalb unserer Gesellschaft.

Wo unsere Hinterwelt naturwissenschaftliche Begründungen in Anspruch nimmt, findet man bei genauer Betrachtung nichts anderes als ein System sich gegenseitig bestätigender Vorurteile.

Unsere Hinterwelt strebt »Tiefe« an: Wenn aber das Abbild einer flachen Realität gewaltsam tief gemacht wird, dann ist das Abbild eben kein Abbild mehr, sondern ein Phantasieprodukt.

Von G. Schischkoff erhielt ich folgende Zensur (›Zeitschrift für philosophische Forschung‹, Bd. 19, H. 2, S. 248–278):

»... philosophisch als primitiv geltenden monistisch-materialistischen Denkweise, über deren Plattheiten selbst der dialektische Materialismus längst hinausgegangen ist.«

Solche Formulierungen klingen sehr einschüchternd – wenn man nicht weiß, daß sie mit der Realität nichts zu tun haben. Weshalb das Buch ›Automat und Mensch‹ ins Russische übersetzt wird, kann man nach Schischkoffs Zensur nicht verstehen. Wer sich über diese Frage nicht von Herrn Schischkoff, sondern von Experten beraten läßt, die aktiv an solchen Problemen arbeiten, der bekommt ganz andere Antworten.

Wenn beispielsweise über die Möglichkeit der Entstehung intelligenter Wesen im Weltraum unter Fachleuten diskutiert wird, dann benutzt kein einziger Forscher das Vokabular und die Denkweise des Herrn Schischkoff, sondern er diskutiert ausschließlich in der Sprache der Physik, Chemie und Molekularbiologie, beispielsweise untersucht er die Voraussetzungen, unter denen sich hochkomplexe Moleküle bilden, regenerieren und reduplizieren können. Davon, daß ernsthafte Forscher auf dem Gebiete der Genetik oder der Exobiologie irgendwo für die Existenz oder das Entstehen des Lebens und der Intelligenz andere als physikalische Ursachen verantwortlich machten, davon ist gar keine Rede. Und wenn einer im Kreise forschender Wissenschaftler andere als physikalisch erklärbare Ursachen in die Diskussion brächte, dann würde er nicht ernst genommen werden. Die von Schischkoff so genannte »monistisch-materialistische Denkweise« ist in West und Ost selbstverständlich. Nur in unserem Lande darf man diese Tatsache nicht aussprechen, manche etwas hinterweltlerisch aufgeladenen Philosophen erteilen sonst Zensuren und manche Wissenschaftler lassen sich hierdurch einschüchtern. Nun, für meine Behauptung, daß aktive Forscher in West und Ost keine andere geistige Basis benutzen als das, was ich in meinem Buche ›Automat und Mensch‹ als Grundthese anführte, und was Schischkoff als monistisch-materialistische Denkweise bezeichnet, über die man angeblich längst überall hinweggeschritten sei, dafür könnten viele Beweise erbracht werden. Teils publizierte, teils solche aus persönlichen Gesprächen.

Selbst der vorsichtige C. F. v. Weizsäcker sagte auf der Jahresversammlung 1965 der Deutschen Akademie der Naturforscher Leopoldina: »Quantitativ möchte ich also glauben, daß das, was die Maschinen heute leisten, weit, weit zurückbleibt hinter dem, was wir Denken nennen. Aber das ist ein quantitativer Unterschied, der nicht beweist, daß nicht grundsätzlich ein kybernetisches Modell auch für den Denkprozeß möglich wäre. Die Frage ist also: Gibt es hier überhaupt Grenzen? Haben wir einen Grund anzunehmen, daß kybernetische Modelle grundsätzlich niemals das Denken simulieren, es vielleicht sogar niemals leisten können? Dazu würde ich sagen, daß ich funktional keinen Grund sehe, eine solche Grenze zu statuieren.«

»Die Frage von Bewußtsein und Körper ... könnte in diesem Zusammenhang vielleicht in dem Sinne gelöst werden, daß sich herausstellt, daß die Monisten gegen die Dualisten recht gehabt haben ... daß diese Wirklichkeit eine ist, der das Vermögen des Bewußtseins originär zukommt.«

Als maßgebliche Äußerung aus dem Osten erwähne ich eine Publikation von A. A. Ljapunov, Mitglied der Akademie der Wissenschaften der UdSSR (›Probleme der Kybernetik‹, Band 7, 1966, S. 187-205):

»In wenigen Worten kann man das Leben als hochstabilen Zustand eines Stoffes charakterisieren, der zur Erzeugung von Erhaltungsreaktionen Informationen ausnutzt, die durch die Zustände der einzelnen Moleküle codiert werden ...

Jeder neue Organismus muß mit einem bestimmten Vorrat an Informationen ausgestattet sein, damit die Erhaltungsreaktionen gewährleistet werden können, d. h., damit er stabil wird ... Die Information, welche die Stabilität garantiert, hat wenigstens drei Wurzeln:

a) Die Erbinformation;
b) die Information, welche im Laufe des Lebens gewonnen (durch Lebenserfahrung) und vom Individuum selbst codiert wird;
c) die Information, welche von außen in fertig codierter Form aufgenommen wird.

Man kann mehrere Arten der Verwertung äußerer Informationen zur Steuerung unterscheiden:

a) unmittelbare Reaktionen;
b) das Merken vorangegangener Fälle mit dem Ziel, die erfolgreichsten Reaktionen des unmittelbaren Typs auszuwählen;
c) das Merken äußerer Einwirkungen mit dem Ziel der Extrapolation und der Ausbildung rationeller Reaktionen auf extrapolierte äußere Einwirkungen;
d) die Schaffung von Modellen der umgebenden Welt und die Gewinnung von Prognosen auf der Grundlage der Modellfunktion.

Der letzte Typ der Informationsverwertung kann sicherlich als Bewußtsein bezeichnet werden.«

Wo immer wir hinblicken: Das gemeinsame Arbeitskonzept der Forscher in Ost und West ist ein »monistisches«, und, wenn man das altertümliche Vokabularium Schischkoffs benutzt, ein »materialistisches«. Nur eben, bei uns, wo man noch unter den Zensuren zurückgebliebener Philosophen leidet, bei uns ist diese Einsicht ungewohnt, und manch einer, der es eigentlich besser wissen müßte, drückt sich um eine klare Entscheidung herum. Sie bringt ja zugegebenermaßen in unserem Lande keine Vorteile.

Erfreulicherweise ducken sich nicht alle unsere Wissenschaftler unter hinterweltlerische Zensuren. Beispielsweise findet sich in K. Lorenz' Buch ›Das sogenannte Böse‹:

»Man kann es nicht scharf genug sagen: daß uns heute die Funktionen unseres Verdauungstraktes gründlich bekannt sind und daß auf Grund dieser Kenntnisse die Medizin, besonders die Chirurgie des Darmes alljährlich Tausenden von Menschen das Leben rettet, verdanken wir ausschließlich dem glücklichen Umstande, daß die Leistungen dieses Organs in niemandem besondere Ehrfurcht und Hochachtung erwecken. Wenn die Menschheit auf der anderen Seite der pathologischen Auflösung ihrer sozialen Struktur machtlos gegenübersteht, wenn sie sich, mit Atomwaffen in der Hand, in sozialer Hinsicht um nichts vernünftiger zu verhalten weiß als irgendeine Tierart, so liegt dies zum großen Teil an der hochmütigen Überbewertung des eigenen Verhaltens und seiner daraus folgenden Ausklammerung aus dem als erforschbar betrachteten Naturgeschehen.« (S. 315)

Es scheint mir offensichtlich zu sein, daß unserer Philosophie der Übergang von der »Alchemy« zur »Chemie« noch nicht ganz gelungen ist, einige Brocken der Hinterwelt schwimmen da noch recht unverdaut herum.

Wer aber ernsthaft und erfolgreich auf neueren wissenschaftlichen Gebieten, wie Genetik, Exobiologie oder Kybernetik, arbeiten möchte, sollte diese von unserer unausgeschiedenen Hinterwelt herstammenden Vorurteile rasch ablegen: Hilfe bringen sie keine, wohl aber Irreführung.

Philosophie hat keine Narrenfreiheit: Schlechte Philosophie erzeugt falsches Verhalten. Wir sollten Philosophie deshalb sehr ernst nehmen. Die Mindestforderung ist: Philosophie darf die Existenz unserer Gesellschaft nicht gefährden.

Dabei dürfen wir uns keinen Illusionen hingeben: Unserer Gesellschaft muß das Wasser schon sehr hoch am Halse stehen, bevor sie sich ernsthaft mit diesen Fragen auseinandersetzt.

Merke: »Unglück stammt von mangelhaften Berechnungen« (Brecht).

Die informierte Gesellschaft

Verglichen mit den Urzeiten haben sich die menschlichen Lebensformen sehr stark verändert. Das Menschsein begann mit der Benutzung einfacher Werkzeuge, des Feuers und einer differenzierten Sprache. Mit der Technik des Ackerbaus entstanden seßhafte Kulturen, und der häusliche Herd, also ein technisches Gebilde, wurde der Inbegriff persönlichen Glücks.

Wenn wir uns von Kriegsereignissen nicht allzusehr beeindrucken lassen, dann war die Entwicklung der menschlichen Gesellschaft vorwiegend eine Geschichte ihrer Technik, mit der Umwelt fertig zu werden, also Nahrung, Wohnung, Kleidung und Energie zu schaffen, Kranke zu heilen, die Erde zu bereisen und Nachrichten auszutauschen. Erinnern wir uns beispielsweise an die tiefgreifenden Veränderungen, welche die Erfindung des Rades und des Wagens bewirkten, an den Pflug, den Webstuhl, die Uhr, den Buchdruck, die Dampfmaschine, den Elektromotor, das Flugzeug. Die gegenwärtige Entwicklung der menschlichen Umwelt steht vor allem unter der Wirkung der Atomtechnik, der Raumfahrt und der Informationstechnik. Es ist zu vermuten, daß die Informationstechnik, welche uns als Fernsehen, Rundfunk, Presse und Computer begegnet, die Ursache stärkster Veränderungen in unserer Zeit ist. Sie könnte vor allem dazu verhelfen, die Irrationalität politischer Entscheidungen zu verringern.

Einst war Information Mangelware: Ein Brief, eine Zeitung, ein gelegentliches Telegramm, ein Konzert der Straßenmusikanten, eine Völkerschau im Zirkus, das waren die dürftigen Informationen, welche die meisten Menschen noch vor wenigen Generationen erreichten. Vor hundert Jahren war mein Urgroßvater in seinem Dorfe der einzige, der sich eine Zeitung hielt. Zu ihm kamen am Abend interessierte Freunde und diskutierten über die »neusten Nachrichten«, die einige Wochen alt gewesen sein mögen.

Heute dagegen leben wir in einem Überfluß an Informationen: Bücher, Tageszeitungen, Rundfunk und Fernsehen unterrichten uns momentan und ausgiebig über jedes Detail des Weltgeschehens, ja selbst Vorgänge im Weltraum können wir zu Hause beobachten. War früher Information Mangelware, so ist sie heute im Überfluß vorhanden, hungerte einst die Gesellschaft nach Informationen, so leidet sie heute an Informationsüberflutung, und zu den Stoffwechselkrankheiten gesellen sich die Informationswechselkrankheiten.

Auf eine kurze Formel gebracht: Die moderne Industriegesellschaft ist eine »informierte Gesellschaft«. Ihre Geschichte, Gegenwart und zukünftige Entwicklung sei etwas genauer betrachtet:

Wo immer Individuen gesellschaftlich zusammenleben, benutzen sie irgendwelche Techniken des Informationsaustausches. Erinnert sei an den Schwänzeltanz der Bienen (womit sie Artgenossen die Lage von Futterplätzen mitteilen), die Sprache der Delphine (die wir noch nicht verstehen) und die vielen tierischen Informationstechniken, welche Konrad Lorenz in seinem Büchlein ›Er redete mit dem Vieh, den Vögeln und den Fischen‹ so anschaulich beschrieb.

Die Ausbildung einer differenzierten Sprache ist ein wesentliches Kennzeichen des biologischen Übergangs vom Tier zum Menschen, sie ist die diffizilste und wirkungsvollste Technik menschlichen Informationsaustausches, sei es nun in Form gesprochener Sprache, sei es in Form geschriebener Sprache, also Schrift. Der Geschichte vom Turmbau zu Babel liegt die Einsicht zugrunde, daß eine funktionierende Informationstechnik Voraussetzung einer funktionierenden Gesellschaft ist. Information ist Anfang und Grundlage der Gesellschaft. Ohne Information gibt es keine Gesellschaft und ohne Gesellschaft keine Information.

In der Vergangenheit hat die Informationstechnik schon große gesellschaftliche Veränderungen bewirkt. Einige Marksteine sind:

> Die Entwicklung des Handels im Mittelalter beruhte auf der Entstehung charakteristischer Informationen: Rechnung, Quittung, Mahnung, Wechsel – das alles sind Informationen. Und das Wesen des Geldes ist nur als Information verständlich: Es besteht in der Mitteilung, daß für die Hingabe des Geldes irgendwelche Leistungen geboten werden.
>
> Die Erfindung des Buchdrucks mit beweglichen, gegossenen Lettern durch Johannes Gutenberg zu Mainz in der Mitte des fünfzehnten Jahrhunderts ermöglichte es, breiten Volksschichten Informationen zu vermitteln, und war eine Voraussetzung der allgemeinen Volksbildung. Auf dieser Technik beruhen unser heutiger Journalismus und

das Pressewesen mit ihren vielfältigen Produkten bis hin zu den Taschenbüchern und Tageszeitungen.

Es sei weiter erinnert an die Erfindung der Fotografie und des Films im neunzehnten Jahrhundert, welche es gestattet, Information in Form stehender oder bewegter Bilder über beliebige Zeiten hinweg zu bewahren, und welche die Phantasie breiter Volksschichten in starkem Maße anregte.

Die Erfindung der Tonspeicherung Ende des neunzehnten Jahrhunderts erlaubte es, hörbare Information zu konservieren und machte akustische Kunstwerke lebender und gestorbener Künstler für jedermann zugänglich.

Die Erfindung des Fernsprechers Ende des vorigen Jahrhunderts hat es ermöglicht, daß Personen in beliebigem Abstand voneinander in sprachliche Kommunikation treten.

Durch die Erfindung der Funktechnik um die Jahrhundertwende kann jeder Punkt der Erde drahtlos mit jedem anderen Punkte verbunden werden. Besonders eindrucksvoll ist die veränderte Situation z. B. beim Untergang eines Schiffes: Noch vor sechzig Jahren erfuhr man hiervon nach Wochen oder Monaten, eben dadurch, daß das Schiff überfällig war. Gegenwärtig wird die Gefahr durch das SOS des Funkers in alle Welt gemeldet und löst fieberhafte Rettungsaktionen aus.

Die Erfindung des Fernsehens im zweiten Quartal unseres Jahrhunderts brachte die drahtlose Übertragung bewegter Bilder zu vielen Millionen von Zuschauern und stellt gegenwärtig zweifellos die Informationstechnik mit der stärksten Massenwirkung dar.

Die Erfindung elektronischer Rechenautomaten oder Computer im zweiten Quartal unseres Jahrhunderts ermöglicht die Verknüpfung verschiedener Informationen nach beliebigen Programmen mit hoher Geschwindigkeit und hat so die wissenschaftliche Arbeit, Verwaltung und Arbeitsorganisation außerordentlich gefördert.

Man könnte die gesellschaftliche Wirkung dieser technischen Tatbestände durch viele Fakten illustrieren: Beispielsweise durch das Aufkommen der Werbeindustrie mit Milliardenumsätzen, oder dadurch, daß die Repräsentanten des Zeitgeschehens in ihren intimsten Reaktionen von Millionen Zuschauern beobachtet werden können oder auch durch die unmittelbare Information der Gesellschaft über Weltraumflüge. Eindrucksvoll ist die Situation am Abend nach der Wahl, wenn Millionen von Fernsehzuschauern zusehen, wie der Computer bei Eintreffen der ersten Teilergebnisse mit erstaunlicher Genauigkeit das Endergebnis »hochrechnet«.

In unserer Gesellschaft ist die Verfügung über Information ein wesentlicher Machtfaktor geworden. Es hat seinen Grund, wenn häufig von »gut informierten Kreisen« gesprochen wird. War es in der traditionellen Gesellschaft vorwiegend der Besitz materieller Güter oder die Verfügung über Energiequellen, so ist es heute auch der Besitz von Information, der den gesellschaftlichen Rang wesentlich bestimmt. Die Konzentration der Informationsmittel ist ein Tatbestand, der politische Maßnahmen zur Folge hat.

Schließlich ist daran zu erinnern, daß rings um die Erzeugung, Umformung und den Transport der Information eine ganze Industrie gewachsen ist, deren Umsatz nach Milliarden gemessen wird. Bei einer Gesamtbevölkerung der Erde von etwa 3000 Millionen Menschen gibt es gegenwärtig etwa 13 Prozent Rundfunkteilnehmer, das sind etwa 400 Millionen Menschen, etwa 5 Prozent Fernsprechteilnehmer, das sind etwa 150 Millionen Menschen und ebenso etwa 5 Prozent Fernsehteilnehmer, also etwa 150 Millionen Menschen. Es gibt gegenwärtig annähernd 40 000 Computer auf der Erde, davon in der Bundesrepublik Deutschland annähernd 4000.

Was ist »Information«?

Das, was im zeitgenössischen wissenschaftlichen Sinne als »Information« bezeichnet wird, ist sehr viel mehr als das, was umgangssprachlich mit diesem Wort bezeichnet wird.

Umgangssprachlich hat es beispielsweise einen Sinn zu sagen: »Information ist das Gegenteil von Propaganda!«, im wissenschaftlichen Sinne ist Propaganda eine spezielle Form der Information, auf jeden Fall aber Information.

Dieses »sehr viel mehr«, was die wissenschaftlich definierte »Information« von der umgangssprachlich definierten unterscheidet, umfaßt beispielsweise:

Gesang eines Vogels,
Grafik von Picasso,
Briefe jeden Inhalts,
Fotografie und Film,

Literatur vom Telefonbuch bis zur Bibel,
Gesetze und Verordnungen,
Musik vom Trommelschlag bis zur neunten Symphonie,
die Gene, welche Erbinformationen übertragen, usw.

Es lohnt, diesen Begriff »Information« etwas gründlicher zu betrachten, er wird in der zukünftigen Entwicklung unseres Denkens eine große Bedeutung haben.

Zuvor sei vereinbart, daß die beiden Worte »Information« und »Nachricht« hier als sinngleich angesehen werden.

Im ›Großen Brockhaus‹ aus dem Jahre 1955 findet sich folgende Erklärung:

»Nachricht, Sachbericht in Kurzform. Wichtigste Formen einer Nachricht sind: gedruckter Text, Sprache, Bilder; sie werden verbreitet durch Presse, Rundfunk, Film, Fernsehen ...«

Diese Erklärung deckt sich etwa mit dem, was umgangssprachlich unter »Nachricht« verstanden wird und sie macht es auch verständlich, wenn gesagt wurde: Information ist Anfang und Grundlage der Gesellschaft. Hier wird kein Unterschied zwischen den beiden Begriffen »Nachricht« und »Information« gemacht. H. Zemanek nuanciert diese beiden Begriffe folgendermaßen:

»Für die Deutlichkeit ist es vorteilhaft, die naturwissenschaftlich definierte Nachricht als ›Information‹ zu bezeichnen.«

Obige Erklärung des Begriffes »Nachricht« wird der zentralen Bedeutung dieses Begriffes für unsere Betrachtungen nicht gerecht. In den meisten Nachschlagewerken philosophischer, psychologischer und auch nachrichtentechnischer Ausrichtung finden wir wenig Hilfe bei der Suche nach einer gründlicheren Erklärung.

Von Norbert Wiener stammt die These:

»Information ist Information, nicht Materie und nicht Energie. Materialismus, welcher diesem nicht gerecht wird, ist heutzutage undiskutabel.«

Diese – an sich negative – Erklärung ist bedeutungsvoll, weil sie den Begriff »Information« vergleicht mit den Begriffen »Materie« und »Energie«. Dieser Vergleich mit den Grundbegriffen »Materie« und »Energie« läßt erkennen, daß der Begriff »Information« möglicherweise eine ähnlich grundlegende Bedeutung für die zukünftige wissenschaftliche Entwicklung haben wird, wie die Begriffe »Materie« und »Energie« für die bisherige Entwicklung schon hatten.

Eine uns befriedigende Erklärung des Begriffes »Nachricht«

oder »Information« sollte davon unabhängig sein, ob die so gekennzeichneten Tatbestände an Menschen oder aber an Maschinen beobachtet werden. Dies entspricht durchaus dem heutigen wissenschaftlichen Sprachgebrauch: Beispielsweise können dieselben telegrafisch übermittelten Informationen entweder von Menschen oder von Automaten aufgenommen werden – und eventuell die beiden auch zu denselben Reaktionen veranlassen. Denken wir beispielsweise an einen Buchungsautomaten oder einen Buchhalter in der Zentrale einer Großbank, welche beide die telegrafisch durchgegebenen Tagesbilanzen der Filialen auswerten können. Oder denken wir daran, daß wir die von einer Nervenzelle fortgeleitete Informationsmenge nach denselben Methoden berechnen können wie diejenige eines technischen Übertragungssystems.

Um dem Wesen der »Information« näherzukommen, diene folgendes Gedankenexperiment:

Ein Einbrecher möchte einen Panzerschrank mit Zahlenschloß öffnen. Wird das Zahlenschloß auf die richtige »Schlüsselzahl« eingestellt, dann gelingt es ihm, die Türe zu öffnen. Solche Zahlenschlösser haben meist mehrere Ebenen, in denen jeweils eine spezielle Dezimalzahl eingestellt werden muß. In einer Ebene gibt es z. B. zehn Einstellungsmöglichkeiten, in zwei Ebenen 10×10, also 100 oder 10^2, in drei Ebenen $10 \times 10 \times 10$, also 1000 oder 10^3 usw. Ist das Zahlenschloß beispielsweise fünfstellig konstruiert, dann gibt es nicht weniger als 100 000 verschiedene Möglichkeiten der Einstellung. Um alle diese 100 000 Möglichkeiten durchzuprobieren, hat der Einbrecher normalerweise nicht die erforderliche Zeit, er kann also normalerweise die Türe des Panzerschrankes nicht öffnen. Was ihm fehlt, um diese Türe öffnen zu können, ist die *Information*, bei welcher dieser hunderttausend Einstellungen die Türe geöffnet werden kann (»Sesam, öffne dich!«).

Dieses Gedankenexperiment lehrt uns, daß der Besitz von Information eine richtige Auswahl ermöglicht. Dieser Aspekt des Auswählenkönnens ist der Grundtatbestand jeder Informationstheorie. Wie allgemein dieser Aspekt ist, erkennen wir daran, daß wir ja jede beliebige Nachricht durch die richtige Auswahl von Buchstaben, von Zahlen, von Lauten, von Tönen, von Formelzeichen usw. kennzeichnen können. Information ist das, was zu einem Buche noch fehlt, wenn Papier und Druckerschwärze vorhanden sind. Wie wertvoll wäre es, die Buchstaben so auswählen zu können, daß sie ein Grundlagenpatent, oder Noten so, daß diese eine hinreißende Musik ergeben usw. Wir sehen an diesen Beispielen, welch mächtiger Vorgang das Auswählenkönnen, der Besitz von Information ist.

Will ein Sender an einen Empfänger Nachricht übertragen, dann heißt dies demnach, daß er ihn instand setzen möchte, eine richtige Auswahl zu treffen. Der Sender übermittelt hierzu an den Empfänger irgendwelche Signale, z. B. akustische Signale (also beispielsweise Sprachsignale) oder optische Signale (also beispielsweise Schriftzeichen auf Papier) usw. Besteht nun zwischen Sender und Empfänger eine Übereinkunft darüber, welches Signal welcher Auswahl entspricht, besitzen Sender und Empfänger also einen gemeinsamen Zeichenvorrat, dann können Informationen übermittelt werden.

Die Gemeinsamkeit des Zeichenvorrates kann beispielsweise dadurch gegeben sein, daß der Sender solche Schriftzeichen benutzt, die der Empfänger erkennen kann, die ihm also gestatten, unter den zulässigen Buchstaben auszuwählen, indem er beispielsweise feststellt: Dieser Linienzug bedeutet ein »E«, dieser ein »S« usw. Falls er diese Auswahl *nicht* treffen kann, ist die Nachrichtenübertragung mißlungen.

Die Informationstheorie betrachtet in ihrer klassischen Form lediglich den »Informationsgehalt«, die untere Grenze der zur eindeutigen Codierung erforderlichen Zeichenmenge, sie betrachtete bisher jedoch nicht den Wert einer Information für den Empfänger.

Neuere Ansätze der Informationstheorie beschäftigen sich gerade mit dieser Frage, nämlich welchen Wert eine bestimmte Information für den Empfänger besitzt. Hierbei wird vorausgesetzt, daß der Empfänger irgendein Problem zu lösen hat. Der »Wert« der Information kann nun quantitativ dadurch angegeben werden, daß man untersucht, um wieviel die Information bei der Lösung des Problems weiterführt. Hierzu müssen natürlich bestimmte Voraussetzungen über die Struktur des Empfängers gemacht werden.

Die Nachrichtenübertragung hat dort eine unüberschreitbare Grenze, wo zwischen Sender und Empfänger kein gemeinsamer Zeichenvorrat mehr vereinbart werden kann.

Um die ganze Weite dieses Informationsbegriffes zu veranschaulichen, sei darauf hingewiesen, daß man in der Genetik von »Erb-Information« spricht. Diese überträgt durch spezielle molekulare Anordnungen oder »Codierungen« bestimmte Erbanlagen von den Eltern auf die Kinder. Ferner, daß das

Kulturerbe einen Besitz von Information darstellt: Juristische Codices, Theologische Überlieferung, Werke der Dichtung, Bildwerke usw. Damit wird erneut begründet, daß Gesellschaft ohne Information nicht möglich ist. Ohne Information ist eine Menge von Individuen denkbar, aber keine Gesellschaft.

Zukünftige Informationstechniken

Die Möglichkeiten der Informationstechnik sind in unserer Zeit nicht erschöpft, und wir müssen deshalb durch sie weitere gesellschaftliche Veränderungen erwarten. Die theoretischen Grundlagen und die Realisierung der Informationstechnik sind gegenwärtig in einer geradezu revolutionären Phase, und es ist wahrscheinlich, daß in Zukunft gesellschaftsverändernde Wirkungen zu erwarten sind, gegen welche sogar die Erfindung des Buchdruckes oder des Fernsehens vergleichsweise nebensächlich sein werden.

Zweifellos ist hier und jetzt keine vollständige Darstellung dieser technisch übersehbaren zukünftigen Entwicklung möglich, es sei deshalb gestattet, einige besonders einschneidende Neuerscheinungen in ihrer technischen Funktion darzustellen.

Bei der »Automatischen Zeichenerkennung« wird angestrebt, maschinengeschriebene Ziffern durch Automaten zu erkennen, seltener auch maschinengeschriebene Buchstaben, und nur in Ausnahmefällen wird gehofft, handgeschriebene Zeichen zu erkennen. Systeme zur automatischen Zeichenerkennung sollen beispielsweise die unmittelbare Eingabe geschriebener Information in Computer ohne Hilfe eines Menschen ermöglichen, oder aber das Ablesen von Scheckformularen zur Einleitung eines Buchungsvorganges oder auch das Auswerten von Texten nach bestimmten Gesichtspunkten.

Es scheint viel dafür zu sprechen, daß in einem, spätestens in zwei Jahrzehnten die Erkennung auch normaler Handschriften ein technisch beherrschtes Problem ist. Forschungen an zeichenerkennenden Systemen werden in Zukunft z. B. auch die automatische Erkennung bestimmter Wolkenformen oder die Luftbildauswertung ermöglichen. Es gehört heute schon zum Stande der Technik, daß die Navigationssysteme der Raumfahrzeuge bestimmte Sternbilder automatisch erkennen und sich nach ihnen orientieren.

Vorläufig noch ungelöst ist das Problem, Informationen in

gesprochener Sprache einzugeben, wenngleich erste Versuche zu interessanten Ergebnissen geführt haben. Die Schwierigkeit liegt in den großen individuellen Unterschieden der Aussprache. Es gibt noch kein Verfahren, das eine größere Anzahl unterschiedlicher Aussprachen zuverlässig erkennt. Trotzdem ist anzunehmen, daß das Problem der automatischen Spracherkennung in den nächsten zwei Jahrzehnten gelöst wird. Erwähnenswert ist, daß an der Technischen Hochschule Braunschweig eine »Phonetische Addiermaschine« gebaut wurde, bei welcher die Eingabe der Daten über ein Erkennungsgerät für akustische Signale geschieht.

Die Ausgabe von Nachrichten in »gesprochener« Sprache ist durch neuere Entwicklungen praktisch gelöst. Diese automatische Sprachausgabe kann beispielsweise dazu benutzt werden, Lagerbestände oder Börsenkurse über das öffentliche Fernsprechnetz bekanntzugeben, ohne daß sich hierzu ein Mensch einschalten muß.

Alle diese Versuche zur automatischen Erkennung von Schrift und Sprache dienen dem Ziel, eine einheitliche Form der Kommunikation zwischen Automat und Mensch zu ermöglichen. Man möchte dem Computer Information durch Sprache oder Schrift direkt eingeben und von ihm die Information nicht in Lochstreifen oder Lochkarten zurückerhalten, sondern beispielsweise in gesprochener Sprache. Besonders verständlich wird dieser Wunsch, wenn man an die automatische Sprachübersetzung denkt. Deren Endziel ist wohl der Automat, der gesprochene Sprache erkennt, übersetzt und dann in einer gewünschten anderen Sprache wieder hörbar produziert. Ein solcher Automat kann meines Erachtens in den nächsten zwei oder drei Jahrzehnten gebaut werden. Beim gegenwärtigen Stand der automatischen Sprachübersetzung sind die übersetzten Texte zwar im allgemeinen verständlich, jedoch etwas holprig, gelegentlich auch noch mehrdeutig. Eine dem empfindlichen Sprachgefühl zusagende automatische Übersetzung ist bisher noch nicht gelungen.

Es sei hier auch noch auf die Entwicklung elektronischer Prothesen hingewiesen. Beispielsweise wird versucht, durch technische Hilfsmittel blinden Menschen das »Lesen« geschriebener oder gedruckter Zeichen zu ermöglichen. Hierzu werden die vorliegenden optischen Kontraste meist in hörbare oder fühlbare Kontraste umgewandelt. Der eigentliche Erkennungsvorgang bleibt vorläufig dem Blinden überlassen.

Die bisher übliche Art der Computeranwendung kann durch das Stichwort »Zeitraffer« gekennzeichnet werden. Der Computer führt mit hoher Geschwindigkeit logische Verknüpfungen aus, die in ihrer Abfolge vom Auftraggeber vorherbestimmt sind. Es entwickeln sich jedoch neuerdings Computeranwendungen, welche durch diese Zeitraffer-Funktion keinesfalls beschrieben werden können. Diese Computeranwendungen führen oftmals zu Ergebnissen, die der Auftraggeber nicht voraussehen konnte und die ihn in hohem Maße überraschen. Wenn man diese Computerleistung ganz naiv betrachtet, so ist man geneigt zu sagen: Der Computer hat neue, überraschende Information produziert, er hat originale Ergebnisse geschaffen.

Eine wichtige Aufgabe, die in Zukunft wesentlich durch Computer gelöst werden dürfte, wird im Deutschen durch das Wort »Dokumentation« etwas unglücklich bezeichnet, im englischen Sprachgebrauch besser als »information storage and retrieval«, also etwa »Speicherung und Wiederauffinden von Informationen«. Beim heutigen Stand der Technik sind sehr große Speicherkapazitäten verfügbar, und es ist möglich, jede beliebige Information in winzigen Bruchteilen einer Sekunde abzulesen. Ein Computer, der zehn moderne Plattenspeicher enthält, kann dieselbe Informationsmenge speichern, wie hundert Bände des Großen Brockhaus. Ein solcher Riesenspeicher könnte nicht nur eine oberflächliche Übersicht über das Wissen unserer Zeit abspeichern, sondern auch noch recht weitgehend Spezialistenwissen und aktuelle Berichte.

Als »Informationsbank« soll ein Spezialcomputer mit großem Speicher bezeichnet werden, an welchen von vielen nahen und fernen Quellen Information geliefert wird und der an nahe und ferne Empfänger möglichst jede beliebige Information liefert. Informationsbanken werden etwa das verwirklichen, was früher als »Enzyklopädie« bezeichnet wurde, nämlich das gesamte Wissen einer Zeit zur Verfügung zu stellen. Sie unterscheiden sich von früheren Enzyklopädien dadurch, daß sie stets auf dem neuesten Stand sind und die gewünschte Information in Sekundenbruchteilen zur Verfügung steht, also innerhalb des Zeitraums, in dem die meisten Entscheidungen getroffen werden müssen. Dieses schnell verfügbare Universalwissen wird die gesellschaftliche und politische Praxis stärker verändern, als es irgendeine Enzyklopädie jemals vermochte. War es einst typisch, daß Entscheidungen auf Grund unzureichender Information gefällt werden mußten, so wird es in

Zukunft typisch sein, durch Anwendung technischer Mittel die Entscheidungen rational zu unterbauen. Die Informationstechnik wird so zu einer starken Waffe gegen die Irrationalität politischer Entscheidungen. Der besondere Nutzen einer solchen Informationsbank liegt in der Präsenz der Information, sie »weiß« die neuesten Nachrichten und beantwortet Fragen in Sekundenschnelle. Welchen Nutzen könnte die Regierung, der Bundestag, militärische Führungsstäbe, die Parteien, große und kleine Betriebe, Forschungsinstitute, Privatleute, kurzum, die ganze Gesellschaft aus der Existenz einer solchen Informationsbank ziehen!

Wenn mehrere solche Informationsbanken existieren, dann werden sie wohl mit Hilfe der Datenübertragungstechnik zu informationellen Verbundnetzen zusammengefaßt. Vorformen dieser informationellen Verbundnetze sind heute schon zu beobachten: Das Netz der Interpol, die Netze der internationalen Nachrichtenagenturen, die Netze der Flugbuchung, Wetterdienste und der Banken. Diese zukünftigen informationellen Verbundnetze sind dadurch gekennzeichnet, daß der Verkehr von Informationsbank zu Informationsbank vollautomatisch geschieht und beispielsweise die eine Informationsbank, wenn sie eine Frage nicht beantworten kann, vollautomatisch bei einer anderen Bank nachfragt, die vermutlich die gesuchte Information besitzt. Innerhalb dieser informationellen Verbundnetze wird der Informationsaustausch sehr viel rascher erfolgen, als es gegenwärtig vorstellbar ist. Beispielsweise mag eine Rückfrage in Tokio oder Toronto in einer Sekunde erledigt sein und der Fragende weiß gar nicht, welch weltweite Aktion er ausgelöst hat.

Wenn auf lange Sicht die Funktionen der Einwohnermeldeämter, Finanzämter und der Geldwirtschaft durch solche Informationsbanken übernommen werden, dann muß durch Gesetzgebung und technische Vorkehrungen sichergestellt werden, daß kein Mißbrauch mit den abgespeicherten Informationen getrieben wird. Es ist möglich, die Informationsbanken so zu organisieren, daß bestimmte (als vertraulich gekennzeichnete) Informationen nur von hierzu berechtigten Stellen abgefragt werden können und die Tatsache dieser Abfrage registriert wird.

Informationsbanken können wissenschaftliche und technische Fragen ebenso rasch beantworten wie Fragen nach geschichtlichen Daten und aktuellem Geschehen. Sie könnten beispielsweise in Sekundenschnelle berechnen, wie viele Lehrer im Jahre 1975 fehlen werden und in welchem Umfang dieser Mangel durch die Anwendung des programmierten Unterrichts und der Lehrmaschinen behoben werden kann.

Es ist anzunehmen, daß Computer eine zunehmende Bedeutung bei der Belehrung und Ausbildung haben werden. Die Verwendung von Lehrautomaten setzt die Programmierung der Instruktion voraus. Die Probleme der programmierten Instruktion sind weniger technische, vielmehr didaktische Probleme. Das Grundprinzip sei jedoch kurz skizziert: Der Unterrichtsstoff wird in kleine Lehrschritte aufgeteilt. Nach Präsentation eines Lehrschritts wird durch automatische Fragen festgestellt, ob dieser Schritt erfolgreich aufgenommen wurde. Falls ja, wird im Programm fortgeschritten, falls nein, werden entweder Wiederholungen oder zusätzliche Erklärungen geboten. Zur Feststellung, ob der vorhergehende Lehrschritt richtig aufgenommen wurde, wird dem Schüler meist eine Auswahl zwischen mehreren falschen und richtigen Antworten angeboten.

Die gesellschaftliche Bedeutung des programmierten Unterrichts liegt vor allem in folgenden Tatbeständen:
1. Der Schüler kann jederzeit lernen.
2. Der Schüler kann an jedem Ort lernen.
3. Der Schüler wird – nach gewissen Anlaufschwierigkeiten – Zugang zu den besten Lehrprogrammen haben.
4. Der Schüler kann den Fortgang seines Lernens selbst bestimmen, irgendwelche gesellschaftlichen Nachteile, z. B. infolge »Sitzenbleibens«, gibt es hier nicht.

Der programmierte Unterricht dürfte vor allem das Problem lösen helfen, daß in Zukunft – in einer ständig wechselnden Umwelt, insbesondere industriellen Umwelt – das Lernen ein lebenslanger Prozeß ist und nicht nur eine Anfangsphase im Kindesalter.

Programmierter Unterricht kann ganz ohne technische Hilfsmittel betrieben werden, er ist zunächst nichts anderes als ein besonders sorgfältig vorbereiteter Normalunterricht. (Eine Faustformel besagt, daß zur Vorbereitung einer Stunde programmierten Unterrichts etwa 200 Stunden Vorbereitung erforderlich sind.)

Es hat sich praktisch gezeigt, daß die Präsentation der programmierten Instruktion mit Hilfe von Lehrautomaten besonders wirkungsvoll ist. Einerseits stellt dies einen Anreiz für den

Schüler dar und hindert ihn am »Mogeln«, andererseits erlaubt die Instruktion über Lehrautomaten, auf die rasche oder langsame Aufnahmefähigkeit der einzelnen Schüler besonders individuell einzugehen. Es ist also keinesfalls so, daß Lehrmaschinen zu einer Reglementierung des Unterrichts führen, im Gegenteil, sie ermöglichen es dem schnell Begreifenden, sein Pensum besonders rasch zu absolvieren, und dem Langsamen, unentwegt seinen Stoff zu wiederholen.

Die Anwendung der Lehrautomaten schafft sicher in übersehbarer Zeit *nicht* die Möglichkeit, auf menschliche Lehrer zu verzichten. Sie ermöglicht es aber, menschliche Lehrer von zeitraubender Routinearbeit zu befreien. Von Pädagogen wird geschätzt, daß etwa ein Viertel der Unterrichtszeit in Volksschulen von Lehrautomaten übernommen werden könnte.

Die Anwendung dieser Entlastungsmöglichkeit für menschliche Lehrer ist um so dringender, je knapper die Anzahl der Lehrer ist. Vermutlich ist gerade die Bundesrepublik Deutschland das Land mit dem bedrohlichsten Lehrermangel. Es ist deshalb zweifellos eine nützliche Tätigkeit, über die Möglichkeiten nachzudenken, wie der Lehrermangel in unserem Land durch technische Maßnahmen wenigstens teilweise behoben werden kann. Eine Möglichkeit hierzu dürfte die Anwendung des öffentlichen Fernsprechnetzes für die Zwecke der automatischen Belehrung sein.

Ein möglicher technischer Entwurf ist der folgende: Der Lehrautomat soll über das öffentliche Fernsprechnetz von einem möglichst großen Teilnehmerkreis anwählbar sein. Der LA steht in einer Fernsprechzentrale und ist über eine LA-Anschlußeinheit an das Fernsprechnetz angeschlossen. Eine spezielle Durchwahlnummer ermöglicht die Anwahl verschiedener Programme im Lehrautomat. Die Anschlußeinheit ist mit billigen Speichern (z. B. Bandspeicher) ausgerüstet, in die aus dem LA in möglichst kurzer Zeit das gewünschte Programm übernommen werden kann, um dann dem Schüler zur Verfügung zu stehen. Über andere gleichartige Anschlußeinheiten kann der Lehrautomat zur gleichen Zeit weitere Schüler mit dem gleichen oder mit anderen Programmen versorgen.

Das Prinzip des Systems zur automatischen Belehrung über das öffentliche Fernsprechnetz besteht also darin, daß die durch das Fernsprechnetz ermöglichte Konzentration die Verwendung eines LA hoher Komplexität gestattet, dessen Ausnutzungsgrad durch die Bereitstellung einer großen Anzahl billiger LA-Anschlußeinheiten den quantitativen Bedürfnissen der angeschlossenen Teilnehmer angepaßt wird.

Ein widerliches Produkt der modernen Informationstechnik stellen die Funkspione dar, jene winzig kleinen Funksender, mit deren Hilfe Gespräche abgehört werden können, ohne daß es dem Abgehörten bekannt ist. Solche Funkspione können beispielsweise in Armbanduhren, Füllhaltern, Blumenvasen oder Streichholzschachteln versteckt sein. Mit Hilfe des eingebauten Mikrofons werden die Gespräche in elektrische Schwingungen umgewandelt und in einiger Entfernung empfangen. Kurzum, bei Anwesenheit solcher Funkspione ist kein vertrauliches Gespräch mehr möglich, die Gesellschaft ähnelt einer »nackten Gesellschaft, in der die Bürger wie in einem Aquarium angestarrt werden« (US-Senator Edward V. Long).

Die Benutzung solcher Funkspione kann wegen ihrer Kleinheit und leichten Herstellbarkeit durch Gesetz und Polizei nur schwer verhindert werden. Hier muß wohl die zukünftige Entwicklung gesellschaftlicher Moral nachhelfen: Die Benutzung solcher Funkspione muß der allgemeinen Verachtung anheimfallen, man muß lernen, daß der Diebstahl von Information so verwerflich ist wie der Diebstahl materieller Güter, und daß der Informationsdieb genauso verächtlich ist wie jeder andere Dieb. Es ist einfach kein Kavaliersdelikt, die Intimsphäre anderer Menschen zu verletzen. Zum Glück ist es für den Fachmann nicht nur einfach, solche Funkspione zu bauen, sondern auch einfach, deren Betrieb festzustellen.

Wenn die Fernsehtechnik in den kommenden Jahren den Übergang vom Schwarzweiß- zum Farb-Fernsehen vollzogen hat, erwartet sie vielleicht eine nächste, möglicherweise nicht weniger tiefgreifende Veränderung: das »Direkte Satelliten-Fernsehen«. Hierunter sei die Fernsehübertragung verstanden, bei welcher (Synchron-)Satelliten als Sender und private Fernsehgeräte als Empfänger benutzt werden.

Die politische Problematik besteht in folgendem:

Mit dieser direkten Satelliten-Fernsehtechnik kann leicht ein Gebiet von mehreren Millionen Quadratkilometer Fläche, also beispielsweise Mitteleuropa, von einem einzigen Satelliten versorgt werden. Die bisher für das Fernsehen typische Einschränkung, daß kein Fernempfang möglich ist, wird damit überwunden. Während bisher das Fernsehen vorwiegend ein nationales Kommunikationsmittel war, wird es nunmehr ein internationales Kommunikationsmittel.

Aktuell wird das Problem: Gilt für den Raum 36000 km über der Erdoberfläche irgendeine nationale Souveränität, ist also die Stationierung des Satelliten von der Zustimmung nationaler Instanzen abhängig? Ferner das Problem, welche Frequenzen für diese Fernsehversorgung durch internationale Abmachungen freigegeben werden, und wie die Einhaltung dieser Frequenzzuweisungen erzwungen werden kann.

Für Bereiche, in denen eine gute terrestrische Fernsehversorgung existiert, also beispielsweise für Europa, sind die Chancen des direkten Satelliten-Fernsehens gering: Die unterschiedlichen Sprachen, die unterschiedlichen Fernsehnormen und die unterschiedlichen Ortszeiten sind recht hemmend. Besser sind seine Chancen in unterentwickelten Gebieten.

In Zukunft wird vermutlich mancher materielle Transport durch die elektrische Informationsübertragung ersetzt werden. Schon längst werden Wetterkarten usw. nicht mehr materiell, also in Form bedruckten Papiers verschickt, sondern durch die elektrische Bildübertragung dem Empfänger in Sekundenschnelle zugestellt. Dieser Trend wird in Zukunft weitergehen. Beispielsweise werden in Zukunft Tagesabrechnungen von Bankfilialen, Finanzämtern, Warenhäusern usw. den übergeordneten Ämtern oder Zentralen nicht mehr materiell, in Form von Abrechnungsbögen, Lochkartenstapeln usw. zugestellt, sondern durch Fernschreiber, oder noch rascher, durch deren modernere Schwester, die Datenübertragung.

Es werden auch sehr ernsthaft die Möglichkeiten untersucht, Briefe nicht mehr materiell zu transportieren, sondern mit einer Technik, welche der Fernsehtechnik eng verwandt ist. Hierzu wird zwischen dem Absender des Briefes und dem Empfänger für kurze Zeit eine Fernsehverbindung hergestellt. Der Absender schiebt seinen Brief in das Betrachtungsfenster der Kameraröhre und praktisch gleichzeitig wird das Abbild beim Empfänger auf lichtempfindlichem Papier fixiert. Daß eine solche Technik nur dann Aussicht auf öffentliches Interesse hat, wenn das Briefgeheimnis sicher gewahrt bleibt, ist den Technikern bewußt. Mit dieser Technik wäre es dann beispielsweise möglich, einen Brief beispielsweise von San Francisco nach Stuttgart in weniger als einer Sekunde zu transportieren, mit all seinen Schnörkeln, privaten Geheimzeichen und vertraulichen Details.

Wenn diese Art der Briefzustellung verwirklicht ist, wird vermutlich auch die Zeitungszustellung sich grundlegend verändern. Weshalb sollen Zeitungen materiell ausgetragen werden, wenn sie in Sekundenschnelle elektrisch ins Haus gebracht werden können? Und weshalb soll man die ganze Zeitung fixieren, wenn man sich beispielsweise nur für den politischen Teil, oder den Roman oder nur für Börsenkurse interessiert?

Nun, alle diese Möglichkeiten sind vorläufig noch recht phantastisch. Die Vermutung, diese Entwicklung käme nicht, erscheint trotzdem recht unbegründet. Man sollte bedenken: Die Kosten für die materielle Zustellung von Briefen, Zeitungen usw. werden in Zukunft beträchtlich steigen, hier ist ja menschliche Mitwirkung unvermeidbar, auch werden die Verkehrsverhältnisse immer schlechter werden und schließlich ist zu bedenken, daß die elektrische Zustellung immer billiger werden dürfte. Nicht vergessen sollte auch das Problem werden, was mit dem Abfall (alte Zeitungen und Briefe) geschehen soll. Es erscheint deshalb recht wahrscheinlich, daß noch in diesem Jahrhundert die elektrische Zustellung von Briefen und Zeitungen in die Praxis eindringen wird.

In Zukunft kann manche Reise durch elektrische Informationsübertragung ersetzt werden.

Die zunehmende Bevölkerungsdichte, insbesondere die rasch zunehmende Anzahl der Kraftwagen auf unseren Straßen und der Flugzeuge im Luftraum werden das Reisen in Zukunft immer beschwerlicher machen. Verbesserte bauliche und organisatorische Maßnahmen mögen noch eine geringe Kapazitätsausweitung bewirken, sie werden jedoch nicht mit der viel rascher wachsenden Nachfrage Schritt halten. Irgendwann werden die Möglichkeiten erschöpft sein.

In dieser Situation kann ein Teil des Verkehrs durch die elektrische Informationstechnik übernommen werden. Viele Reisen können durch das folgende Schema begründet werden: Ein Mensch möchte mit einem oder mehreren anderen Menschen in Informationsaustausch treten, obwohl sie sich an einem fernen Ort befinden, er möchte ihm (oder ihnen) bestimmte Gedanken vortragen, seine Reaktion beobachten und die weitere Diskussion hiervon abhängig machen. Diese Tätigkeiten könnten schon heute ohne Transport von Menschen durch die elektrische Informationstechnik übernommen werden. Sogenannte »Konferenzschaltungen« sind beim Fernsprechen längst üblich, sie sind jedoch für die feineren Formen der Diskussion unzureichend, wo man schon beim Beginn eines Satzes die Reaktion des Gesprächspartners am Mienenspiel ablesen möchte.

Es ist jedoch kein Grund einzusehen, weshalb in Zukunft nicht vervollkommnete Konferenzschaltungen für Bild und Ton realisiert werden sollten, welche auch diesen höheren Ansprüchen genügen. Technisch ist dieses heute schon möglich, es ist lediglich eine Frage der vorläufig noch sehr hohen Kosten. Wenn diese perfekte Kommunikationstechnik – also Bild und Ton in Konferenzschaltung – zur Verfügung steht, dann ist eigentlich kein Grund mehr einzusehen, weshalb nicht die Mehrzahl der geschäftlich bedingten Reisen durch elektrische Informationsübertragung ersetzt werden soll. Dann stehen die Straßen *dem* zur Verfügung, der den einzig triftigen Grund zum Reisen hat, nämlich Freude am Reisen, am unmittelbaren Erlebnis der fremden Länder.

Es gibt kaum einen Zweifel daran, daß durch die Informationstechnik noch viele andere nützliche Aufgaben in Zukunft gelöst werden können, und daß es sich lohnt, über diese Möglichkeiten gründlich nachzudenken.

Gesellschaftliche Konsequenzen

Die zukünftige Entwicklung der Informationstechnik hat sicher viele soziale Konsequenzen. Diese vorauszusehen, ist nicht einfach, deshalb seien die folgenden Gedanken mehr im Sinne einer offenen Frage verstanden und keinesfalls im Sinne einer apodiktischen Behauptung.

Die Massenkommunikationsmittel, besonders das Fernsehen, bewirken, daß an die Stelle unmittelbarer sozialer Kontakte andere, technisch bewirkte soziale Kontakte treten, an die Stelle der direkten Information tritt die Information aus zweiter Hand mit den bedenklichen Folgen der geheimen Verführung.

Ein makabres Beispiel für die Verfälschung der Wirklichkeit unter dem Druck der Kommunikationstechnik stellt die kürzliche Bergung der beiden deutschen Alpinisten aus der Westwand des Montblanc dar. Hierüber wurde in der ›Süddeutschen Zeitung‹ vom 25. 8. 1966 berichtet:

»Ursprünglich, so hieß es, sei der Abtransport vom Fuß der Wand für fünf Uhr morgens geplant gewesen. Die Techniker des Fernsehens hätten aber Einspruch erhoben, ›weil das Licht um diese Zeit nicht ausreiche‹. Aus diesem Grunde sei der Abtransport auf acht Uhr verschoben worden.«

Das Überangebot an Information erfordert eine kritische,

selektive Einstellung. Wer alles »schlucken« will, wird kaum den schädlichen Folgen der Reizüberflutung entgehen. Der Mensch braucht die Muße, Informationen zu verarbeiten, er muß Ordnung herstellen und dem Ganzen einen Sinn geben.

Der gegenwärtige Fortschritt in der Automatisierung ist überwiegend *begrenzt* durch Qualität und Quantität der Wissenschaftler und Ingenieure, welche an der Automatisierung mitarbeiten. In der ersten Phase der Automatisierung ergibt sich ein Mangel an hochqualifizierten Fachleuten. In diesem Zusammenhang entsteht das Problem, unsere Schulen und Hochschulen so zu gestalten, daß sie der zukünftigen Entwicklung angemessen sind. Dasjenige Land, das die besten Naturwissenschaftler, Mathematiker, Soziologen und Ingenieure heranbildet, wird die internationale Konkurrenz erfolgreich bestehen.

Die Entwicklung der Informationstechnik ist ein Bestandteil der allgemeinen Automatisierung und bewirkt als solcher den Ersatz menschlicher Arbeitskraft durch technische Hilfsmittel. Ein Beispiel hierfür ist die Automatisierung der Fernsprechvermittlungstechnik, bei welcher das »Fräulein vom Amt« durch Automaten ersetzt wurde. Zukünftige Informationstechniken werden noch viele andere Freisetzungseffekte bewirken. In Zukunft werden Computer noch komplexere Funktionen übernehmen als in der Vergangenheit. Auch die Arbeit der Wissenschaftler und Ingenieure wird von der Freisetzung nicht verschont bleiben: Viele Probleme, die früher durch zeitraubende Experimente untersucht wurden, werden in Zukunft durch Simulation mit dem Computer geklärt.

Computer werden in Zukunft immer mehr dazu benutzt, Entscheidungen im gesellschaftlichen Bereich optimal zu gestalten. Schon seit Jahren wurden die Methoden der »Operations Research« dazu benutzt, Organisationsphänomene wissenschaftlich zu analysieren. Deren Komplexität verhinderte bisher oft die rationale Analyse. Die zunehmende Leistungsfähigkeit der Computer im Verein mit neuen mathematischen Methoden wird dazu führen, daß immer komplexere organisatorische Vorgänge einer exaktwissenschaftlichen Analyse unterworfen werden können. Wenn die Erfahrungen der Experimentalpsychologie in dieses Vorgehen einbezogen werden, dann können neue Bereiche gesellschaftlichen Verhaltens der Analyse durch Computer unterworfen werden. Dies wird dazu führen, daß gesellschaftliche Phänomene transparenter werden, das heißt, daß man mit einem höheren Grad an Gewißheit als bisher von bestimmten Ursachen auf bestimmte Wirkungen schließen kann. Kurzum, es ist zu vermuten, daß sich in den Gesellschaftswissenschaften der rationale Arbeitsstil der Naturwissenschaften partiell durchsetzt und allmählich auch die politische Praxis verändert.

Zwischen den politischen Spielregeln und der Informationstechnik bestehen einige recht bedenkenswerte Beziehungen: Vor allem ist festzustellen, daß die Verfügung über die Massenkommunikationsmittel Macht über Wählermeinungen verleiht. Wird diese rücksichtslos ausgenutzt, dann ist der Gang zur Wahlurne nur noch ein Ritus ohne Funktion. Zugegeben, wir sind von der Situation, welche Orwell in seiner düsteren Vision ›1984‹ darstellt, noch weit entfernt, aber manche Vorgänge lassen uns fürchten, daß wir uns dieser nähern.

Schließlich ist zu fragen, ob im Zustande unbegrenzter Informationsmöglichkeit eine andere als eine demokratische Gesellschaftsform überhaupt möglich ist. Erzwingt nicht totale Information geradezu die Demokratie? Hierfür spricht das ständige Bemühen der Totalitären, den Empfang fremder Sender zu verbieten.

Über das Londoner Symposium und R. Kaufmanns Polemik

Unsere Gesellschaft wird durch eine hinterweltlerische Denkweise daran gehindert, über ihr Schicksal ernsthaft nachzudenken und ist deshalb weiterhin in Gefahr, willenloses Objekt zufälliger, möglicherweise schädlicher oder krimineller Entwicklungen zu werden. Für diese Behauptung könnten viele aktuelle Beispiele gebracht werden, es sei nur ein einziges herausgegriffen, welches typisch für viele andere ist, nämlich das sogenannte »CIBA-Symposium« 1962 in London und die Polemik hierüber in unserem Lande. Was auf diesem Symposium verhandelt wurde, ist enthalten in dem Buch ›Man and his Future‹ (London 1963; deutsche Ausgabe München 1966). In ihm wurde niedergeschrieben, was siebenundzwanzig Wissenschaftler hohen Ranges während einer Tagung über die Zukunft des Menschen diskutierten.

Die Lektüre dieses Buches fasziniert. Dort werden Fragen behandelt, die sich jedem denkenden Menschen aufdrängen, z. B.:

> Was soll denn geschehen, wenn die Anzahl der Menschen weiter so wächst wie bisher, im Jahre 2000 etwa 6 Milliarden, im Jahre 2100 etwa 30–50 Milliarden, wieviele kann man denn überhaupt ernähren?
> Was kann geschehen, damit die Menschen in Zukunft ihre ungeheuren technischen Mittel nicht dazu benutzen, die menschliche Kultur zu zerstören?
> Was kann geschehen, damit die Abhängigkeit des Menschen von ärztlicher Betreuung nicht unbegrenzt zunimmt, und schließlich mehr Krankenpfleger gebraucht werden, als es Menschen gibt?

Im Vorwort dieses Buches finden wir die Sätze:

». . . das Ziel all unserer Diskussionen ist es, Imaginationen anzuregen, den Informationsaustausch zu fördern und den Fortschritt der medizinischen und biologischen Forschung zu beschleunigen.

Die Welt war einst sozial, politisch und moralisch dem Aufkommen der Atomenergie nicht gewachsen. Gegenwärtig ist die biologische Forschung in Gärung, sie erzeugt und entwirft Methoden, die mit den ›natürlichen Prozessen‹ konkurrieren und beinahe jeden Aspekt menschlichen Lebens – dem wir verpflichtet sind – zerstören oder verändern könnten.

Für Männer und Frauen aller Rassen, Hautfarben und Religionen, für jedes intelligente Individuum unserer einzigen Welt ist es dringend notwendig, diese aktuellen und drohenden Möglichkeiten zu bedenken. Sie alle müssen bereit sein, zu verteidigen, was sie für sich und ihre Nachbarn für gut halten, und vor allem, sie müssen die enormen schöpferischen Möglichkeiten nutzen, um eine glücklichere und gesündere Welt zu ermöglichen.

Dieses Buch soll Menschen zum Denken veranlassen!«
Einige Zitate aus der deutschen Ausgabe:

N. C. Wright (Ernährungsexperte): Anhand dieser beiden Maßstäbe, der Kalorien und des tierischen Eiweißes, kam der dritte Welternährungs-Bericht der FAO zu einer Zahl von nicht nur 10 bis 15 Prozent infolge von Kalorienmangel unterernährter Menschen, sondern bis zu 50 Prozent der Weltbevölkerung, wenn man alle einbezieht, die entweder unterernährt oder mangelhaft ernährt oder beides sind. Einige Ernährungsfachleute halten selbst diese Zahl für zu niedrig. (S. 86 f.)

A. Glikson (Planungstheoretiker): ... Weltbevölkerung von 45 Milliarden basiert offenbar auf der Berechnung des rein physischen Mindestbedarfs des Menschen unter Berücksichtigung der gesamten landwirtschaftlichen Nutzungsfläche der Erde. Ich kann die Genauigkeit der Berechnung nicht nachprüfen, aber ich glaube, man muß einen Unterschied machen zwischen dem Bedarf für das nackte Leben und für ein wirklich menschenwürdiges Dasein. Selbst wenn die Berechnung richtig ist, könnten die 45 Milliarden gerade noch vegetieren. (S. 106)

C. G. Clark (Ernährungswissenschaftler): Nein, sie könnten mit dem physiologischen Maximum leben – auf der niedrigsten Stufe könnten zehnmal so viele existieren. (S. 106)

A. Glikson: Bloßes Existieren ist kein menschenwürdiger Zustand, der auf die Dauer stabile Verhältnisse oder den Weltfrieden garantiert; dieser Begriff berücksichtigt nicht den Bedarf an Land, an Lebensraum und den materiellen Voraussetzungen, die nötig sind, um noch andere Werte als nur Kalorien und Vitamine zu schaffen. Für die Vielfalt der menschlichen Erfordernisse bei der Bodennutzung und für die verschiedenen Lebensformen des Menschen muß Raum verfügbar sein. Ein gewisser »Überschuß« an Land scheint zum Gedeihen einer menschlichen Gemeinschaft notwendig zu sein. (S. 106)

M. Klein (Mediziner): Vom technischen Standpunkt aus bestehen kaum noch Schwierigkeiten für die Geburtenkontrolle. Wie Dr. Pincus gezeigt hat, gibt es eine Reihe von Stoffen, die die Fortpflanzungsfähigkeit beim Mann oder bei der Frau beeinflussen können, und Dr. Parkes hat gezeigt, daß es bald möglich sein wird, die zahlenmäßige Proportion der Geschlechter zu regulieren. Ist das aber wünschenswert? Und wenn ja, wie kann es auf humane Weise durchgeführt werden? (S. 130)

G. Pincus (Physiologe): Deshalb scheint die freiwillige Kontrolle die einzige Möglichkeit, selbst in Ländern, in denen eine vernünftige Motivierung gegeben ist. Totalitäre Staaten können sich natürlich auf einen anderen Standpunkt stellen; aber ich bin wie Professor Klein ein Gegner der Diktatur. (S. 133)

A. Comfort (Biologe): ... aber meiner Ansicht nach sollten wir es nicht als feststehende Tatsache hinnehmen, daß die Entwicklung der Wissenschaft notwendig zum universalen Polizeistaat führt. (S. 201)

J. B. S. Haldane (Genetiker): Ein gesundes Maß an Gefahr ist meiner Ansicht nach äußerst förderlich für das Glück. (S. 203)

J. Lederberg (Genetiker): ... erkläre ich, daß die meisten von uns die gegenwärtige Weltbevölkerung für nicht intelligent genug halten, als daß sie eine allgemeine Vernichtung verhindern könnte. (S. 315)

A. Comfort: Dr. Lederberg, wie kommen Sie zu der Annahme, wir könnten die Wahrscheinlichkeit, uns selbst in die Luft zu sprengen, durch eine genetische Steigerung der Intelligenz verhindern? (S. 315)

J. Lederberg: Ich behaupte nicht, daß wir mit Sicherheit Erfolg haben werden; ich sehe hier aber unsere Motive für den Versuch genetischer Steuerung. (S. 315)

A. Comfort: Und ich bin der Ansicht, daß es weniger niedrige Intelligenzquotienten, sondern vielmehr persönliche Probleme und emotionelle Störungen sind, die uns der Gefahr aussetzen, die Welt in die Luft zu sprengen. (S. 315)

J. Lederberg: Auch diese könnte man genetisch beeinflussen. (S. 315)

D. M. Mackay (Kybernetiker): Es ist, kurz gesagt, absolut unmöglich, nach einer Orientierungsmarke zu segeln, die wir an den Bug unseres eigenen Schiffes genagelt haben. (S. 313)

F. H. C. Crick (Molekularbiologe): Wir stimmen alle darin überein, daß ... guter Gesundheitszustand, hohe Intelligenz, allgemeines Wohlwollen wünschenswert sind. Wir stimmen auch darin überein, daß diese Eigenschaften nicht allgemein verbreitet sind. (S. 320)

H. Hoagland (Biologe): ... entstehen die meisten dieser ethischen Vorstellungen, an denen wir so stark festhalten, durch den Zufall unserer Geburt, durch das, was wir zufällig lernen, erfahren oder versäumen, bevor wir sieben Jahre alt sind. Durch die Autorität der Eltern und Erwachsenen werden emotionell belastete Vorurteile von Generation zu Generation weitergegeben. Die stärksten Vorstellungen dieser Art haben mit dem Gemeinwohl nichts zu tun. Schon immer wurde die Welt durch die Haßgefühle rivalisierender Gruppen gespalten, und im Atomzeitalter können sie leicht dazu führen, daß der Mensch bald einer untergegangenen Art angehören wird. (S. 333)

B. Chisholm (Mediziner): Das ganze System des Überlebens von Gruppen durch den Kampf auf Leben und Tod mit anderen Gruppen ist zusammengebrochen. Zum ersten Male in der Menschheitsgeschichte ist die menschliche Species selbst die Überlebensgemeinschaft. (S. 347)

J. Lederberg: Hier handelt es sich nicht um langfristige Probleme, denn sie bestehen bereits jetzt, und wir können nicht eine Ewigkeit auf die Art Philosophie warten, die für unsere Lösungen eine Basis abgäbe. (S. 393)

Natürlich können diese kurzen Zitate nicht die Lektüre des hervorragenden Buches ersetzen, sie sollen lediglich einen ersten Eindruck seines Inhalts vermitteln und zeigen, daß hier:
1. Fachleute höchsten Ranges ihr unmittelbares Wissen zusammengetragen haben,
2. daß ihre Auffassungen recht unterschiedlich waren,
3. daß sie aber unvoreingenommen versuchten, die verschiedenen Standpunkte gegeneinander abzuwägen, und
4. daß keiner von ihnen den Verdacht rechtfertigt, er sei Vertreter irgendeiner Partei.

Die Aufnahme dieses Symposiums in unserem Lande war und ist schlecht, sehr schlecht. Abgesehen von der deutschen Übersetzung mit ihren zustimmenden Kommentaren entstanden in unserem Lande mehrere sehr scharfe Repliken. Leider rechtfertigen diese aber nicht die Vermutung, bei uns würden die

Probleme der zukünftigen menschlichen Existenz mit mehr Sachverstand, mehr Verantwortungsbewußtsein oder mehr Offenheit behandelt. Sie rechtfertigen jedoch den Verdacht, daß in unserer Gesellschaft gewisse Überlegungen tabuiert sind und »man« bestimmte Probleme in unserem Lande nicht der rationalen Analyse des bewußt denkenden menschlichen Geistes unterwerfen, sondern unbewußt, emotional und gläubig in die Zukunft hineinschlittern will. In der Hoffnung, irgendeine »Vorsehung« werde nun schon alles zum Besten wenden.

Wenn meine Kritik an der deutschen Polemik gegen das Londoner Symposium nicht undefiniert und anonym bleiben soll, dann muß ich wohl konkrete Beispiele vorbringen. Die Auswahl hierfür ist groß, und es ist deshalb unmöglich, Vollständigkeit anzustreben.

Greifen wir das Buch von R. Kaufmann ›Die Menschenmacher‹ (Frankfurt 1964) als typisch für die deutsche Polemik heraus. Ich habe den Vorzug, mit seinem Verfasser bekannt zu sein, beispielsweise von einer Fernsehdiskussion zum Thema ›Auf den Spuren des Lebens‹, bei welcher wir gemeinsam über die zukünftige Entwicklung der Medizin, z. B. die Organverpflanzungen und deren moralische Folgen diskutierten. Hierbei zeigten sich zwischen Herrn Kaufmann und mir viele Übereinstimmungen auch in grundsätzlichen Fragen. Nach diesen Erfahrungen habe ich keinen Grund, Herrn Kaufmanns Sachverstand oder persönliche Lauterkeit zu bezweifeln.

Von dem Buch ›Die Menschenmacher‹ möchte ich glauben, es sei von einem anderen Autor desselben Namens verfaßt. Es gelingt mir nicht, die Identität meines Gesprächspartners mit dem Verfasser dieses Buches herzustellen. Es ist so, als ob zwischen dem geschätzten Gesprächspartner Kaufmann und dem absonderlichen Verfasser des Buches eine personale Unterschiedlichkeit bestünde, etwa so, wie wenn derselbe Mensch sich einmal vernünftig verhält und einmal Hinterwelt spielt.

Doch zu dem Buch: Ich kann ihm die Kritik nicht ersparen, daß es die obigen Kennzeichen des Londoner Symposiums nicht hat, daß es also:

1. Nicht von einem Fachmann höchsten Ranges geschrieben ist,
2. keine unterschiedlichen Auffassungen wahrnimmt und deshalb
3. keine unterschiedlichen Auffassungen gegeneinander abwägt und

4. die unverhüllten Kennzeichen einer speziellen Ideologie trägt.

Wie gesagt, es ist mir schmerzlich, dieses ganz deutlich feststellen zu müssen, und ich wäre glücklich, wenn hierüber eine sachliche Auseinandersetzung möglich wäre.

Das Buch beginnt schon im Vorwort mit einer Irreführung: »Dieses Buch handelt von wissenschaftlichen Plänen, die menschliche Rasse durch bestimmte Eingriffe zu ändern: in ihrem Aussehen, ihrem Charakter, ihrer Gehirnmasse.«

Zugegeben, es wird in unserem Lande der Begriff des »Planens« häufig und gern falsch interpretiert, aber so offensichtlich mißverstanden, wie es hier geschieht, hat man das »Planen« auch bei uns selten.

Es sei deshalb festgestellt: In dem kritisierten Buche ›Man and his Future‹ wird überhaupt nicht geplant, es werden im Gespräch mögliche Zukünfte analysiert und es wird nach Wegen gesucht, drohende Gefahren zu umgehen. Dies ist ein intellektuelles Glasperlenspiel höchsten Niveaus, es fehlt aber die Absicht, diese denkbaren Zukünfte durchzusetzen. Diese Tatsache kann nicht dadurch widerlegt werden, daß grammatikalisch das »Handeln« beschrieben wird, es ist sprachlich einfach nicht möglich, jeden Satz mit einem Paket von Vorbehalten zu belasten und jedes Verb in den Konjunktiv zu transponieren. Nein, es ist eine Verdrehung und Unterstellung, wenn dieser Diskussion politische Ambitionen angedichtet werden. Vermutlich gibt es keinen anderen Menschentyp, der im Mittel weniger machtbesessen ist als qualifizierte Wissenschaftler.

Auf Seite 34 schreibt R. Kaufmann:

»Statistisch ist der Begriff der ›Weltbevölkerung‹ eine Fiktion. Denn die Demographie, die Lehre vom Zunehmen oder Abnehmen der Bevölkerung, befaßt sich ausschließlich mit nationalen Statistiken. Sie beobachtet nicht das Ganze, sondern die kleinsten Einheiten. Natürlich kann man durch einfache Addition zu Globalwerten gelangen, doch sie liefern ein verzerrtes Bild.«

Unwesentlich ist die Frage, weshalb die Bevölkerung der Nationen keine Fiktion sein soll, dagegen die Weltbevölkerung eine solche ist. Mich interessiert viel mehr die Frage, welche Konsequenz R. Kaufmann aus seiner Behauptung ziehen möchte. Ich kann nur eine einzige mögliche Konsequenz herausfinden, nämlich: Wenn schon die Nahrungsmittel der Erde nicht mehr für alle reichen, so wird es doch sicher einige Länder geben, in denen noch genügend Nahrungsmittel vorhanden sind, und um die sollen sich die Leute halt raufen, schließlich hat man ja Atombomben für solche Zwecke erfunden. Oder sehen Sie irgendeine andere mögliche Konsequenz auf R. Kaufmanns Gedanken?

Diese unglaubliche Vermutung bestätigt R. Kaufmann ausdrücklich, wenn er auf Seite 59 schreibt:

»An die Stelle einzelner Diktaturen, die ständig das Gleichgewicht der Erde in Frage stellen und unsinnige Rüstungswettläufe veranlassen, soll die ›Diktatur der Vernunft‹ treten, die sanfte Gewalt eines biologischen Weltstaates, der endgültig mit allen Ursachen des menschlichen Unglücks aufräumt. Wer aber bestimmt, was gesund, wertvoll und ›fähig zum Überleben‹ ist? *Ist die Basis der natürlichen Selektion nicht gerade der Kampf, aus dem die Fähigsten hervorgehen?*«

Genauso las man es vor Auschwitz und Treblinka, vor Coventry und Dresden. Kaufmann hat hieraus offensichtlich nichts gelernt. Nein: Wenn menschliches Denken überhaupt einen Sinn haben soll, dann muß es diesen Strom von Blut und Tränen beenden, den die tierische Kampfesgesinnung seit Urzeiten erzeugte. Wir müssen versuchen, Menschen und keine Tiere zu sein.

Wenn man von der Argumentation Kaufmanns all das abzieht, was eigentlich nur unzureichende Einsicht ist, dann bleibt einiges recht Bedenkenswerte – bloß, das steht alles schon in dem kritisierten Buche drin, und Kaufmann unterdrückt diese Gegenargumente, weil sonst sein Klischee von den verantwortungslosen Wissenschaftlern nicht mehr glaubwürdig wäre.

Was R. Kaufmann in seinem Traktat als Kennzeichen des Wissenschaftlers aufbaut, ist nicht wenig arrogant; lesen Sie z. B.:

»Was in der Politik Pflicht ist, daß man bei jedem Schritt die Zusammenhänge und die möglichen Folgen bedenkt, ist in der Wissenschaft eine quantité négligeable.« (S. 9)

»Er wird vielleicht Gott leugnen, weil er ihn nie unter einem Mikroskop sah, ...« (S. 10)

Über diese Wissenschaftler schreibt R. Kaufmann:

»Gelehrte von hohem Rang; es waren zum größten Teil Biologen, Genetiker, Ärzte, doch befanden sich vereinzelt auch Mathematiker, Soziologen sowie ein Fachmann für Landwirtschaft und Ernährungsfragen unter ihnen. Zwei der Anwesenden waren geadelt, fünf mit dem Nobelpreis ausgezeichnet worden. Unter den restlichen zwanzig befanden sich Träger so hervorragender Auszeichnungen wie der Darwin-Medaille, des Alvarenga- und des Feltrinelli-Preises oder der ›Royal Medal‹. Die meisten kamen von Lehrstühlen in Großbritannien oder Nordamerika, drei aus Instituten in Rom, Straßburg und Orissa (Indien). Doch nur einer der Anwesenden war Kontinentaleuropäer. Die Angelsachsen waren unter sich.«

Es scheint mir fraglich, ob das Typische unseres Denkens – das nach R. Kaufmann offensichtlich unsere Vertreter vor der Teilnahme an diesem Symposion bewahrte –, ob also das Typische unseres Denkens eine Überlegenheit über jenes angeblich verdammenswerte Denken begründet. Nun kann man diese Begründung mit verschiedenen Maßstäben messen, beispielsweise an den Forschungsergebnissen, man kann es aber auch in der Wirkung der Denkgewohnheiten auf die Gesellschaft suchen. Aber bei Anwendung beider Beurteilungskriterien finde ich keinen Anlaß, hochmütig auf jene Denkgewohnheiten herunterzusehen: Der für unsere Gesellschaft typische Denkstil schafft weder eine besonders produktive Wissenschaft noch führt er zu einem besonders humanen Lebensstil (siehe Geschichtsbuch!). Die einzige Rechtfertigung seiner Überheblichkeit bezieht R. Kaufmann aus einer Tradition, die gegen die Aufklärung gerichtet ist, deren mangelnde Bewährung in der Realität bei uns jedoch überspielt wird durch intensivste Indoktrination und durch die gegenseitige Bestätigung: »Ja, wir sind eben auf dem Pfade der Tugend.«

Und was wollen diese sich gegenseitig die Tugend Bestätigenden? Offensichtlich nichts anderes, als daß der Mensch nicht über seine Zukunft nachdenkt, daß er es gläubig und stupid hinnimmt, daß wieder Kriege geführt werden, wieder Menschen gequält und gemordet werden und weiterhin Menschen verhungern.

Vor all diesem möchte man Herrn Kaufmann ganz einfach fragen: Halten Sie es für wahrscheinlich, daß Sie mehr Intelligenz oder mehr sittliche Verantwortung zur Lösung der behandelten Probleme beisteuern können, als es die beteiligten Wissenschaftler taten? Oder auch die Frage: Sind Sie der Ansicht, daß in irgendeinem Abschnitt seiner Entwicklungsgeschichte der Mensch seine Intelligenz *nicht* dazu verwendet hat, seine Lebensumstände zu verändern? Oder die Frage: Hatte der Mensch zu irgendeinem Zeitpunkt Gewißheit, daß diese Veränderung sich zu seinem Vorteile auswirkte? Ist demnach

Ihre Kritik nicht einfach eine Kritik an dem Grundtatbestand menschlicher Existenz, eine Kritik, die keine Alternative anbietet, wie Sie am Ende ihres Buches selbst eingestehen? Dort findet sich nämlich: »Dies ist sicher der heikelste Punkt. Im gegenwärtigen Zustand der Welt kann niemand sagen, wie etwas besser gemacht werden kann.« Dem sei in aller Entschiedenheit entgegengetreten: Doch, man kann, man muß sagen, wie es besser gemacht werden kann, man kann Wege finden, daß nicht mehr Jahr um Jahr Millionen von Menschen verhungern, an unheilbaren Krankheiten zugrunde gehen, in grenzenloser Stupidität ein menschenunwürdiges Leben fristen, und man muß schließlich besorgen, daß unsere Kinder ein Leben mit weniger Blut, Schweiß und Tränen haben werden, kurzum, daß Menschen menschenwürdig leben.

Gewiß: Auch in anderen Gesellschaften resignieren Menschen vor der Übermacht des Schicksals. Es wäre ein Argument gegen meine Darlegungen, wenn gezeigt werden könnte, daß es noch andere Gesellschaften vergleichbarer intellektueller Struktur gibt, in denen das Nachdenken über die Zukunft so sehr in Mißkredit steht wie bei uns.

R. Kaufmann ist ein – mit Recht – angesehener Journalist. Daß er dieses inkorrekte und tendenziöse Buch schrieb, mag ihm Beifall von den Hinterweltlern einbringen. Wie er mit dieser Tendenz vor unseren Kindern und Enkeln bestehen will, ist eine andere Frage.

Man kann zur Entschuldigung Kaufmanns nur vorbringen, daß es eine große Menge derartiger Literatur in unserem Lande gibt: Beispielsweise Th. Regaus ›Menschen nach Maß‹ (Esslingen 1965) und F. Wagners ›Die Wissenschaft und die gefährdete Welt‹ (München 1964). Die Existenz solcher Bücher hängt wohl damit zusammen, daß der Seelenfrieden unserer Gesellschaft mit dem Nachdenken über die Zukunft unvereinbar ist. Denn wer an die Zukunft denkt, dem wird klar, daß diese Gesellschaft, so wie sie jetzt ist, nicht mehr lange so sein kann.

Über die Zukunft

Zweckmäßige Entscheidungen setzen zutreffende Vorstellungen über die zukünftige Entwicklung voraus – sei es nun im politischen, gesellschaftlichen oder technischen Bereich. Wer die Zukunft am klarsten voraussieht, wird die zweckmäßigsten Entscheidungen treffen.

Zutreffende Vorstellungen über die Zukunft zu gewinnen, ist meist sehr schwer: Dies zeigt sich besonders deutlich im wirtschaftlichen Bereich, wo sich die richtige Prognose rasch auszahlt. Deshalb wird gelegentlich vermutet, es sei grundsätzlich unmöglich, zutreffende Vorstellungen über zukünftige Entwicklungen zu gewinnen.

Die Einstellungen von Menschen und Gesellschaften zur Erforschung der Zukunft sind sehr unterschiedlich: Die einen halten sie für prinzipiell unerforschbar, die anderen für den Ablauf eines starren und erkennbaren Mechanismus. Die einen wünschen aus irgendwelchen Gründen nicht, Klarheit über die Zukunft zu gewinnen, die anderen setzen hierfür alles daran. Eine besonders hübsche Formulierung hörte ich kürzlich: »Ich interessiere mich sehr für die Zukunft, ich werde nämlich dort den Rest meines Lebens verbringen.«

Sicher ist, daß schon öfters zukünftige Entwicklungen mit erstaunlicher Präzision vorausgesagt wurden. Ein wesentliches Kennzeichen solcher zutreffender Prognosen ist, daß nicht mit ideologischen Bekenntnissen begonnen wurde, sondern mit der sorgfältigen rationalen Analyse des gegenwärtigen Zustandes und der Kräfte, welche diesen zu verändern suchen.

Gemessen an der Zahl der Fragen, die man stellen kann, ist die Zahl derjenigen, die man mit sinnvoller Zuverlässigkeit beantworten kann, außerordentlich gering. Das wenige aber, was man schon heute beantworten kann, ist sehr wertvoll: es ermöglicht Entscheidungen, die weniger kurzsichtig und unvernünftig sind als diejenigen, die ohne sorgfältige, bewußte Analyse der Zukunft gefühlsmäßig, intuitiv oder gläubig gefällt werden. Es ist ferner wahrscheinlich, daß der Anteil der Fragen, die sinnvoll beantwortet werden können, in Zukunft größer sein wird als in der Gegenwart.

Und selbst wenn die sorgfältige Analyse der zukünftigen Entwicklung zu keiner definitiven Prognose führt, ist sie doch wertvoll, da sie wenigstens eine Übersicht über die möglichen Entwicklungen verschafft und eine partielle Klärung der Tendenzen bewirkt. (Siehe z. B. die weiter unten dargestellte Prognose des Wissenschaftsrates.)

Kurzum, ich halte die sorgfältige wissenschaftliche Analyse der Zukunft für eine Voraussetzung jeglicher verantwortlicher Politik, man könnte das Maß des Vertrauens, das ein Politiker verdient, an der Klarheit messen, mit der er die zukünftige Entwicklung richtig voraussieht. Ein »Vertrauen«, das durch nichts gerechtfertigt wird als die Absicht, uns nicht zu betrügen, ist etwas billig.

Es gibt in unserem Lande etwa 150 Institutionen, die sich mit der wissenschaftlichen Analyse der Vergangenheit beschäftigen. Es gibt in unserem Lande meines Wissens aber keine einzige Institution, die sich ernsthaft mit der sorgfältigen wissenschaftlichen Analyse der Zukunft beschäftigt. Ich halte diesen Tatbestand für grotesk und gefährlich, andere Länder sind hier realistischer und aktiver. Diese mangelnde Aktivität bei der wissenschaftlichen Analyse der Zukunft ist zweifellos eine Folge der Hinterwelt, in welcher die Zukunft eigentlich keine Rolle spielt. Es ist aber zu hoffen, daß wir nicht die letzten Menschen sind, sondern daß nach uns Generationen folgen werden – und um deren Schicksal geht es.

Es gibt mehrere Gründe, weshalb die Erforschung zukünftiger gesellschaftlicher oder technischer Situationen heute mehr Erfolg als früher verspricht:

1. erzwingt die zunehmende Demokratisierung der Gesellschaft eine gewisse Stetigkeit: Überraschende Veränderungen sind in Demokratien seltener als in Diktaturen,
2. ist die Entwicklung der Technik voraussehbar: Die wichtigsten Neuerungen unserer Zeit, Atomtechnik, Raumfahrt und Computertechnik, konnten bei Kenntnis der wissenschaftlich-technischen Entwicklung schon Jahre vor ihrer Realisierung vorausgesagt werden, und
3. stellt die moderne Technik mit ihren Computern und Kommunikationssystemen wirkungsvolle Hilfsmittel zur rationalen Analyse des gegenwärtigen Zustandes und der Kräfte, welche diesen verändern.

Zwei bestätigte Prognosen

Die »Deutsche Shell AG«, Hamburg, publizierte am 12. September 1961 eine sorgfältige Prognose des Kraftfahrzeugbestandes in der Bundesrepublik Deutschland. Aus dieser seien einige kennzeichnende Sätze zitiert:

»Diese Prognose wurde mit Hilfe der Marktbeobachtung, der Analyse der Wachstumsfaktoren und ökonometrischer Verfahren gewonnen. Eine langfristige Vorausschau über die Bestandsentwicklung der Kraftfahrzeuge ist erforderlich für Industrie- und Verkehrsplanungen, um marktangepaßte Kapazitäten für die Produktion, für den Verkauf, für die Kundenbetreuung und für den Verkehrsraum bereitzustellen. Da langfristige Investitionen mit einem hohen Risiko behaftet sind, wurde die Prognose für Personenkraftwagen – die immer stärker zum entscheidenden Faktor der Kraftfahrzeug- und Verkehrsentwicklung werden – bis 1980 erstellt ...

Ob allerdings das Verkehrsvolumen so steigen kann, wie es nach dem Verhalten und den Wünschen der Pkw-Halter zu erwarten wäre, hängt auch von der Kapazität des Verkehrsraumes ab. Wird das Verhältnis zwischen Kraftfahrzeugbestand und Bewegungsraum immer ungünstiger, so wird nicht nur die Entwicklung des Kraftfahrzeugbestandes betroffen werden, sondern es ist zu erwarten, daß die Pkw-Besitzer resignierend die Ausnutzung ihres Fahrzeuges einschränken werden.«

Während diese – aus dem Jahre 1961 stammende – Shell-Prognose für das Jahr 1965 einen Kraftfahrzeugbestand von 8,1/8,6 Millionen voraussagte, weist der Tätigkeitsbericht des Verbandes der Automobilindustrie für den 1. 1. 1965 einen Bestand an Personen- und Kombinationskraftwagen von 8,689 Millionen aus. Diese Übereinstimmung der Prognose aus dem Jahre 1961 mit der Wirklichkeit des Jahres 1965 ist recht bemerkenswert.

Noch erstaunlicher als diese Shell-Prognose ist die Philips-Prognose der Fernsehteilnehmer in der Bundesrepublik Deutschland aus dem Jahre 1960. Im Geschäftsbericht der ALLDEPHI aus dem Jahre 1960 wurde die Anzahl der Fernsehteilnehmer bis zum Jahre 1966 prognostiziert. Hier findet sich für das Ende des Jahres 1965 die Zahl 11 300 000. Der tatsächliche Stand zum gleichen Zeitpunkt war 11 379 000, d. h., diese Philips-Prognose hat die Anzahl der Fernsehteilnehmer über eine Zeitspanne von fünf Jahren vorausgesagt mit einem Fehler, der kleiner als ein Prozent ist.

Man muß aber auch an Fehlprognosen erinnern. Beispielsweise die Fehlprognosen über den Kohlebedarf. An diesem Beispiel zeigt sich: Prognosen dürfen nicht »mit Scheuklappen« nur einen begrenzten Bereich beobachten, sondern müssen potentielle Einwirkungen mitbeachten, auch wenn diese zunächst nicht von Einfluß sind, also beispielsweise das Eindringen des Schweröls in unsere Energiewirtschaft. Viele Energieverbraucher haben eben nicht – wie etwas naiv vermutet wurde – weiterhin Jahr um Jahr X Prozent mehr Kohle bezogen, sondern ein anderes Optimum entdeckt, das durch die Verwendung von Schweröl gekennzeichnet ist, und damit eine unstetige Veränderung bewirkt: Unstetig, aber *nicht unvoraussehbar!*

Prognosen solcher unstetiger Veränderungen setzen Kenntnis der sachlichen Tatbestände und der Wertsysteme voraus. Erkenntnis unstetiger Veränderungen ist oft das Ergebnis von Teamarbeit, von der Meinungsbefragung bis hin zur hochperfektionierten Systemanalyse.

Einige offene Prognosen

Die Firma Diebold Deutschland GmbH verfolgt und prognostiziert sorgfältig die Anzahl der in der Bundesrepublik Deutschland installierten Computer. Sie gibt folgende Zahlen an:

Jahreszahl	Computer am Jahresanfang
1959	94
1961	308
1965	1657
1968	Prognose 3900
1971	Prognose 5100
1974	Prognose 6200

Diese Zahlen hängen natürlich auch von der zukünftigen Konjunktur ab: Einerseits wird ein Konjunkturrückgang die Investitionsbereitschaft verringern, andererseits wird ein verschärfter Konkurrenzkampf zur Rationalisierung zwingen und möglicherweise die Nachfrage nach Computern steigern.

Eine interessante Prognose ist enthalten in der Publikation des Wissenschaftsrates ›Abiturienten und Studenten‹, vorgelegt im März 1964. Sie betrifft den Anteil der Abiturienten an der gleichaltrigen Bevölkerung in einigen europäischen Ländern und in der Bundesrepublik einschließlich Berlin (W). Auf Seite 12 dieser Publikation findet sich folgende Tabelle:

Land	Anteil der Abiturienten an der gleichaltrigen Bevölkerung in %		
	1959	1970	1980
Frankreich	11	19	
Großbritannien	6	9	
Niederlande	6	9	
Schweden	11	22	
Bundesrepublik	5,1		
Prognose A		6,4	6,4
Prognose B-1		6,3	8,9
Prognose B-2		7,4	12,4

Hierbei sind die Prognosen A, B-1 und B-2 folgendermaßen erklärt:

A: der relative Besuch von Gymnasien und die Erfolgsquote bleiben gegenüber 1962 unverändert,

B-1: gegenüber 1962 steigt der relative Besuch von Gymnasien, die Erfolgsquote bleibt unverändert;

B-2: gegenüber 1962 steigen sowohl der relative Besuch von Gymnasien als auch die Erfolgsquote.

An diese Prognose des Wissenschaftsrates seien drei Bemerkungen angeknüpft:

1. Obwohl diese Prognose mehrdeutig ist (A, B-1 und B-2), ist sie wertvoll, sie verschafft Klarheit, unter welchen Voraussetzungen mit welchen Zahlen gerechnet werden kann. Neuere Erfahrungen zeigen, daß die Wirklichkeit etwa der Prognose B-2 folgt.

2. Aus dieser Prognose ergibt sich, daß der Anteil der Abiturienten bei uns immer noch unter dem vergleichbarer Länder liegt. Neuerdings zeigt sich ein starker Anstieg der Abiturientenzahlen, so daß der quantitative Rückstand abnimmt.

3. Diese Prognose sagt nichts aus über die *Qualität* der Abiturienten. Es gibt aber mehrere Gründe für die Annahme, daß unsere Abiturienten im Mittel schlechter sind als diejenigen vergleichbarer anderer Länder. Besonders im Be-

reiche der Naturwissenschaft und Technik ist ein großer Qualitätsverlust als Folge der Schulpolitik zu erwarten.

Eine erregende Prognose stellen die (besonders von Georg Picht) veröffentlichten Zahlen über den zukünftigen Bedarf an Lehrern und dessen unzureichende Deckung dar. Es ist hier nicht der Ort, die ganze Problematik aufzurollen; jedoch seien die wichtigsten Gedanken kurz referiert (nach G. Picht, ›Die deutsche Bildungskatastrophe‹, ›Christ und Welt‹, Juni 1965):

»Für den Lehrerbedarf ergibt sich nach den Mittelwerten bis 1970 eine Zahl von 419 988, d. h. ein notwendiger Zuwachs von 273 153 Lehrern aller Schularten. Das sind 11 000 Lehrer mehr als der gesamte Bestand von 1961. Der Zielwert liegt bei einer Zahl von 535 426 Lehrern, was einen Zuwachs von 388 591 Lehrern erfordern würde. Wenn man feststellt, daß im Zeitraum von zehn Jahren rund 300 000 neue Lehrer aller Schularten gewonnen werden müssen, befindet man sich also unterhalb der Mitte der von den Kultusministern genannten Werte...

Es sind also rund 300 000 Hochschulabsolventen zu erwarten, eine Zahl, die genau der obengenannten Durchschnittszahl des Lehrerbedarfes entspricht. Demnach müßten sämtliche Hochschulabsolventen Lehrer werden, wenn unsere Schulen ausreichend mit Lehrern versorgt sein sollen.«

Wohl die schrecklichsten Prognosen betreffen die zukünftige Welternährungslage. Einer Darstellung von P. Meyer-Renke (in der Zeitschrift ›Christ und Welt‹ vom 27. 1. 1967) seien folgende Sätze entnommen:

»... Dennoch dringt die mit Hunderten von Berichten, Statistiken oder Forschungsarbeiten untermauerte Voraussage, daß bis 1980 die Hälfte der Menschheit hungern wird, nur langsam in das Bewußtsein der Menschen in den Industrieländern... Mehr Menschenleben sind in Gefahr, als wir ahnen, mehr jedenfalls als alle Toten in allen Kriegen der Geschichte. Und Präsident Johnson sagte: ›Die Drohung einer massiven Hungersnot bringt ein neues Element in die Welt von heute.‹ Neu ist diese Drohung nicht. Neu hingegen ist, daß sie voraussehbar ist. Man kennt ihre Ursache – die katastrophale Bevölkerungszunahme in den Entwicklungsländern – seit langem und besitzt auch die Erfahrungen und Mittel, um den Hunger zu bekämpfen. Aber reichen sie noch aus?

Die Antwort lautet ja, wenn man die technischen Fähigkeiten der Menschen und ihr Wissen als Beweis dafür anführt, daß die

Nahrungsmittelerzeugung gesteigert und die Bevölkerungszunahme verringert werden kann. Doch die Antwort ist vage und unsicher, wenn man an die politische Vernunft und die nötige internationale Zusammenarbeit denkt, die zur Überwältigung der heranrückenden Hungergespenster notwendig sind.

– Zunahme der Lebensmittelproduktion in der Welt höchstens ein Prozent gegen 2,5 Prozent Bevölkerungswachstum – ...«

Wie gewinnt man Informationen über die Zukunft?

Gelegentlich werden folgende Arten der Informationen über die Zukunft unterschieden:

Projektionen, bei denen mehrere Alternativen zukünftiger Entwicklungen in Abhängigkeit von angegebenen Voraussetzungen dargestellt werden (Wenn ..., dann ...). Die obengenannte »Prognose« des Wissenschaftsrates über die Abiturientenzahlen wäre also eher als »Projektion« zu bezeichnen.

Prognosen, bei denen die wahrscheinlichsten Voraussetzungen und damit die wahrscheinlichste Alternative, dargestellt werden.

Pläne, bei denen angemessene Machtmittel bereitstehen, um eine bestimmte Projektion zu verwirklichen.

Veränderungen technischer und gesellschaftlicher Situationen sind nicht »irgendwie« vorgegeben, sondern – mindestens teilweise – Fortsetzungen früher beobachtbarer Entwicklungen. Informationen über die Zukunft können nur dort gewonnen werden, wo Gesetzmäßigkeiten erkennbar sind.

Die am häufigsten praktizierte Methode besteht in einer Extrapolation des bisherigen Verlaufes einer Zeitfunktion. Im einfachsten Falle einer linearen Extrapolation, also durch Verlängern der bisherigen Entwicklung mit dem Lineal. Gelegentlich wird man etwas feiner extrapolieren, beispielsweise unter Beachtung der Krümmung des bisherigen Verlaufs mit Hilfe eines geeigneten Kurvenlineals usw. Bei solchen Extrapolationen ist zu beachten, daß der zurückliegende Teil der Kurve genügend zuverlässig ermittelt sein muß, andernfalls ist die Extrapolation unbrauchbar.

Als prinzipielles Argument gegen die Möglichkeit einer Erforschung der Zukunft wird öfters das folgende gebracht: »An sich richtige Voraussagen werden, wenn sie veröffentlicht und geglaubt werden und wenn danach gehandelt wird, notwendigerweise falsch.«

Diese Auffassung wird beispielsweise durch die Veränderungen der Aktienkurse illustriert: Hängen diese doch weniger von einem materiell fundierten Wert der Aktien ab, als vielmehr von der Meinung der potentiellen Aktienkäufer über die zukünftige Entwicklung dieser Aktien. Die Veränderung durch die Prognose wurde auch im Zusammenhang mit Wahlprognosen öfters diskutiert.

Dieses Argument gegen die Möglichkeit der Voraussage ist falsch: Auch die Funktion eines Systems mit informationeller Rückkopplung ist voraussagbar. Allerdings muß zugegeben werden, daß informationelle Rückkopplung die Analyse erschwert.

Die Möglichkeit der Analyse bei informationeller Rückkopplung sei an einem Beispiel veranschaulicht, das zunächst scheinbar mit der Prognostik gar nicht vergleichbar ist, nämlich den Strafgesetzen. Deren Aussagen sind etwa der Art: »Wessen Verhalten die beschriebenen Kennzeichen erfüllt, erleidet die festgelegten Nachteile.« Hierbei wird unterstellt, daß durch die Androhung und erforderlichenfalls Verwirklichung der Nachteile die meisten Menschen die »verbotenen« Verhaltensweisen unterlassen. Würden sie diese nicht unterlassen, dann wäre die Strafandrohung sinnlos (sofern man den Sinn der Strafe nicht naiv moralisierend begründet). Strafandrohung und Strafrecht beziehen ihre Berechtigung offensichtlich aus der Tatsache, daß Ankündigungen, welche veröffentlicht und geglaubt werden und nach denen gehandelt wird, eine *voraussehbare* Wirkung haben.

Mir scheint, zwischen Strafandrohung und Prognose gibt es einen stetigen, fugenlosen Übergang. Wenn beispielsweise bestimmte Verhaltensformen offensichtlich zwingend zu Nachteilen für die Gesellschaft führen, dann wirkt die Einsicht in diese Nachteile genauso wie die obenerwähnte Strafandrohung. Und wenn unsere Gesellschaft durchschaut, wie sie durch die Hinterwelt zugrunde gerichtet wird, dann wird sie auch die notwendigen Konsequenzen ziehen.

Von manchen Menschen wird gesagt, sie seien »weitsichtig«, sie haben ein »Gefühl«, wie die zukünftige Entwicklung wahrscheinlich weitergehen wird. Menschen, welche im Ruf dieser »Weitsichtigkeit« stehen, werden vor Entscheidungen gerne um Rat befragt.

Durch Ausmittelung einer größeren Anzahl einzelner Aussagen kommt man meist zu einer besseren Voraussage. Diese – im statistischen Mittel gültige – Feststellung wird *nicht* dadurch widerlegt, daß gelegentlich Außenseiter eine richtige Prognose liefern, während die Mehrzahl sich irrt. Diese Verbesserung der Prognose wird – mindestens theoretisch – in demokratischen Organisationen genutzt.

Wohl die sicherste Aussage über die Zukunft ist die, daß sie uns Unerwartetes bringt. Die Aussage: »Ich kann mir dies oder jenes nicht vorstellen«, ist ein sehr unglaubwürdiges Argument. Wie wenig hätte ein kaiserlicher Geheimrat vor 66 Jahren sich die Realität von heute vorstellen können: Und es ist – angesichts der immer rascheren Veränderung – wahrscheinlich, daß unsere Welt sich in den nächsten 33 Jahren stärker verändern wird, als sie sich in den letzten 66 verändert hat. Was soll das »Argument«: Ich kann es mir nicht vorstellen!

Wie sehr die Entwicklung durch Postulate beherrscht wurde, die sich später als Irrtümer erwiesen, zeigen folgende Aussagen, die z. T. über Jahrhunderte hinweg – nicht nur von Laien, sondern auch von Autoritäten ihres Faches – als richtig angesehen wurden, von denen wir aber heute wissen, daß sie falsch sind:

> Atome sind unteilbar,
> Die Sonne dreht sich um die Erde,
> Organische Stoffe können nicht aus anorganischen Stoffen zusammengefügt werden,
> Pferdelose Wagen sind nicht realisierbar,
> Fahren mit der Eisenbahn erzeugt Hirnkrankheiten,
> Flug mit Maschinen schwerer als Luft ist unmöglich,
> Transatlantikflug ist unmöglich,
> Interkontinentale Raketen sind nicht realisierbar,
> Überwindung der Erdanziehung ist unmöglich, usw.

Glaube niemand, solche Vorurteile seien Zeichen vergangener Zeiten. Wieviel Eloquenz wird z. B. heute auf den Nachweis verwandt, daß Automaten dies und jenes nie können werden, z. B. nie Zeichen erkennen, nie lernen, nie originale Informationen produzieren usw. Nur die *Objekte* der Vorurteile wandeln sich, unverändert bleiben jedoch die Vorurteile als solche.

Obige Beispiele sind alle aus dem Bereiche der Naturwissenschaft und Technik gewählt. Hier ist es selbstverständlich, daß durch geeignete Erfahrungen, vor allem Experimente, auch Postulate von Autoritäten widerlegt werden können, während andere Disziplinen, wie z. B. Soziologie und Politologie, offensichtlich viel größere Mühe haben, autoritative Postulate zu überwinden.

Wenngleich es recht sicher ist, daß uns die Zukunft Unvorstellbares bringt, hat doch nicht jedes Unvorstellbare die Zukunft für sich.

Die Mehrzahl der unverstandenen Entdecker, Erfinder und Heilsbringer sind eben nicht die unverstandenen Boten der Zukunft, sondern Irrende. Die entscheidende intellektuelle Leistung ist nicht die Produktion phantastischer Ideen, sondern ihre Selektion. Diese besteht darin, daß aus einer Vielzahl vorgestellter Zukünfte diejenigen herausgesucht werden, deren Eintreffen auf Grund gleichbleibender Gesetze möglich oder wahrscheinlich ist. Diese Selektion ist ein Vorgang der Informationsverarbeitung.

Wenn die gesuchten Informationen über die Zukunft nicht auf primitive Extrapolationen beschränkt bleiben sollen, dann müssen Vorstellungen »möglicher Zukünfte« produziert werden. Diese sind viel schwieriger zu gewinnen als die Extrapolationen. Vor allem deshalb, weil das Denken immer wieder in die gewohnten Bahnen zurück verfällt und »man« sich andere nicht vorstellen kann.

Wie kann man trotz dieser Schwierigkeiten Informationen über die Zukunft gewinnen? Eine unzureichende und deshalb später zu korrigierende Vorstellung ist: Man liste alle Einzelveränderungen auf, welchen das zu prognostizierende System im betrachteten Zeitraum unterworfen sein könnte und permutiere diese: Dann hat man alle möglichen Zukünfte und kann deren Eintreffenswahrscheinlichkeiten abschätzen. Diese Methode hat aber mehrere Mängel: Vor allem den, daß nur die denkbaren Veränderungen betrachtet werden, aber nicht die unerwarteten, und die sind gerade am interessantesten. Hier stößt man auf eine Grenze der Zukunftsforschung, welche durch die mangelnde menschliche Vorstellungskraft gegeben ist. Eine andere Grenze zeigt sich daran, daß die Untersuchung aller möglichen Permutationen die Kapazität des menschlichen Gehirns meist weit überschreitet. Benutzt man hierzu einen Computer, so verliert man eine Leistung, welche das menschliche Gehirn ganz unbewußt hinzutut, nämlich die Aussonderung vieler sinnloser Kombinationen. Um diese Aussonderung in den Computer einzuprogrammieren, bedarf es sehr großen Aufwandes. Deshalb führt auch ein großer Computer zunächst nicht viel weiter.

Die zukünftigen Realitäten ergeben sich überwiegend aus einem Wechselspiel

> der technischen Innovationen und
> dem Verhalten von Menschen und Gesellschaften; nennen wir dieses die »psychische Komponente«.

Zwischen diesen beiden besteht ein Rückkopplungskreis, jeder der beiden kann als Ursache oder als Wirkung des anderen verstanden werden.

Während technische Innovationen relativ gut prognostizierbar sind, ist die psychische Komponente die große Unbekannte. *Eine* Ursache dieser Unsicherheit besteht wohl in folgendem: Menschliches Denken bildet sich zwangsläufig an den bekannten Tatbeständen der Vergangenheit und nicht an den unbekannten Tatbeständen der Zukunft. Das Aufkommen neuer Tatbestände erzeugt deshalb eine Fehlanpassung zwischen Realität und Denkweise. Diese Fehlanpassung wird um so stärker, je rascher sich die Umwelt verändert. Ihre Folgen sind nur schwer oder gar nicht voraussehbar.

Oft wird vermutet, man könne zwar das »normale« Verhalten des Menschen prognostizieren, nicht aber die einmaligen Leistungen der Erfinder und Entdecker. Dieses Problem scheint aber komplexer zu sein, als es die landläufige Meinung darüber wahrhaben will. Beispielsweise ist es eine Tatsache, daß viele Erfindungen und Entdeckungen nicht nur einmal, sondern unabhängig voneinander von mehreren Menschen gemacht wurden. Offensichtlich waren für diese Erfindungen und Entdeckungen zu einer bestimmten Zeit die Voraussetzungen gegeben, und es war dann mehr eine Frage des Zufalls, in welchem der verschiedenen Köpfe diese Voraussetzungen zur geistigen Synthese gebracht wurden.

Eine erfolgreiche Zukunftsforschung muß wohl drei verschiedene Zutaten sinnvoll koordinieren:

> Die Ideenproduktion intelligenter und weitsichtiger Individuen,
> die kritische Kommunikation von Experten verschiedener Fachrichtungen, und
> die Verknüpfungsarbeit großer Computer.

Man muß vor allem die zahlreichen Wechselwirkungen zwischen verschiedenen Tatbeständen beobachten, sowohl zwischen verschiedenen materiellen Tatbeständen (wie z. B. der Rationalisierung der Landwirtschaft und der Nahrungsmittelproduktion) als auch zwischen psychischen und materiellen Tatbeständen (wie z. B. rationale Aufklärung und Bevölkerungsentwicklung).

Aber auch hier zeigt es sich, daß nicht alle möglichen Zukünfte betrachtet werden können, sondern eine Beschränkung auf die wünschenswerten Zukünfte unumgänglich ist. Damit tritt in das zunächst wertfreie Erforschen der Zukunft das normative Element: »Wir wollen, daß . . .«, und es wird eine Sache der politischen Parteien, ihre Absichten durch konkrete, kritisierbare gesellschaftliche Entwürfe zu verdeutlichen und sie demokratischem Urteil zu unterwerfen.

Solche Entwürfe sind das Ergebnis langwieriger Systemanalyse, bewußter ideologischer Entscheidungen und der Überlegungen, wie diese Entwürfe in einem historischen Prozeß realisiert werden können.

Veränderungen der technischen, wirtschaftlichen, gesellschaftlichen oder politischen Situationen setzen Anstrengungen voraus. Wo der erhoffte Wertzuwachs gegenüber der Anstrengung klein erscheint, wird leicht auf die Realisierung verzichtet, man erliegt einem »Sachzwang«. Wichtig ist die Feststellung, daß die Existenz eines solchen Sachzwanges stets das Ergebnis gering eingeschätzter Werte ist. Wo Wertvorstellungen dominieren, verschwinden Sachzwänge. Wo Sachzwänge dominieren, entsteht »Eindimensionalität«.

Bei unterschiedlichen Wertsystemen verschiedener Akteure entscheidet die Machtposition darüber, welches Wertsystem Veränderungen bestimmt oder welche Kompromisse geschlossen werden.

Zur gewollten Veränderung sind vor allem zwei Voraussetzungen erforderlich:

> Einerseits muß ein neuer Zustand höheren Wertes gedanklich vorbereitet sein (ein »Entwurf«), und
> andererseits müssen für den Übergang vom bisherigen Zustand geringeren Wertes zum angestrebten Zustand höheren Wertes die erforderlichen Machtmittel bereitgestellt werden.

Wesentliche Veränderungen ereignen sich dann nicht, wenn entweder

keine Wertsysteme wirksam sind, oder
keine Entwürfe entstehen, oder
keine Machtmittel vorhanden sind, oder aber
die Produzenten der Entwürfe keine Macht haben und die
Träger der Macht keine Entwürfe haben.

Die Gordon-Helmer-Prognose

Im September 1964 veröffentlichten T. J. Gordon, Consultant der RAND Corporation, und Olar Helmer, RAND Corporation, einen Bericht mit dem Titel: ›Report on a long-range forecasting study‹. (Dieser erschien inzwischen in deutscher Sprache: ›50 Jahre Zukunft‹, Hamburg 1967.) Aus ihm seien einige kurze Ausschnitte über die Welt im Jahre 1984 entnommen:

Die Weltbevölkerung wird von ihrem gegenwärtigen Stand um weitere 40 Prozent gestiegen sein auf 4,3 Milliarden – vorausgesetzt, daß vorher kein dritter Weltkrieg stattgefunden hat. Daß dies nicht geschieht, dafür besteht eine Wahrscheinlichkeit von 80–85 Prozent, vorausgesetzt, daß die gegenwärtige Entwicklung sich fortsetzt, durch geeignete politische Maßnahmen kann diese Wahrscheinlichkeit auf 95 Prozent gesteigert werden. Damit die erforderlichen Mengen von Nahrungsmitteln bereitgestellt werden können, wird die Landwirtschaft durch die Automation und durch entsalztes Meerwasser unterstützt. Eine wirksame Geburtenkontrolle wird praktiziert mit dem Ergebnis, daß die Geburtenrate zunehmend sinkt. In der Medizin wird die Überpflanzung natürlicher und Einpflanzung künstlicher Organe (Plastik und Elektronik) praktiziert. Persönlichkeitssteuernde Drogen werden allgemein verwendet. Komplexe Lehrautomaten sind im allgemeinen Gebrauch. Automatisierte Bibliotheken, welche die erforderlichen Unterlagen heraussuchen und reproduzieren, fördern die wissenschaftliche Forschung. Weltweiter Informationsaustausch wird gefördert durch ein Satelliten-Übertragungssystem und durch automatische Sprachübersetzung. Die Automation umspannt den ganzen Bereich von Dienstleistungen bis hin zu Entscheidungen auf Führungsebene.

Eine dauernde Mondbasis wird eingerichtet sein. Bemannte Vorbeiflüge an Mars und Venus wurden ausgeführt. Weltraumlaboratorien sind in Funktion. Triebwerke unter Verwendung von Atomreaktoren und Ionentriebwerke werden verfügbar.

Die Menschheit im Jahre 2000

Die Zeit einer einzigen Generation trennt uns noch vom Jahre 2000, und vorsorgliche Eltern denken darüber nach, in welcher Welt ihre Kinder leben werden, wenn sie so alt sind wie sie jetzt. Daß die menschliche Kultur nicht durch einen Großkrieg mit Atomwaffen total vernichtet oder auf eine primitive Stufe zurückgeworfen wird, ist unsere Hoffnung.

Die Bevölkerung der Erde wächst jährlich um 2–2,5 Prozent. Im Jahre 2000 werden etwa 6 Milliarden Menschen leben. Wenn es so weiterginge, dann bevölkerten im Jahre 2100 etwa 35 Milliarden Menschen die Erde.

Mit den heute üblichen Methoden der Nahrungsmittelproduktion können etwa 30–50 Milliarden Menschen ernährt werden. Praktisch zeigt es sich aber, daß ein großer Teil der Erdbevölkerung schon heute unterernährt ist, und daß es bisher nicht gelang, die Produktionsmöglichkeiten der Erdoberfläche rationell auszunutzen. Dem Bevölkerungswachstum von etwa 2–2,5 Prozent steht eine mittlere jährliche Steigerung der Nahrungsmittelproduktion von nur etwa 1 Prozent gegenüber. Bedenken wir nun, daß jährliche Schwankungen der Produktion bis hin zu katastrophalen Mißernten unvermeidbar sind, so erscheint es wahrscheinlich, daß bis zum Jahre 2000 mehrere Hundert Millionen Menschen verhungern werden. Hungerkatastrophen dürften die Realitäten der Weltpolitik stärker bestimmen, als wir es uns gegenwärtig vorstellen können. Die reichen Nationen werden einen großen Teil ihres Sozialproduktes für solche Aufgaben opfern müssen.

Deprimierend ist, daß realisierbare Möglichkeiten zur Abwendung dieser Hungersnöte nicht genutzt werden: Ausdehnung der Kulturfläche, Bewässerung, Schädlingsbekämpfung, Sortenwahl, Düngung, Rationalisierung des Ackerbaus, Meeresfarmen usw. Es zeigt sich, daß – besonders in Indien – die meisten Voraussetzungen fehlen, um durch solche Techniken die Hungersnot zu lindern. Eine Repräsentativbefragung unter der indischen Bevölkerung ergab, daß die meisten (etwa 80 Prozent) entweder nicht glauben oder nicht wünschen, daß durch Anwendung technischer Mittel die Not abgewendet wird. Illustriert wird dies nicht nur durch die Existenz von etwa 100 Millionen heiliger Kühe, sondern ebenso durch die Weigerung, Ratten zu töten, Weizen oder ungeschälten Reis zu essen, oder auch durch die verrostenden Landmaschinen.

Oben wurde die Entwicklung der Erdbevölkerung abgeschätzt und ergab bei gleichbleibender Wachstumsrate etwa 35 Milliarden im Jahre 2100. Unter dieser Voraussetzung würden Stadtgebiete mit hundert Millionen Menschen entstehen und Bevölkerungsdichten, wie wir sie gegenwärtig in Hongkong und Tokio beobachten können. Umstritten ist, ob dann bei Menschen ähnliche biologische Regelungen einsetzen, wie sie beispielsweise bei Ratten beobachtet wurden, die sich oberhalb einer gewissen Dichte nicht mehr vermehren. Nach unseren heutigen Vorstellungen ist unter solchen Verhältnissen kein menschenwürdiges Leben mehr möglich. Aber es muß damit gerechnet werden, daß die Vorstellungen sich ändern.

Die Produktion ausreichender Mengen an Nahrungsmitteln scheitert vorwiegend an menschlichen Fehlleistungen. Die Chancen, rasch die weitere Zunahme der Erdbevölkerung zu stoppen, scheitert ebenfalls an menschlichen Fehlleistungen. Obwohl die Technik der Geburtenbeschränkung in unserer Zeit perfektioniert wurde, ist eine rasche Wirkung noch nicht abzusehen. Viele Menschen erreicht diese Möglichkeit überhaupt nicht, und viele andere werden durch bestimmte Moralvorstellungen an ihrem Gebrauch gehindert. Besonders kritisch ist die Situation in Südamerika: Solange die katholische Kirche sich nicht für wirksame Geburtenkontrolle ausspricht, sind hier die Chancen sehr schlecht.

Der weltpolitische Rahmen wird in Zukunft vermutlich weniger durch Spannungen zwischen Ost und West bestimmt sein (die sich – abgesehen von China – immer mehr angleichen) als vielmehr zwischen Nord und Süd. »Nord« steht hier für die hochindustrialisierten Bereiche USA, Europa, Rußland, Japan. »Süd« steht für die vielen anderen Länder, deren Industrialisierung und Organisation noch keine konkurrenzfähige Mitwirkung am internationalen Austausch ermöglicht. Hierbei zeigen sich drei Tatbestände sehr deutlich:

1. Der ökonomische Abstand zwischen »Nord« und »Süd« wird in unserer Zeit nicht kleiner, sondern größer.
2. Die Konkurrenzfähigkeit hängt nur wenig von den materiellen Ressourcen ab, mehr von der Anpassung an moderne Methoden. Erziehung erweist sich als diejenige menschliche Aktivität, welche langfristig den größten Gewinn erzielt.
3. China paßt weder in das Ost-West- noch in das Nord-Süd-Schema. Angesichts seiner großen Population stellt es einen großen Unsicherheitsfaktor der Weltpolitik dar. Wird sich

nach dem Ende der Kulturrevolution der kometenhafte Aufstieg ereignen, dessen Möglichkeit W. Fucks mit seinem Buch ›Formeln zur Macht‹ voraussagte?

Hinsichtlich des zukünftigen weltpolitischen Rahmens sei noch festgestellt, daß in übersehbarer Zeit *kein* Mangel an verfügbarer Energie zu erwarten ist und daß die politische Bedeutung der meisten Bodenschätze durch die zunehmende Austauschbarkeit abnimmt.

Ein Kongreß über »Die nahe Zukunft der Menschheit – Friede und Entwicklung 1970–2000« fand vom 11. bis 15. September 1967 in Oslo statt. Veranstalter waren gemeinsam das »International Peace Research Institute Oslo« und das »Institut für Zukunftsfragen Wien«.

Teilnehmer waren etwa 60 Wissenschaftler aus Ost und West, Politologen, Soziologen, Philosophen, Planungsfachleute und Ingenieure.

Das Programm enthielt folgende Hauptthemen: ›Internationale Zukunft‹, ›Materielle Grundlagen‹, ›Technische Entwicklung‹, ›Humanitäre Gesichtspunkte und Ziele‹.

Die Verhandlungen der Konferenz werden demnächst (im UMSCHAU-Verlag) publiziert. Sie sind eine Fundgrube zukunftsweisender Informationen.

Einen sehr konkreten Beitrag zur Klärung zukünftiger Lebensumstände erarbeitete während dieser Konferenz *Olaf Helmer* (RAND Corporation, Los Angeles). Er untersuchte die folgenden sechs Fragen:

1. Wann wird die Weltbevölkerung, die im Jahre 1967 etwa 3,3 Milliarden beträgt, die Fünf-Milliarden-Grenze überschreiten?
2. Wann wird die Verunreinigung der Luft, Flüsse und Seen wirkungsvoll kontrolliert und auf etwa den Stand vom Jahre 1940 zurückgeführt sein?
3. Wann wird die thermonukleare Fusionsenergie den traditionellen Energieträgern konkurrenzfähig sein?
4. Wann wird das Welt-Bruttosozialprodukt pro Kopf (das gegenwärtig etwa 135 Dollar beträgt) sich verdoppelt haben?
5. Wann wird der Anteil der Weltbevölkerung, dessen Ernährung unter dem physiologischen Minimum liegt, von gegenwärtig 12 Prozent auf 6 Prozent abgesenkt sein?
6. Wann werden mindestens 20 Prozent der Welt-Ernährungsproduktion (gemessen in Kalorien) in Meeresfarmen erzeugt?

Diese Fragen wurden Experten vorgelegt, die Wechselwirkungen der Tatbestände beachtet und schließlich den einzelnen die konkurrierenden Ansichten mit ihren Begründungen mitgeteilt. So wurde schließlich der wahrscheinlichste Zeitpunkt für jedes der obengenannten Ereignisse nach bestem Wissen abgeschätzt. Unter Verzicht auf unwichtige Details ist das Ergebnis:

1. Etwa im Jahre 1990 werden etwa 5 Milliarden Menschen auf der Erde leben.
2. Etwa im Jahre 1995 wird die Verunreinigung der Luft, Flüsse und Seen kontrolliert und auf etwa den Zustand vom Jahre 1940 zurückgeführt sein.
3. Die thermonukleare Fusionsenergie wird etwa im Jahre 2003 konkurrenzfähig sein.
4. Bis etwa zum Jahre 1995 wird sich das Welt-Bruttosozialprodukt pro Kopf etwa verdoppelt haben.
5. Der Anteil der hungernden Bevölkerung wird nicht vor dem Jahr 2000 unter 6 Prozent gesenkt werden können.
6. Etwa im Jahre 1995 werden 20 Prozent der Nahrungsmittelproduktion in Meeresfarmen erzeugt.

Die Fiktion der perfekten Technik

Die Fortschritte der Technik führen dazu, daß mit immer geringerem Aufwand immer gewaltigere Leistungen vollbracht werden können. Die Energiequellen werden zunehmend ergiebiger, durch Betätigung eines Schalters können Tausende oder Millionen von Pferdestärken zur Wirkung gebracht werden. Die Produktionsautomaten werden wirkungsvoller, es bedarf nur noch des Startkommandos, um Transferstraßen in Gang zu setzen, welche Güter aller Art in großer Menge produzieren. Moderne Kommunikationssysteme transportieren in Sekundenschnelle Nachrichten von jedem Punkt der Erde und des umgebenden Weltraums an jeden gewünschten anderen Punkt und bewirken, daß die menschliche Gesellschaft eine informierte Gesellschaft ist. Computer lösen mit unvorstellbarer Geschwindigkeit Probleme, deren mathematische Behandlung noch vor kurzem undenkbar gewesen wäre und suchen optimale Formen technischer oder gesellschaftlicher Strukturen. Und schließlich stehen den Menschen Waffen zur Verfügung, deren Anwendung zu unvorstellbaren Zerstörungen der Erde führen und alles menschliche Leben beenden könnte.

Das gemeinsame Kennzeichen dessen ist, daß durch einen winzigen Einsatz des Menschen ungeheuer große Wirkungen erzeugt werden können. Diese fiktive perfekte Technik ist also dadurch gekennzeichnet, daß der Mensch, der am Schalthebel sitzt, irgend etwas nur noch zu wünschen braucht – und schon ist es Wirklichkeit.

Diese Vorstellung ist zunächst zweifellos eine Fiktion – unser tägliches Leben ist voller Müh und Plag –, es gibt aber keinen Zweifel daran, daß die perfekte Technik der Konvergenzpunkt ist, auf den zu sich die Technik bewegt. Vielleicht wird er nie erreicht, aber der Abstand zu ihm wird immer kleiner, so wie sich eine Kurve ihrer Asymptote nähert. Es ist deshalb ein nützliches Denkmodell, sich die Situation des Menschen im Zustande der perfekten Technik vorzustellen.

Vor allem interessiert hier die Frage, welche Sozialstrukturen im Zustande der perfekten Technik möglich sind.

Insbesondere: Wie kann im Zustande der perfekten Technik besorgt werden,

> daß die wenige noch von Menschen zu leistende Arbeit sinnvoll verteilt wird,
>
> daß der entstehende Nutzen sinnvoll auf die Menschen verteilt wird, und
>
> daß die ungeheuer wirkungsvollen Mittel der perfekten Technik nicht zum Schaden der Menschen benutzt werden?

Es scheint mir undenkbar, daß die Verfügung über die perfekten technischen Mittel anders als durch gesellschaftliche Kontrolle geschehen kann. Schon heute sind große Bereiche gesellschaftlicher Aktivität der marktwirtschaftlichen Kontrolle entzogen, vor allem Erziehung und Gesundheitswesen. Andere sind im allmählichen Übergang von der marktwirtschaftlichen Kontrolle zur sozialen Kontrolle, z. B. Energie und Raumordnung. Es ist anzunehmen, daß im Zustande der perfekten Technik der marktwirtschaftlich regelbare Anteil gegenüber dem *notwendigerweise* sozial geregelten Anteil vernachlässigbar sein wird. Das Individuum mit seiner Unberechenbarkeit und seinem nur scheinbar gebändigten Egoismus darf einfach die Schalthebel der perfekten Technik nicht in eigener Verantwortung betätigen. Die gegenwärtige Praxis mit den Atombomben ist symptomatisch für diese Notwendigkeit.

Worauf es ankommt

Das vorliegende Buch begann mit der Frage, warum wir in Zukunft nicht mehr konkurrenzfähig sein werden. Sie wurde beantwortet mit der Markierung der Hinterwelt, die ein Auseinanderlaufen von Ideologie und Realität bewirkt und unsere Menschen dazu verführt, ihre Kraft, Intelligenz und Hoffnung jenseits dieser Wirklichkeit zu vertun, anstatt diese zu nutzen, um hier in der Vorderwelt erfolgreich, friedlich und human zu leben, und weiterhin unsere Gesellschaft daran hindert, über ihr zukünftiges Schicksal ernsthaft nachzudenken und sie auch in Zukunft zum willenlosen Objekt zufälliger, möglicherweise schädlicher oder krimineller Entwicklungen macht. Wenn es zu dieser Hinterwelt keine Alternative gäbe, dann wäre es müßig, über sie zu klagen, und man müßte sie als unvermeidbares Verhängnis hinnehmen.

Ich bin davon überzeugt, daß es Alternativen gibt. Die Schwierigkeit, sie zu finden, ist durch verschiedene Ursachen begründet. Beispielsweise durch die Ideologie des Konformismus, die sagt: So wie es hier gemeint wird, ist es *endgültig richtig*, und wie es andernorts gemeint wird, ist es *endgültig falsch!* Oder durch das Denken in Stereotypen, welches sagt: So wie es bei den Amerikanern ist, paßt es uns nicht, und wie es bei den Russen ist, paßt es uns auch nicht, und sonst gibt es nichts.

Die Schwierigkeiten, Alternativen zu finden und sie gesellschaftlich wirksam zu machen, sind sehr groß. Handelt es sich doch um nicht weniger als einen Teil dessen, was unsere geistige Tradition darstellt, aus unserem Denken zu entfernen, aus all unseren bewußten und unbewußten Reaktionen und partiell nochmals von vorne zu beginnen. Dagegen erscheint die Aufgabe, sich selbst am eigenen Schopf aus dem Sumpf zu ziehen, noch leicht lösbar. Wer trennt sich schon von vertrauten Denkgewohnheiten und übernimmt es, anders und neu zu denken? Man kann leicht *tun*, was man will, aber schwer *wollen*, was man will. Gerade darin besteht unsere Not, wir brauchen Notwahrheiten und haben sie nicht. Und wenn wir sie haben – wie sollen sie sich gesellschaftlich durchsetzen? Nicht wenige, die ähnliche Klagen führten, resignierten vor dem Mangel an Notwahrheiten und der Schwierigkeit ihrer gesellschaftlichen Verwirklichung.

Ich bin nicht davon überzeugt, daß ein solches Umlernen unmöglich ist. Wir sollten uns beispielsweise daran erinnern, daß in der Reformationszeit mehrfach Gesellschaften ihr Bekenntnis gewechselt und sich dadurch nachhaltig verändert haben. Es scheint mir nicht von vorneherein ausgeschlossen, daß unsere Gesellschaft umlernen kann, ich glaube es nicht, daß ein solch intelligentes Volk offenen Auges zugrunde gehen will.

Unsere heutige Situation unterscheidet sich vom Bekenntniswechsel zur Reformationszeit wesentlich dadurch, daß es keinen Landesfürsten gibt, der mit unbeschränkter Macht umerzieht. Es gibt hier nur eine sehr kleine Macht, welche diese Reform bewirken könnte, nämlich nur die Einsicht denkender Menschen in die zwangsläufigen Folgen unserer geistigen Fehlhaltung. Und diese Einsicht denkender Menschen hat sich in der Geschichte bisher nicht als Großmacht erwiesen: Die Vernunft hat keine Atombomben.

Erst wenn uns das Wasser sehr hoch am Halse steht, besteht Aussicht auf eine grundsätzliche Veränderung. Not lehrt denken – wenn aber eine Gesellschaft den Denkverzicht zum höchsten Ideal emporgejubelt hat, dann braucht sie großer Not, um wieder denken zu lernen.

Mit den Alternativen zur Hinterwelt beginnen weitere Schwierigkeiten: Solange man nur über offensichtliche Mißstände klagt, hat man leicht Bundesgenossen. Wenn man aber konkrete Alternativen entwickelt, dann lösen sich die Bündnisse auf. Das »Anti-Gefühl« begründet keine Alternative.

Die Suche nach Alternativen setzt Klarheit über die Wertsysteme voraus, wenn man sich nicht in einer neuen Hinterwelt und neuen Mystik verirren will. Hierbei erinnern wir uns, daß das, was der Mensch als wertvoll ansieht, nicht die Folge unverrückbarer Tatbestände ist, sondern überwiegend das Ergebnis der Erziehung.

Die Erziehung der Kinder ist das Ergebnis bestimmter gesellschaftlicher Prinzipien, und umgekehrt sind diese Prinzipien das Ergebnis der Erziehung: Hier finden wir den Rückkopplungskreis des Kybernetikers D. M. MacKay:

»Es ist unmöglich, nach einer Orientierungsmarke zu segeln, die wir an den Bug unseres eigenen Schiffes genagelt haben.«

Die Zukunft wird uns aber auf hoher See finden, und alles hängt davon ab, ob wir navigieren können. Fahren auf Sicht – das geht nur bei der Küstenschiffahrt.

Es geht in Zukunft immer weniger darum, in vorbedachten

Situationen vorprogrammiertes Verhalten abzuspulen, sondern vielmehr darum, in nicht vorausdenkbaren Situationen vernünftig zu handeln. Dies ist viel schwieriger. Grundlagen für das Zurechtfinden in der zukünftigen, nicht vorausdenkbaren Welt bietet eine Erziehung, die auf Logik, Semantik, Kybernetik aufgebaut ist und Denkmodelle liefert, die nicht schon heute unbrauchbar sind, sondern Verständnis unbekannter Umwelten ermöglichen.

Eine Untersuchung des Entscheidungsprozesses zeigt die große Bedeutung des Wertsystems. Drei Forderungen sind es, welchen meines Erachtens jedes zukünftige Wertsystem gehorchen sollte:

> Es muß *menschengerecht* sein, d. h., seine Weisungen müssen dem menschlichen Leben dienen.
> Es muß *sachgerecht* sein, d. h., seine Aussagen müssen den Realitäten semantisch gerecht werden.
> Es muß in einem *historischen Prozeß* praktikabel gemacht werden können.

Diese drei Forderungen werden – angesichts ihrer Abstraktheit – kaum auf Widerspruch stoßen. Die eigentlichen Schwierigkeiten beginnen dann, wenn sie konkretisiert werden. Hierzu sollte man sich des Rates erfahrener Anthropologen, Psychologen und Soziologen mehr bedienen als alter Pergamente.

Zukünftige Wertsysteme müssen sehr *konkret* formuliert werden, sie müssen leichtverständliche Anweisungen zu praktischem Handeln ermöglichen und haben nichts zu tun mit Kalendersprüchen etwa der Art: »Edel sei der Mensch«.

Zukünftige Wertsysteme müssen sich bewußt und deutlich absetzen von der Beschränktheit und Intoleranz des »gesunden Volksempfindens«. Es muß vor allem eingesehen werden, daß die zukünftige Gesellschaft keine Konformisten braucht, sondern geistige Experimente. Das Ideenpotential einer Gesellschaft stellt in Zukunft ein größeres Vermögen dar als materielle Ressourcen.

Man möchte die psychische Situation des Menschen in der zukünftigen hochtechnisierten Welt vergleichen mit der eines Kindes vor einem ungeheuren Baukasten. In diesem Baukasten finden sich grauenhafte, unwirtliche Städte, chaotische Verkehrsverhältnisse, das Inferno des Atomkriegs, aber auch erstaunliche Möglichkeiten, menschliches Leben erfreulich zu gestalten, intellektuelle Abenteuer, künstlerische Höhepunkte, religiöse Verinnerlichung und manches andere mehr. Es kommt darauf an, daß dieses Kind seine Steine nicht unüberlegt nach alten Mustern setzt, sondern neue Muster sucht, ein neues Bewußtsein entwickelt, ein kritisches Bewußtsein.

Man möchte ihm zurufen:

> Wir bitten euch aber:
> Was nicht fremd ist, findet befremdlich!
> Was gewöhnlich ist, findet unerklärlich!
> Was da üblich ist, das soll euch erstaunen.
> Was die Regel ist, das erkennt als Mißbrauch
> Und wo ihr den Mißbrauch erkannt habt
> Da schafft Abhilfe!
> (Brecht, Die Ausnahme und die Regel)

Wo finden wir in unserer Gesellschaft dieses kritische Bewußtsein? *Nicht* bei den Routiniers politischer Macht, *nicht* bei den erfolgreichen Managern, *selten* an den Lehrstühlen der Weisheit, *kaum* in der Öffentlichkeit. Anerkennung erwirbt man sich in unserer Gesellschaft mit Schlafpülverchen, nicht mit dem kritischen Bewußtsein. Es ist die Sache weniger Außenseiter, das kritische Bewußtsein in Opposition zu den erfolgreichen und vielprämiierten Schlafmittelproduzenten zu erhalten.

Der Erfolg oder Mißerfolg jeder denkbaren Alternative ist bestimmt durch den Einfluß auf die Erziehungspolitik. Wenn diese das Monopol der Hinterwelt bleibt, ist jede Diskussion über die Verwirklichung von Alternativen Zeitvergeudung.

Die Suche nach Alternativen ist ebenso utopisch wie ideologisch – und dies gilt in unserem Lande ja als Schimpf und Schande. Unsere Gesellschaft lebt in dem Wahn, sie sei eine ideologiefreie Gesellschaft, und die Vermutung, es gäbe einmal eine andere Denkweise als die gegenwärtige, wird bereits als ein Sakrileg angesehen. Mir scheint, die wirkliche Gefahr liegt weniger in der Existenz der Ideologie als vielmehr im Nichtbewußtsein der Ideologie, und ich glaube, daß wir eine Utopie entwickeln *müssen*, wie die Menschen unserer Gesellschaft nach ein, zwei oder drei Generationen leben sollen. Es ist durch die Erfahrung erwiesen, daß der Weg des geringsten Widerstandes nicht zu einer Ordnung unserer gesellschaftlichen Probleme führt, so wenig er zu einer Ordnung unserer finanziellen Probleme führte. Auch im Bereiche der Gesellschaftspolitik sind gedankliche Entwürfe Voraussetzung der Ordnung. Wir brauchen konkrete, kritisierbare gesellschaftliche Utopien.

Wir beklagten die Hinterwelt als eine Kehrtwendung des Geistes, weg von der Realität. Hier dürfte die Alternative unproblematisch sein: Es muß eine Hinwendung zur Realität sein, die Alternative zur Hinterwelt ist nicht eine »Anti-Hinterwelt«, sondern eine klare Hinwendung zur Vorderwelt und zu dem Bekenntnis, daß der menschliche Geist keine bessere Aufgabe hat, als das menschliche Leben hier in dieser Vorderwelt zu ordnen. Diese Ordnung ist eine Aufgabe höchsten Schwierigkeitsgrades und bedarf größter Anstrengungen: Nicht zu vergleichen mit der Leichtigkeit und Eleganz, mit der in unserem Lande philosophische Systeme entworfen wurden.

Vermutlich am stärksten muß sich das Bildungsideal verändern. Manches, was heute noch als schöngeistige Bildung angesehen wird, muß als irrationalistische Unzucht des Denkens und geistige Verwahrlosung erkannt werden. Die symbolische Logik, die Semantik, die Ideologiekritik und die Psychoanalyse bilden den Ausgangspunkt für diese intellektuelle Revolution. Die Notwendigkeit für diese Revolution ergibt sich daraus, daß die komplexe Gesellschaft, in der wir leben, nicht mehr mit der Erziehung zum geistigen Gehorsam und zum Denkverzicht im Namen irgendeiner Bekenntnistreue reguliert werden kann. Die katastrophalen Folgen der Erziehung zum Denkverzicht erzwingen eine Umprogrammierung des gesamten Bildungswesens (H. Kilian).

Man muß diese geistige Wendung *wollen*, und man muß die Vorderwelt *sehen*, und zwar einerseits die Vorderwelt, so wie sie heute vor uns liegt, und andererseits so wie sie uns als wahrscheinliche Zukunft erscheint. Im Abschnitt ›Die informierte Gesellschaft‹ diskutierten wir die gegenwärtigen und zukünftigen technischen Hilfsmittel, um wirkungsvoll Informationen über diese Vorderwelt zu gewinnen und zu verarbeiten. Und in dem Abschnitt über die Zukunftsfragen haben wir uns eine Übersicht darüber verschafft, welche Methoden es gibt, Informationen über die Zukunft zu gewinnen, und haben ein wahrscheinliches Bild der Zukunft skizziert. Daß es sich hierbei nicht um angemaßte Prophetie handelt, sondern lediglich um unvollständige und unsichere Aussagen, sei nochmals festgestellt, und auch, daß die Zahl der Fragen, die man mit sinnvoller Zuverlässigkeit beantworten kann, recht gering ist. Das wenige aber, was man schon heute voraussehen kann, ist sehr wertvoll, es ermöglicht Entscheidungen, die weniger kurzsichtig und unvernünftig sind als diejenigen, die ohne sorgfältige, bewußte

Analyse der Zukunft gefühlsmäßig, intuitiv oder gläubig gefällt werden. Es scheint mir eine wichtige, vielleicht die wichtigste Aufgabe unserer Soziologie zu sein, aus derartigen technischen Analysen und Zukunftsperspektiven heraus konkrete, kritisierbare gesellschaftliche Utopien zu entwickeln, wie gesagt, gewissermaßen eine *Politeia der Zukunft* zu schreiben. Die Faszination, die auch in unserer Gesellschaft die ›Worte des Vorsitzenden Mao Tse-tung‹ bewirken, dürfte mindestens teilweise dadurch begründet sein, daß hier eine solche konkrete, kritisierbare gesellschaftliche Utopie angeboten wird, die sich so deutlich von den unkonkreten gesellschaftlichen Leitbildern unterscheidet, die bei uns gängig sind.

H. Schelsky hat in seiner Publikation ›Der Mensch in der wissenschaftlichen Zivilisation‹ (in dem Buch ›Auf der Suche nach der Wirklichkeit‹, Düsseldorf 1965) das Modell des »Technischen Staates« entworfen:

»Wenn der moderne Staat in allen seinen Wirkungsweisen eine solche Fusion mit der modernen Technik eingeht, dann muß er auch in seinem Wesen als universaler technischer Körper begriffen werden können ... Auch das ›Ziel‹ des Staates ist dann die höchste Wirksamkeit der in ihm verfügbaren technischen Mittel ... Er (der Staat) selbst ist damit in seinen Zielen aber dem Gesetz unterworfen, das ich schon als das allgemeine Gesetz der wissenschaftlichen Zivilisation erwähnte: daß sozusagen die Mittel die Ziele bestimmen oder besser, daß die technischen Möglichkeiten ihre Anwendung erzwingen ...

Politik im Sinne der normativen Willensbildung fällt aus diesem Raume eigentlich prinzipiell aus, sie sinkt auf den Rang eines Hilfsmittels für Unvollkommenheiten des ›technischen Staates‹ herab ...

Wir sollten diese These vom ›Absterben‹ des Staates im Sinne der Herrschaft von Menschen über Menschen nicht nur als Utopie abtun ...

Gegenüber dem Staat als einem universalen technischen Körper wird die klassische Auffassung der Demokratie als eines Gemeinwesens, dessen Politik vom Willen des Volkes abhängt, immer mehr zu einer Illusion. Der ›technische Staat‹ entzieht, ohne antidemokratisch zu sein, der Demokratie ihre Substanz. Technisch-wissenschaftliche Entscheidungen können keiner demokratischen Willensbildung unterliegen, sie werden auf diese Weise nur uneffektiv. Wenn die politischen Entscheidungen der Staatsführungen nach wissenschaftlich kontrollierten Sachgesetzlichkeiten fallen, dann ist die Regierung ein Organ der Verwaltung von Sachnotwendigkeiten, das Parlament ein Kontrollorgan für sachliche Richtigkeit geworden ...

Dazu kommt, daß die Sachverhalte, die es zu entscheiden gilt, ja gar nicht mehr von einer vernünftigen Urteilsbildung des normalen Menschenverstandes oder einer normalen Lebenserfahrung her angemessen intellektuell zu bewältigen sind, so daß immer mehr ›Informationen‹ erforderlich sind, jede sachlich tiefer gehende Information aber die politische Urteilsbildung eher suspendiert als erleichtert. Die Gefahr einer Entpolitisierung und d. h. zugleich Entdemokratisierung der Staatsbürger durch Überinformation ist längst aktuell.«

Dieses Geschichtsmodell Schelskys ist seit geraumer Zeit Gegenstand sachverständiger Kritik. Hier in diesem Zusammenhang sind folgende Bemerkungen angebracht:

1. Die Technik liefert nicht nur Sachzwänge, sie liefert auch Verfahren, Sachzwänge zu überwinden. Sie erzeugt nicht nur komplexe gesellschaftliche Strukturen, sie liefert auch die Hilfsmittel zu ihrer intellektuellen Beherrschung. Erinnert sei vor allem an die Methoden der Operations Research, Computer und Informationsbanken.

2. Die Notwendigkeit der Unterscheidung zwischen Entscheidungsalternativen und deren subjektiver Bewertung wird besonders deutlich beim Vorgang des »Optimierens« mit den Methoden der Operations Research: Die Aufgabe »Optimieren« ist so lange unlösbar, als nicht festgestellt wird, welche Systemeigenschaften maximiert oder minimiert werden sollen. Diese Verfahren, hochkomplexe technische oder gesellschaftliche Systeme zu optimieren, zeigen ganz deutlich die zentrale Bedeutung der vorzugebenden Wertsysteme, und sie verneinen die Vermutung, man könne komplexe Systeme ohne Wertsysteme auf Grund eines Sachzwanges optimieren.

3. Das Mißverständnis, welches durch »Sachzwänge« beschrieben wird, kennzeichnet W. Tuchel (›Herausforderung der Technik‹, Bremen 1967) so: »Solange die technische Entwicklung allein unter dem Aspekt der Erzielung des größtmöglichen Gewinns auf einem freien Markt gesehen wird, kann sie allerdings von dieser Verflechtung mit der Wirtschaft her als eigengesetzliche Größe verstanden werden. Aber man übersieht dann dabei ganz, daß diese scheinbare

Gesetzlichkeit nur innerhalb eines marktwirtschaftlichen Systems gilt und eben keine zur Technik selbst gehörende, ihr als Technik eigene besondere Gesetzlichkeit ist. Der angebliche Zwang der Sachen entpuppt sich also als eine Zweckbehauptung derer, die sich nicht in die Karten schauen lassen wollen.« (S. 49)

4. Es ist festzustellen, daß das Modell des »Technischen Staates« nicht von Ingenieuren oder Naturwissenschaftlern ersonnen wurde und auch nicht von solchen vertreten wird.

5. Es ist nicht entschieden oder entscheidbar, wer im Wettrennen vorne liegt: Die zunehmende Komplexität gesellschaftlicher Phänomene oder deren intellektuelle Durchleuchtung: Es scheint im Augenblick eher so, daß die politischen und gesellschaftlichen Phänomene in unserer Zeit auch für die Öffentlichkeit transparenter werden, das heißt, daß mit höherer Zuverlässigkeit von bestimmten Ursachen auf bestimmte Wirkungen geschlossen werden kann als beispielsweise vor hundert Jahren: Die Demokratie hat immer noch ihre Chance, die Informationstechnik ist eine starke Waffe gegen die Sachzwänge, welche der Gesellschaft scheinbar über den Kopf wachsen.

Dieses Modell des »Technischen Staates« entspricht nicht unseren Einsichten: Wir stellen ihm das Modell eines »Kybernetischen Staates« gegenüber, bei welchem zwar die Funktionen bis zu höchster Perfektion durchrationalisiert sind, aber keinem anderen Zweck dienen, als bewußte menschliche Ziele zu verwirklichen. Hierbei lassen wir uns nicht durch »Sachzwänge« beirren. Der Mensch ist der Kybernetes all dieses politischen Geschehens, er gibt Maßstäbe und setzt Ziele.

Trotz dieser Bedenken ist H. Schelsky zu danken, daß er diese gesellschaftliche Utopie entwickelt hat: Nur über solche Utopien hinweg klärt sich allmählich das Bild der Gesellschaft zur Zeit der perfekten Technik und der dichten Massengesellschaft. Es ist – wie gesagt – eine wichtige, vielleicht die wichtigste Aufgabe unserer Soziologie, eine konkrete und kritisierbare gesellschaftliche Utopie zu entwickeln.

Gesellschaftliche Utopien gründen auf bestimmten Wertsystemen, und die Entscheidung für oder gegen ein Wertsystem ist zugleich die Entscheidung für oder gegen eine gesellschaftliche Utopie. Bei der Diskussion, was uns wertvoll und was uns weniger wertvoll oder gar wertlos erscheint, zeigt sich die Schwierigkeit unseres Vorhabens.

Scheinbar leicht kann man auf die negative Seite unserer Wertetafel schreiben: Krankheit, Dummheit und Gewaltanwendung.

Scheinbar leicht, denn rasch melden sich die Einwände: Soll der Mensch wirklich seinen Lebensweg ohne Krankheit und Schmerzen durchlaufen, oder verleihen diese seinem Leben den eigentlichen »Tiefgang«? Diese Frage kulminiert in der Einstellung zum Sterben: Soll der Mensch die Chance haben, ohne Qual und Schmerzen diese Welt verlassen zu können, was medizinisch wohl zu verwirklichen wäre?

Ähnlich kritisch wie die Beurteilung von Gesundheit und Krankheit ist die Beurteilung von Intelligenz und Dummheit. Die meisten Menschen werden zustimmen, wenn Intelligenz höher bewertet wird als Dummheit. Aber – gibt es nicht jene mißdeutbare Lobpreisung, das Himmelreich sei den geistig Armen sicher? Dieser Lobpreisung würde ich zustimmen, wenn damit den geistig Armen Trost gebracht wird, ich kann ihr aber nicht zustimmen, wenn es um einen gesellschaftlichen Leistungsanreiz geht. Die Konkurrenzfähigkeit unserer Gesellschaft steht und fällt damit, daß in Wissenschaft und Technik, in Wirtschaft und Politik intelligent gehandelt wird, und für Erfindungen gibt es Lizenzen, nicht aber für den Trost der geistig Armen. Nun mag mir einer vorwerfen, diese Betrachtungsweise sei einseitig, ja geradezu simplifizierend. Ich könnte ihm hierbei schwerlich widersprechen, ich könnte ihm nur zu bedenken geben: Wenn eine Gesellschaft erst einmal außerstande ist, die materiellen Grundlagen ihrer Existenz zu schaffen, dann werden sich auch ihre seelischen Vermögen bald erschöpfen.

Weiterhin sollte eine für unsere zukünftige Gesellschaft brauchbare Ideologie ausgehen von dem Prinzip, daß die Anwendung von Gewalt kein Mittel ist, um irgendwelche Widersprüche zwischen Menschen oder Menschengruppen zu lösen, weder bei der Erziehung der Kinder, noch bei der Behandlung opponierender Angehöriger unserer Gesellschaft, noch bei der Auseinandersetzung zwischen Staaten. Dieses Prinzip wird in unserer Gesellschaft kaum auf Widerspruch stoßen. Aber die gesellschaftliche Realität ist in unserem Lande verflochten mit der verhüllten oder unverhüllten Absicht, rücksichtslos Gewalt anzuwenden, wenn's im Guten nicht geht. Hier muß jede bewußte und unbewußte Reaktion daraufhin untersucht werden, ob sie nicht letztendlich auf Gewaltanwendung abzielt. Die Gesellschaft muß im Zeitalter der perfekten Technik eine gewaltlose Gesellschaft sein. Aber auch hier melden sich die Bedenken: Was ist mit den notorischen Gesetzesbrechern, mit den Querulanten und Psychopathen? Und was hilft die Gewaltlosigkeit, wenn sie die Auseinandersetzung nur hinauszuschieben in der Lage ist und ihr Umfang möglicherweise später noch größer sein wird? Gibt es überhaupt irgendeine innen- oder außenpolitische Ordnung, die ohne Gewaltanwendung auskommt?

Die traditionelle Gesellschaftsidee in unserem Lande ist die ständische Gesellschaft, in der jedem durch irgendwelche Zufälle, beispielsweise bei der Geburt, eine bestimmte Rolle in dieser Gesellschaft zugewiesen wird. Ihre (hoffentlich letzte) Vorstellung hat diese ständische Gesellschaft mit der »Formierten Gesellschaft« gegeben, die als »Spießertraum von der konfliktlosen Gesellschaft« bezeichnet wurde. Die zukünftige Gesellschaft wird aber keine ständische Gesellschaft sein: Sie muß eine sozial mobile Gesellschaft sein, in welcher jeder die Chance hat, sich durch Leistung hervorzutun und eine angesehene Funktion in dieser Gesellschaft zu erringen. Jeder muß die Chance haben, sich persönlich zu entfalten und sich zu bilden.

Wenn in Zukunft die gesellschaftlichen Realitäten sich immer schneller verändern, dann wird es sicher eine wichtige gesellschaftliche Gemeinschaftsaufgabe sein, über diese Veränderungen nachzudenken. Die Entscheidungen, wohin der Weg führen soll, können nicht das Privileg weniger sein: Wo alle unter den falschen Entscheidungen zu leiden haben, haben alle das Recht darauf, an den Entscheidungen mitzuwirken.

Mir scheint es ziemlich sicher zu sein, daß im Zustande der perfekten Technik Grundstoffe, Energiequellen und Kommunikationsmittel unter gesellschaftlicher Kontrolle verwaltet werden müssen. »Müssen« nicht etwa auf Grund irgendwelcher irrationaler Vorurteile: Wie anders kann sonst bewirkt werden, daß die Belange menschlicher Existenz – und nicht individueller Egoismus – die Entscheidungen über deren Verwendung in letzter Instanz bestimmen? Und wenn wir einsehen, daß diese Entwicklung langfristig unvermeidbar ist, dann sollten wir – organisch und ohne revolutionären Bruch – auf die gesellschaftliche Kontrolle der Grundstoffproduktion, der Energiequellen und der Kommunikationsmittel hinwirken. Unsere Erfahrungen mit ihrer privatwirtschaftlichen Verwaltung liefern ja wenig Gründe dafür, sie noch lange zu konservieren: Wenn die Katastrophe offensichtlich ist, muß der Steuerzahler doch einspringen.

Für die gesellschaftliche Kontrolle der Kommunikationsmittel spricht vor allem die Tatsache, daß ihr Mißbrauch, die geheime Verführung, das demokratische Prinzip aushöhlt. Werden die Machtmittel der modernen Informationstechnik rücksichtslos ausgenutzt, dann ist (wie gesagt) der Gang zur Wahlurne nur noch ein Ritual ohne wirkliche Funktion, Macht über die Massenkommunikationsmittel ist Macht über Wählermeinungen. Was soll der Gang zur Wahlurne bei Menschen, deren Meinung manipuliert wurde? Abschreckende Vision ist Orwells »großer Bruder«, der seine Machtposition durch psychologische Manipulationen fixiert. Können wir nach den Erfahrungen unserer Zeit die Realität dieser Gefahr bestreiten, und müssen wir nicht zu ihrer Abwehr die gesellschaftliche Kontrolle der Massenkommunikationsmittel fordern? Hierbei geht es nicht um die Verhinderung absichtlicher Fehlinformation, sondern um die Verhinderung einseitig gefilterter Information. Öffentliche Kommunikationsmittel müssen zu öffentlichen Problemen widersprüchliche Meinungen gleichmäßig darstellen. Es muß als unerträglich gelten, vorfabrizierte Meinungen ohne Kritik weiterzugeben.

Weiter vorne wurde die Notwendigkeit der Geburtenkontrolle erläutert und auch gesagt, daß die medizinische Technik hierzu geeignete Methoden entwickelt hat. Es scheint mir unmoralisch zu sein, Menschen am Gebrauch solcher Mittel zu hindern, auch wenn dieses Hindernis als »Moral« auftritt. Vermutlich wird in Zukunft nicht nur die quantitative Seite der Fortpflanzung geplant werden müssen, sondern auch deren qualitative Seite. Es ist in unserem Lande nach dem Mißbrauch während der Nazizeit kaum möglich, über Eugenik unbefangen zu diskutieren. Es ist aber sehr wahrscheinlich, daß eugenische Maßnahmen in Zukunft dazu benutzt werden, den Gesundheitszustand und die geistigen Eigenschaften der Menschen zu verbessern. Sehr problematisch ist hierbei die Frage: Wie weit sollen und dürfen Menschen von einem vorgestellten »Normaltypus« abweichen, und ab wann ist die Abweichung zu verhindern? Wie kritisch diese Frage ist, ergibt sich bei der Betrachtung der Tatsache, daß sich bei »unnormalen« Typen manchmal ungewöhnliche Anlagen finden und daß zukünftige Gesellschaften keine konformen Gesellschaften sein sollen und das Ideenpotential wahrscheinlich deren größten Besitz darstellen wird.

Die subjektiven Bewertungen, zu denen ich mich hier bekenne, also höchste Priorität für die Gesundheitspflege, für die Bildung, für die Gewaltlosigkeit nach innen und nach außen, für gleiche Bildungschancen für alle, für die gesellschaftliche Kontrolle der Grundstoffproduktion, der Energiequellen und Kommunikationsmittel, für den wissenschaftlichen und technischen Fortschritt sind Kennzeichen des Sozialismus. Es scheint mir ganz sicher zu sein, daß im Zeitalter der perfekten Technik und der dichten Massengesellschaft auf lange Sicht keine andere Gesellschaftsform realisierbar ist. Das Bekenntnis zum Sozialismus ist keine Sache der Metaphysik, sondern der Einsicht, daß es keine andere Sozialstruktur gibt, die in diesem Zeitalter bewirken kann, daß die von Menschen noch zu leistende Arbeit und ihr Nutzen sinnvoll verteilt werden und daß die Gesellschaft eine gewaltlose Gesellschaft ist, in der die ungeheuren Machtmittel nicht zur Zerstörung benutzt werden. Sicher unterscheidet sich dieser utopische Sozialismus von dem, was gegenwärtig oftmals als »Sozialismus« ausgegeben wird.

Vorläufig ist unsere Gesellschaft noch eine wenig soziale Gesellschaft: Das Wertsystem wird mehr von Handelsbilanzen und Aktienkursen bestimmt als vom Wohle der Menschen. Die Illusion, dies führe zu einer humanen Gesellschaft, wird vorläufig noch krampfhaft aufrechterhalten, sie wird aber immer unglaubwürdiger.

Es wurde vorausgesagt, daß angesichts der günstigen wirtschaftlichen Entwicklung in der Bundesrepublik sich die Anzahl der Personenwagen bis zum Jahre 1985 – verglichen mit 1966 – nochmals verdoppeln wird.

Wenn man diese Steigerung gleichmäßig weiterführt, dann haben wir im Jahre 2005 etwa 40 Millionen Pkw, im Jahre 2025 etwa 80 Millionen Pkw usw. Hier entstehen zwei Fragen:
1. Irgendwann muß dieses exponentielle Wachstum doch notwendigerweise einmal aufhören?
2. Welches sind die Mechanismen, welche dieses Aufhören bewirken?

Wer die Belange menschlicher Existenz beachtet, also beispielsweise vom Standpunkt des Physiologen, Psychologen, Unfallchirurgen oder Soziologen urteilt, der wird wahrscheinlich vermuten, daß die Entwicklung der Kraftfahrzeugdichte schon jetzt über ein sinnvolles Maß hinausgegangen und jede weitere Zunahme unerwünscht ist. Um einem möglichen Einwand zu begegnen: Der Wunsch des Menschen, sich mühelos bewegen zu können, wird hierbei als berechtigt anerkannt. Es wird aber bedacht, daß das gegenwärtige krebsartige Wachstum der Kfz-Dichte die Bewegungsmöglichkeit nicht mehr fördert, sondern sie einschränkt. Um leichte Fortbewegung im Zustande der perfekten Technik und der dichten Massengesellschaft zu ermöglichen, sind andere Maßnahmen zweckmäßiger als die weitere Erhöhung der Kfz-Dichte.

Ein anderes Problem hochindustrialisierter Staaten ist die Verunreinigung von Luft und Wasser. Wir erinnern uns an den Smog und die Kloaken, zu denen unsere Flüsse und Seen wurden. Es gibt keinen Zweifel daran, daß die Reinhaltung von Luft und Wasser technisch möglich ist. Sie kostet nur sehr viel Geld, hohe Milliarden-Beträge.

Naheliegend ist folgender Gedanke: Ein Teil der industriellen Produktion könnte wegen der Unwünschbarkeit des weiteren Anstiegs der Kfz-Dichte in unserem Lande freigesetzt werden. Kann diese freiwerdende industrielle Kapazität auf die Reinhaltung der Luft und des Wassers umgeleitet werden?

Dieser naheliegende Gedanke widerspricht starken Gruppeninteressen: Einerseits den Interessen mancher Industriezweige, andererseits den Interessen der Marktwirtschaft schlechthin.

Die Frage ist: Gelingt es, unsere politischen Gewohnheiten so zu verändern, daß sie auch bei den zukünftigen technischen Gegebenheiten noch die menschliche Existenz fördern, oder laufen die Gewohnheiten stumpfsinnig so weiter, obwohl sie längst nicht mehr sinnvoll sind? Werden wir uns vor den Automobilen anders verhalten als die Inder vor den heiligen Kühen?

Wir stoßen hier auf das Problem, das Alexander Mitscherlich in seinem Buch über die ›Unwirtlichkeit unserer Städte‹ analysierte. Mir scheint, es ist *die wichtigste* politische Aufgabe der Zukunft, die Bedingungen menschlicher Existenz aus dem Bereich des deklamatorischen Pathos herauszunehmen und *politisch wirksam* zu machen. Hierbei stoßen wir unvermittelt, aber hart, wieder mit der Hinterwelt zusammen: Sie ist in unserer Gesellschaft in einem gewissen, nicht sehr ehrbaren Sinne notwendig. Eine Gesellschaft, deren Regulativ der Gewinn, der materielle Gewinn ist, kann wohl keine andere Philosophie als eine hinterweltlerische dulden, wenn sie sich gleichzeitig ein christliches Image erhalten will: Wie würde ein praktizierter Humanismus (»Wer zwei Röcke hat, der gebe ...«) diese Gesellschaft, diese Wirtschaft verwirren! Humane Grundsätze, christliche Anweisungen, alle diese originär auf praktisches Verhalten hinzielenden Anweisungen müssen hier unpraktisch, symbolisch, hinterweltlerisch interpretiert werden, denn sie sind einfach unvereinbar mit den Realitäten unserer Gesellschaft.

Doch hiermit sind unsere Überlegungen schon in eine sehr ferne Zukunft geraten, und es erscheint zweckmäßig, etwas naheliegendere Probleme zu diskutieren. Hierbei bin ich mir bewußt:

»Kluge« Vorschläge zur Lösung politischer Probleme entstehen am leichtesten bei solchen Leuten, die keine Verantwortung tragen und später auch nicht auf frühere Aussagen festgelegt werden. Am kühnsten sind die politischen Vorschläge am Stammtisch. Verantwortliche Politiker kennen die Schwierigkeiten und zögern deshalb mit kühnen Ideen etwas länger.

Dies ist zu bedenken, wenn Kritik an unserer wissenschaftlich-technischen und sozialen Situation geübt wird. Es gibt sicher manche triftige Gründe für unsere gegenwärtige deprimierende Situation. Beispielsweise die technischen Einschränkungen, die uns einst als Kriegsfolgen von den Siegermächten auferlegt wurden, oder die Kulturhoheit der Länder. Auch der bei uns verbreitete Irrglaube, man könne heute noch politische Entscheidungen fällen, ohne klare Vorstellungen über Wissenschaft und Technik zu haben, ist als Tatsache zu bedenken.

Trotz aller dieser Bedenken möchte ich einige Überlegungen vortragen. Es scheint mir nämlich sicher zu sein, daß dann, wenn uns das Wasser am Halse steht, manches rücksichtslos geändert wird, von dem wir vorläufig noch glauben, es sei unveränderbar.

Ich glaube nicht, alle notwendigen Maßnahmen genau zu kennen und beurteilen zu können, auch sind die folgenden Gedanken möglicherweise nicht alle original, manche utopisch und einige provozierend. Trotzdem möchte ich zusammenstellen, was meines Erachtens eigentlich geschehen müßte.

Als erstes sollten alle Bildungsreserven mit den wirkungsvollsten soziologischen und psychologischen Methoden ausgeschöpft werden. Es ist weder moralisch noch gesellschaftlich vertretbar, daß die Bildungschancen eines Kindes vom Wohnort oder der Konfession der Eltern abhängen. Man sollte aber diese Bildungsreserven nicht nur quantitativ ausschöpfen, sondern man sollte sie auch individuell unter Beachtung der speziellen Anlagen des Kindes optimal nutzen. Manche scheitern im einen Berufe, die im anderen Berufe erfolgreich und glücklich gewesen wären. Eine solche quantitativ wirksame und qualitativ optimale Auslese der Kinder würde zweifellos reiche Früchte tragen: In der Zufriedenheit im Beruf, in der wirtschaftlichen Leistungsfähigkeit unserer Gesellschaft und im persönlichen Glück.

Hochwertige Ausbildung ist eine Frage hochwertiger Lehrer. Der Beruf des Lehrers ist aber in unserer Gesellschaft im Sozialprestige und in seiner Entlohnung kein hochwertiger Beruf. Dies hat seine Folgen: Mancher zu anderen Berufen Ungeeignete bleibt dort hängen. Paradox: Dort, wo es im Interesse unserer Gesellschaft darauf ankommt, unsern Kindern die Besten als Vorbilder zu präsentieren, da finden wir viele Versager. Nur in der Minderzahl finden wir jenen Menschentyp, den wir als den geborenen Lehrer empfinden: die strahlende, geistreiche und humane Persönlichkeit.

Dieser Zustand kann sicher nicht rasch gebessert werden, insbesondere deshalb nicht, weil es ja selbst bei den bisherigen geringen Ansprüchen nicht einmal gelingt, die erforderliche Anzahl von Lehrern zu finden. Trotzdem muß dieses Ziel: Nur die Besten dürfen unsere Kinder erziehen! den Politikern als Daueraufgabe gestellt werden. Dies kostet sicher Geld, viel Geld. Die Erziehung der Kinder muß in der Wertschätzung und Prioritätenliste unserer Gesellschaft von ganz unten nach ganz oben aufsteigen.

Der Unterricht darf nicht länger mit altertümlichen Methoden in Zwergschulen mühsam dahingeschleppt werden. Man sollte die Scheuklappen idealistischen Bildungsdünkels ablegen und die modernsten Methoden der Didaktik und der pädagogischen Technik, auch der programmierten Instruktion und der Lehrmaschinen dazu benutzen, den Kindern einen hochwertigen, wirkungsvollen und individuellen Unterricht zu verschaffen. Vor allem sollte man den intelligenten Schülern die Qual ersparen, im Geleitzugsystem zusammen mit den Schwerfälligsten lernen zu müssen. Dies zu verwirklichen war bisher unmöglich, mit dem programmierten Unterricht und den Lehrmaschinen ist es aber möglich geworden.

Möglicherweise ist die Bundesrepublik Deutschland das Land mit dem bedrohlichsten Lehrermangel. Dessen gefährliche Folgen könnte man durch Einsatz moderner technischer Hilfsmittel beträchtlich verringern. Eine solche Groß-Aktion bedarf aber sehr gründlicher und zeitraubender Vorbereitung.

Hierzu müssen erfahrene Kulturpolitiker, Pädagogen, Psychologen und Ingenieure in mehrjähriger sorgfältiger Planung zusammenarbeiten. Es ist ganz undenkbar, daß diese Aufgabe ohne die lenkende Hand des Staates durch Marktautomatismus sich irgendwann einmal »von selbst löst«. Vor allem deshalb, weil der optimale Einsatz moderner technischer Lehrmethoden eine sorgfältige Abstimmung der Schulpolitik, technischen Geräte und der Programme bedarf. Man müßte eigentlich schleunigst damit beginnen. Aber die Verantwortlichen scheinen dieses nicht zu erkennen. Wertvolle Jahre verstreichen ungenutzt.

Daß bei dem angebotenen Lehrstoff eine beträchtliche Verschiebung erfolgen muß, ist offensichtlich. Die Darstellung des menschlichen Lebens muß realitätsnah geschehen, wichtig ist das Verständnis der modernen Industriegesellschaft. Die Idylle des landwirtschaftlichen Dorfes soll zwar nicht unterdrückt werden, aber auf ihre tatsächliche Bedeutung beschränkt bleiben.

Der Unterricht sollte nicht nur auf das Faktische, das Seiende zugeschnitten sein, sondern die Kinder frühzeitig auf das Nochnichtseiende, auf das Mögliche vorbereiten. Utopisches Denken sollte im musischen, naturwissenschaftlichen und technischen Unterricht gefördert werden. Diese Unterweisung in Utopie scheint mir eine wichtige Voraussetzung zur Auflockerung der geistigen Situation in unserem Lande. Dies ist aber nur dann sinnvoll, wenn die Gesellschaft nicht mehr die Konformität prämiert. Das Rad der Geschichte wird ja nicht von den Buchhaltern gedreht, sondern von den Utopisten.

Bei der Aufteilung des Unterrichtsstoffes muß wohl eine andere Gewichtsverteilung unter Beachtung der zukünftigen Praxis erfolgen:

Mathematik, Physik, Chemie, Biologie und Technik werden die zentralen Fächer sein müssen. Zur Schulung logischen Denkens ist wohl kein anderes Fach so geeignet wie logische Algebra. Warum sollten Primaner nicht lernen, Computer zu programmieren?

In der Vergangenheit war »Lernen« eine Angelegenheit der Jugend. Mit zwanzig, fünfundzwanzig Jahren hatte man dann »ausgelernt« und konnte das Erworbene ein Leben lang anwenden. Die Zukunft ist gekennzeichnet durch eine sehr rasche Veränderung der Lebensumstände, und wer nicht sein Leben lang lernt, bleibt nicht konkurrenzfähig und ist »altes Eisen«. Dieses dauernde Lernen der ganzen Gesellschaft muß ermöglicht werden: Abendschulen und Fernkurse sind nur Vorstufen hierzu. In Zukunft werden diese Lernmöglichkeiten sicher noch beträchtlich verbessert, das Fernsehen muß in großem Umfange Unterrichtssendungen höchster Qualität ausstrahlen. Möglicherweise wird das öffentliche Fernsprechnetz dazu benutzt, Lehrprogramme anzubieten.

Wo immer es in unserem Lande darum geht, moderne Techniken an die Stelle traditioneller Verfahren zu setzen, stößt man auf eine »psychologische Barriere«. Um Mißverständnisse zu vermeiden: Die Frage, ob in irgendeiner Verwaltung, Firma oder sonstigen Institution beispielsweise ein Computer benutzt werden soll, darf nicht primitiv und emphatisch so beantwortet werden: »Computer ist modern und immer besser.« Mancher als Statussymbol angeschaffte Computer erweist sich nach nüchterner Prüfung als eine nutzlose Fehlinvestition. Die Einführung solcher moderner Techniken setzt stets eine sorgfältige Systemanalyse voraus, vor allem eine kritische Untersuchung des Zustandes ohne und mit Computer. In unserem Lande wird aber oft eine – bei nüchterner Prüfung – sehr zweckmäßige Benutzung moderner Techniken einfach durch emotionale Ablehnung verhindert. Beispielsweise so, daß der alles entscheidende Patriarch sich nicht davon abbringen läßt, daß sein untrüglicher Instinkt bisher immer den richtigen und besten Weg gefunden habe, und die Vermutung, mit so einem Dingsda könne man bessere Entscheidungen fällen, geradezu eine Beleidigung sei.

Diese »psychologische Barriere« ist an vielen Stellen in Staat und Wirtschaft zu beobachten. Sie findet ihre scheinbare Rechtfertigung durch zahlreiche uralte, unbewußte Gewohnheiten und schwer ablegbare Vorurteile: Das deutsche Gemüt zieht die Gartenlaube dem Computer vor.

Die sinnvolle Anwendung der modernen Technik setzt nicht nur eine sorgfältige Systemanalyse voraus, sondern auch den Abbau dieser »psychologischen Barriere«. Gewiß, dieses Problem löst sich marktwirtschaftlich von selbst dadurch, daß Unternehmen, die nicht mehr konkurrenzfähig sind, zugrunde gehen. Aber es ist eine schwere wirtschaftliche Belastung unserer Gesellschaft, wenn Firmen bei diesem Selektionsprozeß zugrunde gehen, und auch wenn nichtkommerzielle Institutionen im Schutze staatlicher Autorität und unbehelligt vom Konkurrenzkampf diese psychologische Barriere noch lange konservieren. Typisch ist hierfür die Situation vieler unserer Regierungsinstanzen: Vergleichbare Instanzen anderer Länder arbeiten seit Jahren mit hervorragend organisierten wissenschaftlichen Stäben und den modernsten technischen Hilfsmitteln. Bei uns ersetzen vorläufig noch die sympathischen und eloquenten Berater die rationale und effiziente Unterstützung. Es hat sich bei uns seit den Zeiten der »grauen Eminenz« noch nicht viel geändert.

Die Anwendung modernster Techniken im gesellschaftlichen Bereich setzt eine psychologische Veränderung unserer Gesellschaft voraus: Nämlich die unvoreingenommene Benutzung der Technik. Es ist offensichtlich, daß große Teile unserer Gesellschaft – als Folge einer extrem rückwärtsgewandten Erziehung – die Technik als »schlecht« ansehen, mindestens aber die moderne Technik. Zugegeben, an die Techniken »Herd« und »Spinnrad« hat man sich gewöhnt (sie werden ja so rührend in Märchen und Volksliedern gepriesen), aber moderne Techniken, wie z. B. Computer, Düsenflugzeuge und Atomreaktoren, hält man für das Böse schlechthin. Nun, zugegeben, es ist schon ein rechtes Übel, wenn der Knall der Düsenflugzeuge oder das Transistorradio unsere Ruhe stört. Aber wir sollten deutlich unterscheiden zwischen der Technik, welche Leistungen ermöglicht, und deren unerwünschtem Gebrauch.

Viele Leute unterliegen einer schrecklichen Täuschung, wenn sie etwa sagen: Früher, da gab es keine Technik, und alles war gut, heute aber, da gibt es Technik, und alles ist schlecht. Dies ist in mehrfacher Hinsicht ein Trugschluß: Daß früher alles gut gewesen sei, hält kritischer Prüfung schwerlich stand. Diese Vermutung rührt vielmehr von der Erinnerung an kindliche Geborgenheit. Und von dem, was heute als so schlecht empfunden wird, rührt das meiste gar nicht von der Technik, sondern von der großen Zahl von Menschen, die auf engstem Raume zusammenleben müssen. Und die nicht nur zusammenleben, sondern auch modern und komfortabel leben wollen, elektrisches Licht, Rundfunk, Telefon und Fernsehen haben, mit Autos und Flugzeugen reisen und, wenn sie krank werden, eine technisch perfekte Krankenpflege haben, von der schmerzfreien Zahnbehandlung bis hin zum Herzschrittmacher und der künstlichen Niere. Hierbei muß man sich eines klarmachen: um zu dem alten, angeblich so guten alten Zustand zurückzukehren, braucht man gar nicht die Technik beseitigen, sondern »nur« die Forderung der Menschen, diese Technik zu nutzen. Aber diese Vorstellung ist sehr theoretisch. Tatsächlich ist außer einigen Sonderlingen niemand bereit, auf die Wirkung der Technik zu verzichten, beispielsweise auf das elektrische Licht, das Telefon, das Auto, das Flugzeug, das Fernsehen; und keiner möchte aus Ressentiments gegenüber diesem »neuen Kram« an einer Blinddarmentzündung sterben oder mit einem Eiterzahn dahinsiechen. Kurzum, all diese Ressentiments gegen die Technik in unserer Gesellschaft sind eine Art verbaler Schaumschlägerei, die nur dort eine schreckliche Wirkung hat, wo es um die Ausbildung unserer Kinder und Studenten geht.

Wir müssen ohne solche Ressentiments feststellen, daß die internationale Konkurrenzfähigkeit einer Gesellschaft überwiegend von der Qualität ihrer Naturwissenschaftler, Mathematiker und Ingenieure abhängt. Konnte der »alte Fritz« einst etwas pointiert sagen: »Der Herrgott ist mit den stärkeren Bataillonen«, so müßte man heute wohl sagen: »Der Herrgott ist mit den besseren Ingenieuren.«

Wer die Veröffentlichungen über die Wissenschaftspolitik sorgfältig verfolgt, hat keinen Zweifel daran, daß in unserem Lande für die Planung von Forschung und Entwicklung sehr viele Instanzen und Personen zuständig sind. Derselbe Beobachter hat aber Zweifel daran, ob Forschung und Entwicklung mit wissenschaftlicher Methodik geplant werden. Manches mutet recht naiv an.

Die Planung von Forschung und Entwicklung hat in unserer Zeit eine ähnliche Bedeutung wie in früheren Zeiten die militärische Strategie. Der preußische Generalstab war einst die hohe Schule militärischen Denkens, und wer heute beispielsweise C. von Clausewitz' Buch ›Vom Kriege‹ liest, ist beeindruckt davon, wie modern und rational er die militärischen Methoden durchdachte. Die Erfolge des preußischen Heeres im neunzehnten Jahrhundert waren sicher durch diese hervorragende theoretische Begründung der Strategie ermöglicht.

Unsere Forschungsstrategie hat offensichtlich ihren Clausewitz noch nicht gefunden. Manche Berichte über den Stand unserer Wissenschaft und Technik erinnern mehr an Nasser als an Clausewitz. Immer wieder werden Berichte darüber publiziert, was bei uns alles erreicht wurde und wie viele Millionen ausgegeben werden, um unseren Rückstand nun endlich aufzuholen. Leider hört man selten etwas Genaues darüber, was bei uns alles *nicht* getan wird, um wieviel größer der Aufwand unserer Konkurrenten im friedlichen Wettstreit ist, und vor allem darüber, was unsere Konkurrenten dann erreicht haben werden, wenn wir glauben, ihren jetzigen Zustand erreicht zu haben.

Man müßte wohl einmal vorausschauend einen Entwurf machen, welche technische, gesellschaftliche und politische Situation wir in zehn, zwanzig und dreißig Jahren erreichen wollen und welche Forschungsstrategie hierzu optimal ist, wie wir Forschungsarbeiten koordinieren können, um mit möglichst wenig Aufwand unsere Ziele zu erreichen, und welche Forschungen und Entwicklungen mit Rücksicht auf diese Zukunftspläne nicht oder nur mit geringem Aufwand betrieben werden müssen.

Eine solche rationale Zukunftsplanung ist eine wissenschaftliche Arbeit beträchtlichen Umfangs: Sie bedarf sorgfältiger Methoden und wirkungsvoller Organisation. Sicher würden die Mittel für eine wirkungsvolle Erforschung der Zukunft sich hervorragend »rentieren«.

Gegenwärtig hängt die Entscheidung, ob ein Forschungsvorhaben betrieben wird oder nicht, hauptsächlich davon ab, ob es zufällig das Hobby eines Professors ist oder nicht. Die Summe aller dieser Zufallsentscheidungen ergibt sicher keine Forschungsplanung. Und der Aufwand für ein Forschungsvorhaben hängt bei uns auch nicht davon ab, wie wichtig dieses für die zukünftige Entwicklung unserer Gesellschaft ist, sondern davon, wie erfolgreich der Professor bei der Überredung der Geldgeber war. Auch dieses begründet keine Forschungsplanung. Man müßte eine »Generalliste« aller beim heutigen Stand des Wissens und der Technik erkennbaren Forschungsvorhaben aufstellen, diese sachlich klassifizieren und sorgfältig nach Prioritäten ordnen.

In unserem Lande wird meines Erachtens Schindluder getrieben mit dem Wort »Grundlagenforschung«. Kaum einer unserer Politiker kommt aus den USA zurück, ohne lauthals zu verkünden, dort ginge die wissenschaftliche Entwicklung deutlich von der vordergründigen Technologie immer mehr zu den Grundlagen über. Das stimmt sicher, nur eben, bei uns versteht man unter »Grundlagenwissenschaften« etwas anderes als dort: In den USA denkt man hierbei an die theoretischen Grundlagen der Mathematik und Logik, an die äußersten Grenzen der Physik, Chemie und Biologie, an die mathematische Sprachtheorie usw., bei uns aber denkt man hierbei an Großmütterchens Geisteswissenschaft.

Besorgniserregend ist es, welche quantitativen Vorstellungen manche Politiker über den sinnvollen Forschungsaufwand haben. Wenn beispielsweise mit Stolz verkündet wird, nunmehr würden bis zum Jahre 1971 etwa 300 Millionen DM für die Entwicklung der Datenverarbeitung ausgegeben, so ist – bei aller Einsicht in die finanziell schwierige Lage unseres Staates – zu fragen, ob diese Summe überhaupt geeignet ist, an der bestehenden Konkurrenzunfähigkeit unserer Gesellschaft auf diesem Gebiete etwas zu verändern, und dieser Ansatz nicht nur beweist, daß unsere zuständigen Politiker die Größenordnungen und Relationen überhaupt nicht klar erkennen?

Die Entwicklung des neuen Computersystems 360 der Firma IBM hat bisher etwa fünf Milliarden Dollar gekostet, also zwanzig Milliarden DM. Die Firma IBM hat also für die Entwicklung eines Computersystems etwa 70(siebzig!)mal soviel aufgewendet wie die ganze Bundesrepublik für die Förderung der gesamten Datenverarbeitung während fünf Jahren.

Es muß auch bedacht werden, daß dort hervorragend organisierte und ausgerüstete wissenschaftliche und technische Stäbe arbeiten, während bei uns vielfach noch gegeneinander und mit unzureichenden Mitteln gearbeitet wird, und daß dort der wissenschaftlich-technische Fortschritt von einer Gesellschaft getragen wird, die ihn wünscht und ihm intellektuell viel besser gewachsen ist, während bei uns die Hinterwelt wie Lehm und Schlamm den Fortschritt behindert.

So erkennt man schließlich, daß wir überhaupt keine ernsthafte Chance haben, in dieser Konkurrenz mithalten zu können, sondern daß alle Voraussetzungen dafür gegeben sind, daß der gegenwärtige Rückstand von etwa 3 Jahren sich bis 1971 auf 5 Jahre vergrößert haben wird. Wenn man diesen Gedanken zu Ende denkt, dann kommt man zu der Einsicht, daß wir gar keine ernst zu nehmende Chance des Erfolgs haben, weil die genannten 300 Millionen unter der »kritischen Grenze« liegen. Eine rationale Entscheidung kommt wohl zu dem Ergebnis, entweder die Rolle der »verlängerten Werkbank« (Produktion nach fremden Ideen) zu übernehmen, oder aber sich ganz auf spezielle Teilbereiche zu konzentrieren, in der Hoffnung, wenigstens auf diesen konkurrenzfähig zu werden, oder aber alle politischen Schwierigkeiten zu überwinden und einen europäischen Industriepool zu bilden, der Konkurrenten dieser Größenordnung ebenbürtig sein kann. Wohl das Positivste in dieser so negativen Situation ist, daß die Firma IBM ihre starke Marktposition hervorragender wissenschaftlicher und technischer Arbeit verdankt und diese mit großer Verantwortung handhabt.

Es sei noch ein Tatbestand betrachtet, bei welchem ich erneut zu bedenken geben muß: Wenn uns das Wasser am Halse steht, werden wir manches rücksichtslos ändern, von dem wir gegenwärtig noch glauben, es sei unveränderbar. Ich meine die soziale Stellung der Studenten, also derjenigen jungen Menschen unserer Gesellschaft, welche durch eine besondere, langjährige und gründliche Ausbildung darauf vorbereitet werden, in Zukunft Führungspositionen in unserer Gesellschaft zu übernehmen. Ich halte deren gegenwärtige soziale Stellung und die Methoden ihrer Ausbildung für schlecht – und zwar sowohl vom Standpunkte unserer Gesellschaft als auch vom Standpunkt der Studenten aus. Zunächst sollten wir klar erkennen, daß für die Zukunft unserer Gesellschaft Studenten so wichtig sind wie Soldaten. Wir brauchen beide, wir, die Gesellschaft. Und es ist absurd, wenn den Studenten vorgehalten wird, wieviel Geld sie den Staat kosten: Ebenso albern wäre es, den Soldaten vorzuwerfen, wieviel Geld ihre Waffen kosten. Beiden, den Soldaten und den Studenten, ist gemeinsam, daß die Gesellschaft ohne sie vermeintlich oder tatsächlich nicht lange existieren kann und daß sie nicht unmittelbar an wirtschaftlicher Wertschöpfung beteiligt sind.

Wenn wir dieses nun einsehen und uns nicht an den Ideen des Klassenkampfes des neunzehnten Jahrhunderts orientieren, sondern an den Notwendigkeiten der Zukunft, dann erscheint es selbstverständlich, daß wir den Studenten ebenso wie den Soldaten von der Notwendigkeit befreien, seinen Lebensunterhalt mehr oder weniger »nebenberuflich« zu beschaffen. Wenn wir die gesellschaftliche Funktion der Studenten, nämlich die besten wissenschaftlichen Methoden zu erlernen, ebenso ernst nehmen wie die gesellschaftliche Funktion der Soldaten, nämlich unsere Gesellschaft vor äußeren Feinden zu schützen, und die beiden nicht durch funktionsfremde Obliegenheiten daran hindern wollen, dann müssen sich eben beide hauptberuflich ihrer Funktion widmen. Der dilettantische Stil, den unsere akademische Tradition eingebracht hat, muß aufgegeben werden. Genauso wie wir uns verantwortliche Bürger höchster Leistung in den Kasernen wünschen, so wünschen wir uns auch verantwortliche Bürger höchster Leistung in den Universitäten. Konkret gesprochen: Wir brauchen Studenten, die sich ohne materielle Behinderung ausschließlich der Vorbereitung auf ihre zukünftigen Aufgaben widmen. Eine Konsequenz dessen müßte es auch sein, daß ein solches hochkonzentriertes und höchste Anforderungen stellendes Studium das Soldatsein *ersetzt*. Ein solches, gewissermaßen »professionelles« Studium würde dann auch die Nachteile des armen Studenten gegenüber dem reichen Studenten beseitigen. Zwischen den Studenten muß Chancengleichheit bestehen, und das einzige Auswahlprinzip bei der Promotion in höhere akademische und gesellschaftliche Ränge muß die wissenschaftliche Leistung und das persönliche Format sein, nicht aber der finanzielle Status des Vaters oder »Beziehungen«.

Der »typische Student« lebt bei uns in einer Situation, die man als »Kümmerexistenz« bezeichnen muß. Das Geld reicht knapp zum Essen und Bett, an Familie ist nicht zu denken, und die fachlichen Ansprüche sind recht strapaziös. Kann man erwarten, daß vitale junge Menschen diese Kümmerexistenz für mehrere Jahre auf sich nehmen, und zwar gerade für die Jahre ihres Lebens, die biologisch eigentlich die Jahre intensivsten Erlebens sind? Es scheint mir eine zwangsläufige Folge der wirtschaftlichen und sozialen Situation unserer Studenten zu sein, daß sich hierzu nur relativ wenig vitale junge Menschen drängen. Weiter muß daran erinnert werden, daß beinahe überall, wohin der Akademiker während des Studiums und nach seinem Berufseintritt kommt, die Konformität sein Schicksal günstig beeinflußt. Die Konformität als Auslesekriterium vermindert zwangsläufig die Vitalität unserer Akademiker.

Die akademische Tradition hat eine ganze Reihe recht dilettantisch anmutender Tatbestände in unseren Universitätsbetrieb eingebracht. Beispielsweise die bis zum Unfug strapazierte »Freiheit des Lernens«: Die Freiheiten, die hier geboten werden, sind selten die Grundlagen eines wohlüberlegten und differenzierten Studiums, manchmal aber trickreicher Methoden, das »dünnste Brett zu bohren«, und erschweren eine rationelle Ausbildung beträchtlich. Nichts gegen die Freiheit der wissenschaftlichen Lehre und des Lernens, aber alles gegen ihren offensichtlichen Mißbrauch.

In amerikanischen Universitäten wird anstelle eines Monologs der Professoren meist ein Dialog zwischen Lehrenden und Lernenden praktiziert. Hierbei entwickeln sich das selbständige Denken der Studenten und vor allem ihre Kritik und ihre Fähigkeit, sich geistig auseinanderzusetzen. Bei uns ähnelt die

Vorlesung meist einer weihevollen Predigt, bei welcher die Studenten passiv, rezeptiv und kritiklos hinnehmen, was da auf sie zukommt. Versucht man, diese zu verändern, so stößt man rasch auf traditionelle Tatbestände, welche den Übergang zum Seminarstil verhindern.

An amerikanischen Universitäten ist es meist üblich, schriftliche Prüfungen ohne Aufsicht durchzuführen, die Studenten gehorchen ihrem »Honor-Code«, der sie dazu verpflichtet, illegale Methoden bei der Prüfung weder zu benutzen noch deren Benutzung durch andere zu dulden. Auch hier zeigt die Erfahrung, daß eine solche Art der Prüfung in unserem Lande durch uralte Gebräuche verhindert wird. Deshalb werden dieselben Menschen, die wenige Monate später als »Akademiker« in unserer Gesellschaft einen relativ hohen Status beanspruchen, kurz vorher noch bei den Prüfungen durch penible Aufsicht am »Spicken« gehindert. Es gibt wenige Tatbestände, welche die Untauglichkeit unserer akademischen Tradition zur Erziehung intellektuell und moralisch hochwertiger Akademiker deutlicher demonstrieren. Können wir es ertragen, daß unsere Akademiker moralisch geringeren Ranges als ihre amerikanischen Kollegen sind?

Die gesellschaftlichen Tatbestände werden sich in Zukunft immer schneller verändern. Man kann dieses begrüßen (dies werden nur wenige tun) oder bedauern (dies tun die meisten, auch ich). Aus diesem immer schneller fahrenden Zuge der Veränderung kann aber keiner aussteigen, ohne schwere Gefahren zu erleiden.

Unsere Universitäten sind gerade derjenige Teil der Gesellschaft, der eigentlich diese raschen Veränderungen am deutlichsten registrieren müßte und vor allem schnell die – im Sinne unserer Gesellschaft – »richtigen« Konsequenzen ziehen müßte. Es schiene mir vernünftig, wenn unsere Universitäten gewissermaßen die Beobachtungsstationen der Gesellschaft in Richtung Zukunft wären, und gleichzeitig der Ort, wo Kurs und mögliche Steuerkommandos diskutiert werden. Natürlich sollen die Universitäten keine Entscheidungen fällen, aber hier sollten immerhin gedanklich die prinzipiell möglichen Wege in die Zukunft geklärt werden. Um dieser Aufgabe gerecht zu werden, müssen die Universitäten eine gewisse geistige und organisatorische Flexibilität entwickeln.

Davon kann aber vorläufig keine Rede sein: Es gibt vermutlich kaum andere Instanzen in unserem Staate, die langsamer und schwerfälliger den notwendigen Anpassungen nachhinken. Wem der Begriff »organisatorische Immobilität« unbekannt ist, betrachte den Zustand unserer Universitäten!

Was innerhalb unserer Universitäten an klugen und brauchbaren Vorschlägen zur Reform schon produziert wurde, das reichte aus, um zahllose Reformen durchzuführen. Was aber verwirklicht wurde, das ist beschämend wenig und erschöpft sich vielfach im Herumdoktern an oberflächlichen Effekten. Berge kreißen und gebären ein Mäuslein!

Professor B. Fritsch von der ETH Zürich hat kürzlich (›Neue Zürcher Zeitung‹, 10. und 17. 6. 1967) »den besonderen Charakter der Wissenschaftspolitik als eines fortwährenden Such- und Lernprozesses und ihre fundamentale Bedeutung für die Sicherung der Existenz unseres Staatswesens« diskutiert. Hierbei kommt er zu folgenden (für die Bundesrepublik ebenso wie für die Schweiz gültigen) Aussagen:

»1. Wissenschaftspolitik ist ein integraler Teil der gesamten Staats- und Gesellschaftspolitik; sie muß beruhen auf einem konsistenten System der Forschungs-, Bildungs-, Hochschul- und Schulpolitik.

2. Die von Forschung und Wissenschaft auf die ökonomischen und gesellschaftlichen Grundlagen unseres Staatswesens ausgehenden Wirkungen sind so komplex, daß die zur Beeinflussung und schließlich Beherrschung dieser Prozesse erforderlichen neuen Sozialtechniken erst langsam erlernt werden müssen. Wissenschaftspolitik muß deshalb als ein dauernder Such- und Lernprozeß aufgefaßt werden.

3. Um diesen Lernprozeß im Interesse der künftigen Existenzsicherung und Weiterentfaltung von Staat und Gesellschaft möglichst effizient zu gestalten, darf man sich nicht scheuen, Tabus und Ideologien zu überwinden.«

Die Abneigung großer Teile unserer Gesellschaft gegenüber der Technik ist nicht durch Vererbung gegeben: Es gibt in unserem Erbgefüge sicher kein Gen, das unsere Kinder mit antitechnischen Ressentiments auflädt. Wenn diese Kinder Gelegenheit haben, in anderen Ländern an Forschungsarbeiten mitzuwirken, dann tun sie dies recht erfolgreich und ohne Schaden zu erleiden. Diese antitechnischen Ressentiments sind ausschließlich das Ergebnis einer mit antitechnischen Ressentiments angefüllten Erziehungspolitik. Dieses zu erkennen und in seiner negativen Wirkung bewußt zu machen, scheint mir eine wichtige Aufgabe.

In engem Zusammenhange damit steht die Diskriminierung des »Fortschritts«. Als ich kürzlich einen Brief erhielt, der mit den Worten begann: »Ihre Arbeiten sind sehr fortschrittlich«, da glaubte ich zunächst, irgend jemand wolle sich über mich lustig machen. Erst als ich bemerkte, daß dieser Brief aus Moskau kam, wurde mir klar, wie positiv dieser Satz gemeint war. Mit dem Wort »Fortschritt« verbinden wir hier ganz andere Gefühle als man beispielsweise im Osten damit verbindet. Während es im Osten mit »Zukunft, Hoffnung, Sieg« in Verbindung gebracht wird, denkt man bei uns etwa an »Niedergang, Verderbnis, Schrecken«. Dies bewirkt verschiedene Verhalten: Im Osten wird, was dem Fortschritt dient, akzeptiert und gefördert. Bei uns wird der Fortschritt mit Mißtrauen beobachtet, zwar zugestanden, daß man ihn nicht gänzlich vermeiden kann, aber eine Mauer der Ablehnung um ihn herum errichtet.

Zugegeben: Nur in den Naturwissenschaften und der Technik ist der Fortschritt keine offensichtliche Täuschung, sondern kann an der Zunahme unbestreitbarer Leistungen nachgewiesen werden. Im Bereiche des gesellschaftlichen und moralischen Verhaltens der Menschen ist aber kaum ein vergleichbarer Fortschritt zu erkennen. Die zukünftige perfekte Technik *zwingt uns aber* auch im Bereiche des gesellschaftlichen und moralischen Verhaltens der Menschen zu Fortschritten. Man kann einfach nicht mehr im Zeitalter der Atombomben mit der »Moral« des Höhlenmenschen oder der Antimoral Hitlers weiterexistieren.

Eine wichtige Aufgabe ist es, den Menschen Hoffnung auf die Zukunft zu geben. Das »Prinzip Hoffnung« ist eine psychische Notwendigkeit, keine weltfremde Illusion. Ob eine Gesellschaft Hoffnung auf die Zukunft hat oder nicht, das drückt sich nicht nur aus in ihrem Geschick, sich den Problemen der Zukunft zu stellen, sondern beispielsweise auch in der Anzahl der Selbstmorde und im allgemeinen Lebensgefühl. Den Menschen Hoffnung auf die Zukunft zu geben, ist eine politische Aufgabe ersten Ranges. Resignation ist weder ein Zeichen politischer Fähigkeit noch ein Zeichen großer Weisheit.

Hoffnung ist eine politische Notwendigkeit. Hoffnung heftet sich an ausgezeichnete Menschen, die uns hoffen machen. Wir müssen unserer Gesellschaft Menschen vorstellen, welche diese Aufgabe erfüllen können. Es gibt Menschen, die faszinieren. Sie sind Quellen neuer Ideen und finden Wege, wo andere nicht mehr weiter wissen.

Es gibt aber auch Menschen, welche einschläfern. Sie reden immer wieder dieselben abgedroschenen Phrasen (meist vom Blatt) und bleiben vor der Mauer stehen. Wir alle kennen Beispiele solcher Menschen, welche faszinieren oder einschläfern. Welche Faszination ging von Präsident John F. Kennedy aus: Er fand einen Weg, einen winzig schmalen Grat zwischen dem dritten Weltkrieg und der Kapitulation, und er ging ihn erfolgreich. Solche Politiker strahlen Hoffnung aus.

Das Versprechen, uns nicht betrügen zu wollen, begründet kein Vertrauen zu Politikern. So billig wollten schon viele die Volksgunst »kaufen« – und sie haben diese in unserem Lande leider auch so billig bekommen. Wir sollten aus deren unrühmlichem Abgang etwas gelernt haben und Politikern unsere Zustimmung etwas teurer verkaufen: sie sollten die intellektuellen und moralischen Qualitäten vorweisen, die politische Macht rechtfertigt, aber auch eine klare Vorstellung, wohin denn nun der Weg in die Zukunft unter ihrer Regie führen soll. Das Versprechen, nicht betrügen zu wollen, ist sehr wenig.

Wem die demokratische Entwicklung in unserem Lande nicht gleichgültig ist, sondern wer sie als die notwendige Voraussetzung für eine erfolgreiche und friedliche Zukunft unserer Gesellschaft ansieht, der muß die Voraussetzungen dafür schaffen, daß demokratisches Denken und Handeln Allgemeingut wird. Man sollte auch an der Demokratie seine Freude haben können. Es ist ein schwerer Irrtum unseres politischen Betriebs anzunehmen, es reiche aus, wenn ein Politiker das richtige Parteibuch und das richtige Gesangbuch besitzt und noch nie silberne Löffel gestohlen hat. Das soziologische Problem der Politikerauslese ist in unserer Gesellschaft noch gänzlich ungelöst. Es erzeugt keine Hoffnung, sondern Widerwillen und Abscheu, die intellektuelle und moralische Inkompetenz der Verantwortlichen zu erleben.

Wie können wir erwarten, daß unsere Jugend in diesen Staat hineinwächst, wenn ihr solche abschreckenden Beispiele vorgezeigt werden? Wie kann man sich mit einer Partei identifizieren, die heute über Thesen lacht, die sie uns gestern einreden wollte? Und wer sich trotzdem mit ihr identifiziert, wird der nicht selbst unglaubwürdig? Es kommt darauf an, diese Probleme in Zukunft besser zu lösen als in der Vergangenheit.

Eines der Schreckensbilder, mit deren Hilfe unsere Kulturpessimisten die Zukunft diskriminieren, ist der Mensch, der mit Hilfe einer Elektrode im Gehirn ferngesteuert wird. Welch infame Verführung diese Vorstellung bewirkt, ist leicht einzusehen: Es ist ganz unglaubwürdig, daß ein krimineller Diktator irgendwann einmal auf diese Weise Menschen fernsteuert. Dies ist keine Frage seiner moralischen Hemmung, sondern ausschließlich eine Frage der Zweckmäßigkeit. Es gibt nämlich sehr viel einfachere und weniger empörende Methoden, Menschen zu wunschgemäßem Verhalten zu veranlassen, beispielsweise dadurch, daß ihre Denkweise von früher Jugend an in einer bestimmten Richtung gelenkt wird. Die Kinder werden im einen Lande zu Kirchgängern, im anderen Lande zu Kommunisten erzogen, und beide sehen dieses als selbstverständlich an und bedenken gar nicht, daß durch einfaches Vertauschen der Babys der eine Mensch nicht Kirchgänger, sondern Kommunist und der andere nicht Kommunist, sondern Kirchgänger geworden wäre. Wenn wir dies erkannt haben, dann wird uns die grundlegende Bedeutung jener Indoktrination bewußt. Dieses Bewußtwerden veranlaßt uns zu der Frage: Ja, was ist denn überhaupt in unserem Denken *nicht* das Ergebnis dieser oder jener Zufälligkeit bei der kindlichen Erziehung, sondern was ist denn nun jenseits dieser Zufälligkeiten notwendig?

Mir scheint es die wichtigste Aufgabe schlechthin zu sein, in Zukunft die Orientierungsmarken in einem bewußten demokratischen Entscheidungsprozeß zu prüfen. Die bisherige Methode geheimer und gruppenegoistischer Setzungen ist der Wichtigkeit dieses Problems nicht angemessen. Anders gesagt: Der durch die Erziehung der Kinder in frühester Jugend notwendigerweise zu setzende irrationale Kern, das, was das zukünftige Wertsystem und das zukünftige Verhalten der Menschen bestimmt, darf nicht mehr das Ergebnis einer geheimnisvollen Alchemy sein, sondern muß das Ergebnis einer bewußten, demokratisch ausgetragenen Entscheidung sein.

Falls hier der Entrüstungsschrei ertönen sollte: Er will den Menschen manipulieren! – so würde ich antworten: Der Mensch wurde immer und zu allen Zeiten manipuliert, sei es von den Eltern, den Sippenhäuptlingen, Zauberern, Priestern oder Partei-Ideologen. Neu wäre nicht die Manipulation als solche, neu wäre, daß diese Manipulation nicht mehr das Licht der Öffentlichkeit zu scheuen brauchte.

Es scheint mir offensichtlich zu sein, daß das Bewußtwerden dieser Wertsetzung und deren demokratische Kontrolle der schwerwiegendste Vorgang zukünftiger Politik ist. Im Zeitalter der superintelligenten Computer ist es keine politische

Aufgabe mehr, bei Kenntnis der Umweltsituation die im Sinne eines gegebenen Wertsystems optimale Entscheidung zu ermitteln, die Vorgabe des Wertsystems hat alle nichtzwangsläufigen Schritte schon vorweggenommen. Hierbei sehen wir, daß die vielzitierte Ansicht »Entscheiden muß der Mensch!« etwas oberflächlich ist: Der Mensch muß das Wertsystem vorgeben, die danach optimale Entscheidung zu finden, das wird mehr und mehr Sache der Computer sein.

Vermutlich wird bei diesem Prozeß der Rationalisierung politischer Entscheidungen auch eine Tatsache ganz deutlich werden, die heute vielfach mißverstanden wird: Nämlich, daß das Wertvolle nicht *der* erhält, der sich den Notwendigkeiten der Gegenwart und Zukunft nicht anpaßt, also konservativ ist, sondern daß es gerade umgekehrt ist: Wer sich bewußt und eindeutig zu einem bestimmten Wertsystem entschlossen hat, ist nicht mehr gezwungen, sein Bekenntnis hierzu durch einen altmodischen Ritus zu bestätigen, sondern kann die modernsten Methoden zur Erhaltung des Erhaltenswerten nutzen.

Die Gegenwart und die Zukunft sind komplizierter, als unsere tradierte Moral vorsah. Wir haben deshalb einen großen Nachholbedarf an glaubwürdiger und realisierbarer Moral. Ein spezieller Gedanke erscheint mir hier bedenkenswert: Moral war in unserer Gesellschaft meist eine Frage der Tradition und der Metaphysik. Möglicherweise wird es einmal eine ganz andere Art der Moral geben, eine solche, die weder eine tradierte Begründung noch eine metaphysische Rechtfertigung in Anspruch nimmt und lediglich danach fragt, welche Folgen eine Handlung hat und wie diese im Sinne des akzeptierten Wertsystems zu beurteilen sind. Natürlich ist eine solche Moral viel schwerer zu lehren und zu praktizieren. Für sie scheint mir aber zu sprechen, daß sich die Lebensumstände in Zukunft immer rascher verändern und die Codifizierung früherer Erfahrungen den Notwendigkeiten der Gegenwart zeitlich nicht folgen und ihrer Komplexität nicht gewachsen sein kann.

Wenn wir in der Komplexität der zukünftigen gesellschaftlichen Realität die Freiheit des Menschen erhalten wollen, dann müssen wir diese Freiheit mit den besten Mitteln menschlichen Denkens sicherstellen, kurzum, *wir müssen die Freiheit planen*. Es wird in unserer Gesellschaft die Täuschung aufrechterhalten, Planung und Freiheit schlössen sich gegenseitig aus. Daß dies ein rechter Trugschluß ist, sei durch einen Vergleich veranschaulicht:

Wenn wir in einer verkehrsarmen Dorfstraße eine Verkehrssignalanlage aufstellen würden, dann wäre dies eine unnötige Einschränkung unserer Freiheit: Es würde uns plötzlich verwehrt, zu manchen Zeiten die Straße zu passieren, ohne daß es einen ersichtlichen Grund gibt. Ganz anders bei einem Großstadt-Verkehrszentrum: Ohne Verkehrssignalanlage ist es verstopft, und wir kommen überhaupt nicht mehr durch. Dieser Vergleich zeigt uns, daß es möglich ist, einfache gesellschaftliche Probleme dem ungeregelten Spiel der Kräfte zu überlassen, daß aber mit zunehmender Komplexität die Planung unvermeidbar ist, wenn nicht das Chaos herrschen soll. Den Ideologen der Planlosigkeit in unserem Lande ist vorzuwerfen, daß sie so tun, als ob sie eine Möglichkeit hätten, die Großstadt-Straßenkreuzung ohne Verkehrssignalanlage zu ordnen, während sie in Wirklichkeit nichts anderes tun, als den Großstadtverkehr nicht zur Kenntnis zu nehmen, und dann behaupten: Es gibt nur Dorfstraßen. Die zukünftigen Probleme der Gesellschaft werden aber immer komplexer und sind ohne bewußte, sorgfältige Analyse und optimale Entscheidung unter Beachtung der in demokratischer Weise gewählten Wertsysteme überhaupt nicht mehr zu ordnen. Weder der Hinweis auf Fehlleistungen planender Gesellschaften noch die irreführende Identifizierung der Planung mit Staatsdirigismus begründen eine Überlegenheit der Planlosigkeit.

(Um einer möglichen Kritik zuvorzukommen: »Freiheit« von Naturgesetzen gibt es wohl nicht, die »Freiheit« zu bewußtem, verantwortlichem und sittlichem Verhalten sollten wir uns aber erhalten.)

Die zukünftige Komplexität gesellschaftlicher Phänomene wälzt eine schwere Last auf unsere zukünftige Praxis: Die immer weiter wuchernde Bürokratie. Sicher kennt niemand einen Zauberstab, der es ermöglicht, einen hochtechnisierten Staat in unserer Zeit anders als durch viele zuverlässige Beamte zu organisieren. Es ist aber ebenso sicher, daß unsere obrigkeitsstaatliche Tradition dazu neigt, alles und jedes bürokratisch regeln zu wollen, und so eine gigantische Aufblähung entsteht. Dieser schädlichen Tendenz müssen wir mit wirkungsvollen rationalen Methoden begegnen.

Die reale Gefährlichkeit der Bürokratie, der negative Aspekt der Bürokratie, steht in keinem Verhältnis zu ihrer mehr ironischen Behandlung in der Öffentlichkeit. Hier wird oftmals eine Haltung erwartet, die Kennzeichen der Anti-Humanität ist:

Wertfreie Korrektheit – das kann der Computer in Zukunft viel besser leisten. Wo aber Menschen engagiert werden, sollen sie Anspruch darauf haben, als Menschen handeln zu dürfen und nicht als Rädchen eines vorprogrammierten Mechanismus. Wer sich mit einem bürokratischen System Tag für Tag identifizieren muß, oder von einem solchen bürokratischen System jahrelang gequält wird, der verändert sich in seinem menschlichen Kern. Es ist nicht nur Ironie, wenn gelegentlich gesagt wird: »Dies ist nicht meine persönliche Ansicht, dies ist eine amtliche Äußerung!« Parkinsons Publikation ist ein dankenswerter Hinweis, aber der Größe dieser Gefahr muß in Zukunft mit mächtigeren Mitteln begegnet werden.

Ein wichtiges Problem zukünftiger Gesellschaften ist die Behandlung der Außenseiter. Unsere menschliche Kultur mit ihren wissenschaftlichen, moralischen und künstlerischen Leistungen ist das Werk einer erstaunlich geringen Anzahl von Menschen. Verfolgt man deren persönliches Schicksal, so zeigt sich, daß sie sehr häufig – nicht immer! – Außenseiter der Gesellschaften waren und oft von der Gesellschaft verfolgt und gequält wurden. Dieses nicht nur im Mittelalter und Altertum, auch heute. Denken wir an das Schicksal Sigmund Freuds, der als »Lustlümmel aus der Berggasse« beschimpft und aus seiner Heimat vertrieben wurde. Oder an das Schicksal Konrad Zuses, der den ersten Computer der Welt zur Funktion brachte, hierfür aber statt des Dankes des Vaterlandes einen Einberufungsbefehl zum Militär bekam und »als a priori klar erkennbarer Schwindler« verdächtigt wurde. Man müßte aus dieser fortdauernden Fehlleistung der Gesellschaft Konsequenzen ziehen und für die Behandlung der Außenseiter bessere Wege finden. Dieses Problem ist sehr schwer zu lösen. Wie soll man die kleine Anzahl der wirklichen Neuschöpfer unterscheiden von der großen Menge der Scharlatane? Die öffentliche Zustimmung ist ja mehr die Folge der Gewohnheit als der höheren Einsicht. Dem durchschnittlichen Zeitgenossen erscheint gleich widerwärtig, wer seiner Zeit um zwei Schritte voraus ist und wer hinter ihr drein hinkt. Beides ist nicht »zeitgemäß«, also schlecht. Zum Glück hat das »gesunde Volksempfinden« heutzutage nicht mehr die unangefochtene Autorität wie zur Nazizeit.

Eine richtig verstandene »Staatsraison« wird keine Gesellschaft gleichdenkender Menschen anstreben, sondern die persönliche Individualität fördern. Vor allem deshalb, weil in Zukunft das wichtigste Vermögen einer Gesellschaft deren Ideenpotential ist, wichtiger als industrielle oder militärische Macht. Um dieses Ideenpotential zu entwickeln, darf man die Produzenten ungewöhnlicher Ideen nicht unterdrücken, sondern muß sie fördern. Die Konformität muß in unserer Achtung abgeben: Konformität ist intellektuell das Billigste, wenngleich manchmal unvermeidbar. Eine offenere Wissenschaftspolitik und etwas mehr Nachdenken über Ideologien und Indoktrination werden notwendig sein.

Wie gesagt, manche dieser Gedanken sind nicht original, manche erscheinen utopisch und einige provozierend. Wo es aber nicht mehr möglich ist, notwendige Veränderungen unserer Gesellschaft zu diskutieren, da wird die gewaltsame Veränderung – wenngleich unbewußt und ungewollt – vorbereitet. Nichts wirkt langfristig so revolutionär wie die Verhinderung notwendiger Änderungen. Wer konservativ ist, wer das Wertvolle erhalten will, der darf nicht in altmodischen Verhaltensformen ersticken und so das Wertvolle gefährden, sondern muß schnelle und tiefgreifende Veränderungen unserer Gesellschaft fordern.

Eines ist sicher: Unsere Gesellschaft *hat* die Möglichkeit, in der Zukunft erfolgreich, friedlich und human zu leben, sie hat sogar die Chance, wohlhabend und angesehen zu sein; hierzu fehlen nicht Fleiß, Mut und Intelligenz unserer Menschen. Wir dürfen aber nicht in den Ruinen der Vergangenheit steckenbleiben, sondern müssen uns der Forderung des Tages stellen und mit Hoffnung der Zukunft entgegengehen.

Karl Steinbuch

Die Ergänzung zu »Falsch programmiert«:
Programm 2000

Weiterhin in Originalausgabe lieferbar:
Falsch programmiert

In der Erfolgsreihe »Öffentliche Wissenschaft« erschien:
Die informierte Gesellschaft
Die Geschichte und Zukunft der Nachrichtentechnik

Mensch, Technik, Zukunft
Basiswissen für Probleme von morgen

Alle Bücher sind in Ihrer Buchhandlung erhältlich

 Deutsche Verlags-Anstalt

 **sonderreihe**

Robert Pinget:
Augenblicke der Wahrheit
sr 111

H. C. Artmann:
Das im Walde verlorene Totem
sr 112

Wolf Wondratschek:
Früher begann der Tag mit einer Schußwunde /
Ein Bauer zeugt ...
sr 113

Janheinz Jahn (Hrsg.):
Schwarzer Orpheus
sr 114

Sylvia Wilkinson:
Wie spätes Licht auf Vogelfedern
sr 115

F. R. Scheck (Hrsg):
Computerträume
Neue Science Fiction
sr 116

Frank O'Hara:
Lunch Poems und andere Gedichte
sr 117

H. M. Enzensberger:
Brentanos Poetik
sr 118

Paul Éluard:
Schwestern der Hoffnung
sr 119

Chaim Bermant:
Tagebuch eines alten Mannes
sr 120

Horst Bienek:
Bakunin, eine Invention
sr 121

Thomas Bernhard:
Der Italiener
sr 122

Johannes R. Becher:
Gedichte 1911–1918
sr 123

Barbara Frischmuth:
Tage und Jahre
sr 124

Neue Anthropologie

Neue Anthropologie
Herausgegeben von
Hans-Georg Gadamer
und Paul Vogler
7 Bände
dtv-Thieme
Originalausgabe
4069–4074 und 4148

Anthropologie ist Wissenschaft vom Menschen, sie will eine Antwort geben auf Kants Grundfrage der Philosophie: Was ist der Mensch?
Die moderne Anthropologie geht im Sinne eines echten studium universale über die biologischen und philosophischen Ansätze und Entwürfe weit hinaus: sie versteht sich als Programm aller Wissenschaft überhaupt.
In dem von einem Mediziner und einem Philosophen edierten Werk sind neue Erkenntnisse und Forschungsergebnisse aus den verschiedensten Disziplinen zu einem Gesamtbild des heutigen Wissens vom Menschen zusammengefaßt. Neben bekannten Philosophen, Biologen, Medizinern, Psychologen und Soziologen haben zu dem in seiner Art einmaligen Versuch auch namhafte Techniker, Physiker, Juristen, Theologen, Historiker, Linguisten und Ökonomen aus dem In- und Ausland beigetragen.

Band 1 und 2
Biologische Anthropologie
Band 3
Sozialanthropologie
Band 4
Kulturanthropologie
Band 5
Psychologische
Anthropologie
Band 6 und 7
Philosophische
Anthropologie